개정판

A+ 논술과 논문 작성법

유순근 저

박영사

서문

깊은 맛과 은은한 향기가 있는 글은
본질과 형식을 갖춘 글이다.

물은 쓰면 줄지만, 글은 쓰면 늘어난다. 그러나 걷기도 전에 뛰려 하니 글쓰기가 어려운 것이다. 글을 잘 쓰고 싶다는 마음은 간절하지만, 마음만으로 좋은 글을 쓸 수 있는 것은 아니다. 이미 먹던 떡도 아니고 보던 굿도 아닌데 글을 잘 쓰는 사람은 많지 않다. 말에 깊은 맛이 있어야 하듯이, 글에도 깊은 향기가 있어야 훌륭한 글이라 할 수 있다. 깊은 맛과 은은한 향기가 담긴 글이란 본질과 형식을 모두 갖춘 글이다. 나는 새도 깃을 쳐야 날아가듯이, 글의 풍미와 생각의 향기를 겸비한 글을 쓰는 기술을 익히는 것이 필요하다. 내용이 훌륭하고 형식도 아름다운 글은 학습을 통해 비로소 완성될 수 있다.

생각이 있어도 생각을 담는 그릇이 없으면 글이 되지 못하고 책이 있어도 읽히지 않으면 책이 되지 못한다. 섬세한 그릇과 그윽한 책은 독자의 사고력을 향상하고 창의력과 비판적 사고를 통해 글을 이해하고 쓰는 능력을 개발한다. 바로 생각을 담는 그릇을 키우는 것이 글을 잘 쓰는 능력이다. 이렇듯 생각을 담는 그릇을 키우는 책은 논술 시험과 학위 논문 작성에 더욱 필요하지만 이를 안내할 책이 그리 많지 않다. 독자들에게 글의 구조와 그 구조에 맞는 내용을 제시하는 초판을 집필한 후 풍부한 예제를 통해 논술과 논문을 작성할 수 있는 개정판을 출간하게 되었다. 본서에서는 글을 쓰는 비법을 개념, 구조, 간단 예제와 심화 예제를 통해 제시한다.

열매를 보고 나무를 알 수 있듯이 글을 읽고 글쓴이의 인성, 지성과 능력을 판단할 수 있다. 그래서 글을 읽고 쓰는 능력을 평가하는 인생의 디딤돌들이 많이 있다. 대입 논술, 대학 과제나 학기 시험, 취업 시험, 공무원이나 교사 임용 시험, 그리고 대학원의 논문 등은 논술이나 논문으로 평가받는 독자들에게는 매우 중요한 기회이다. 이러한 시험은 논술과 논문으로 요약할 수 있다. 시험, 과제나 보고서에서 요구되는 것은 논술이며 대학원에서 석사 학위나 박사 학위에 필요한 것은 논문이다.

학생들은 작문 능력을 향상시키기 위해 구조화된 논술 형식을 배운다. 대학에서 논술은 신입생을 선발하거나 학기 중에 학생들의 성과를 평가하는 방법으로 사용된다. 독자들은 목차에서 살펴보았듯이 본 『A+ 논술과 논문 작성법(개정판)』에서 제시하는 내용들은 단지 동냥은 안 주고 쪽박만 깨는 내용들이 아니다. 논술의 유형별로 논술의 의미와 구조에 맞는 간단 예제와 심화 학습 예제를 통해서 논술을 평가하고 쓸 수 있는 내용이다. 논술의 구조를 설계하고, 각 단락에 주제문, 설명, 증거와 연결 문장을 제시하는 방법을 익혀서 작문 능력을 함양할 수 있는 기법들이다. 논술 시험에 꼭 필요한 내용은 제1장 논술, 제2장 논증, 제3장 논술의 서론, 제4장 논술의 본론, 그리고 제5장 논술의 결론이 해당된다. 이러한 논술의 구조와 단락 쓰기는 각종 시험에서 우수한 성적을 확보하는 데 필요하다.

대학원 학생들은 단기간에 학위 논문과 학술지 논문을 써야 하는 압박에 시달릴 수 있다. 그러나 논문 작성법을 안내하는 책들이 실제로 논문을 작성하는 데 도움이 되지 않는 경우가 많다. 그러한 경우는 대부분 논문의 구조와 설명에 치우친 논문 작성법을 안내하는 책들이기 때문이다. 그래서 본서에서는 도랑 치고 가재 잡는 비법을 제시한다. 첫째, 제1편은 논술편이다. 논문은 논술에 관한 지식을 사전적으로 요구하기 때문에 본서의 논술 내용들도 가급적 선행 학습하기를 바란다. 둘째, 논문에 꼭 필요한 내용은 제2편 학위 논문편이다. 즉, 제6장 연구주제, 제7장 연구문제, 제8장 가설수립, 제9장, 제10장, 제11장과 제12장은 학위 논문 작성법이다. 여기에 제시된 기법들은 논문을 작성하는 데 유용할 것으로 본다.

물이 깊어야 고기가 모이듯이 생각이 깊어야 학문의 성취도 깊다. 뚝배기도 좋고 장맛도 좋은 본 『A+ 논술과 논문 작성법(개정판)』은 성공의 길을 안내하고 논리의 생각을 깊게 하는 책이 될 것이다. 본 『A+ 논술과 논문 작성법(개정판)』은 논술과 논문 작성에 관한 전문서적이다. 대입 수험생, 대학생, 직장이나 공무원 취업 준비생, 교사 임용 준비생, 그리고 논문을 준비하는 대학원생들이 학습하고 응용할 수 있는 작성 기법과 사례를 본 저서에 제시하였다. 따라서 본서가 논술과 논문을 작성해야 하는 독자들을 위한 길잡이가 되었으면 한다. 앞으로도 저자는 본서를 통하여 실용적인 이론과 사례를 소개할 것이며, 아울러 독자 제현들의 많은 조언과 충고를 부탁드린다. 끝으로 본서를 출판해주신 도서출판 박영사의 모든 선생님들께 감사를 드린다.

2025년 5월

유 순 근

목차

• PART 01 •
논술편

PART 01

논술편

Chapter 01

논술

**가장 무서운 순간은 항상 시작 직전이다.
그 후에 상황은 나아진다(Stephen King)**

1. 논술의 의미

1) 글쓰기의 중요성

모든 글이 글이라고 주장할 수 있는 것은 아니다. 글쓴이의 주장이 독자의 공감을 얻고 설득력을 발휘할 때 비로소 글로서의 가치를 갖는다. 사람들은 평생 동안 글을 읽고 쓰며 살아가지만, 글쓰기 능력에는 개인차가 존재한다. 학생은 학교에서 시험, 과제, 논문을 작성해야 하고, 성인은 직장이나 조직에서 기획서, 제안서, 보고서 등을 작성해야 하는 일이 많다. 이처럼 학생이든 성인이든 글을 잘 쓰는 능력은 매우 중요하다. 특히 글쓰기 능력은 학교 시험, 입학 및 취업 시험, 보고서 작성, 정책 제안 등에서 우수한 결과를 이끌어낼 수 있는 핵심 역량으로, 나아가 개인의 성공을 좌우하는 중요한 요소로 작용한다. 결국, 글쓰기 능력은 학생과 성인 모두에게 있어 개인의 자산이자 경쟁력이 되는 필수적인 능력이라 할 수 있다. 글은 곧 마음의 발이라는 말처럼 마음을 전달하는 발이 곧 글이다. 이러한 발이 없으면 마음을 전달하기가 어렵다. 마음을 전달하는 글은 대체로 정보를 전달하거나 독자를 설득시키는 의사소통의 도구이다. 정보를 전달하거나 독자를 설득시키는 글에는 여러 유형이 있다. 독자를 설득시키려면 글이 논리가 있고 유익하고 매력적이어야 한다. 논리가 있고 설득적인 글은 논증이 있고 증거에 의해서 뒷받침을 받는 글이다. 또한 글에는 설득적인 글 이외에도 어떤 대상을 기술, 설명, 평가, 분석, 분류, 대조하거나 해석하는 글이 있다.

수필은 일상생활 속에서 얻은 생각과 느낌을 일정한 형식 없이 자유롭게 쓴 글을 뜻한다. 설명문은 독자에게 특정한 주제를 명확하게 설명하는 글로 정보를 전달하고 이해를 돕는 글이다. 논술문은 정보를 제공하거나 설득하는 논리적인 학문적 글이다. 또한 논술문은 적절한 근거와 타당한 논리가 있는 글이다. 논술, 학술적인 글(essay) 또는 소논문은 독자에게 정보를 제공하거나 설득하는 논리적인 학문적 글로 서론, 본론과 결론의 구조와 특정한 주제가 있는 글을 의미한다. 따라서 논술문은 자신의 주장과 이를 뒷받침하는 근거를 명백하게 제시하고 설득하는 논리적인 학문적 글이다.

- 수필: 생각과 느낌을 일정한 형식 없이 자유롭게 쓴 글
- 설명문: 독자에게 특정한 주제를 명확하게 설명하는 글
- 논술문: 주장과 이를 뒷받침하는 근거를 제시하고 설득하는 학문적 글

2) 논술의 의미

논술은 어떤 주제에 대해 근거를 갖고 주장하는 글을 말한다. 근거는 주장을 뒷받침하는 증거와 이유이다. 내용이 일관성 있고, 확고한 근거와 타당한 논리가 있는 글은 자신의 생각이나 주장을 전달할 수 있고, 독자의 이해와 공감을 얻을 수 있다. 이러한 논술은 입학, 취업, 공무원이나 교사 임용

시험에서 필수적인 과목이다. 학술 논술은 연구, 원천자료 분석, 창조적 사고, 그리고 적절한 참고문헌과 함께 논리적으로 구조화된 글로 논증이 포함된다. 논술은 명확한 논증이 필수적이다. 학술 논술의 핵심은 설득이며, 여기에서 논증은 중요한 역할을 한다. 논증(argument)은 독자를 설득하거나 주장을 정당화하기 위해 근거를 사용하고, 이 근거를 통해 결론을 추론하는 과정이다. 따라서 논술은 글쓴이가 독자에게 정보를 제공하거나 설득하는 논리적인 학문적 글이다. 본서에서는 주로 학술적 논술을 다룬다.

논술은 어떤 문제에 대하여 글쓴이의 생각이나 주장과 이를 뒷받침하는 근거를 논리적으로 풀어서 서술하는 것이다. 즉, 논술은 글의 중심 생각인 주제를 일정한 형식에 따라 서술하고 주장의 근거를 명백하게 제시하는 것을 의미한다. 글에서 주제는 가장 중요하다. 주제는 글쓴이가 쓰고 싶은 말로 독자들이 관심을 갖고 공감할 수 있는 내용이어야 한다.

논술은 서론, 본론과 결론으로 구성된다. 서론은 논술의 분위기를 조성하고 독자에게 주는 첫인상이다. 서론에서는 글쓴이의 주제를 제시하고, 본론에서는 주제, 이를 뒷받침하는 근거와 설명을 기술하며, 결론에서는 본론에서 다룬 요점을 요약하고, 전체적인 주장을 강화하여 논술을 종결한다. 따라서 논술은 서론에서 주제를 제시하고 본론에서 주제를 설명하고 결론에서 종결한다.

- 서론: 글쓴이의 주제 제시
- 본론: 주제, 근거와 설명 기술
- 결론: 본론에서 다룬 요점 정리

논술은 글쓴이가 제시한 입장이나 의견이 있는 글이며, 이것은 특정 주제를 설명, 주장 또는 분석한 비교적 간단한 글이다. 중학교의 개인적인 경험인 소풍 논술에서 대학원의 특정한 정책에 대한 시민들의 사회적 인식에 이르기까지 모든 학교 수준에서 논술 쓰기를 수행한다. 논술을 작성하면 이전보다 더 깊은 수준에서 주제를 확실히 이해할 수 있는 능력을 배양할 수 있다. 또한 정보를 선별하고 해석하고 분석하는 과정은 연구 능력, 비판적 사고 및 쓰기 능력을 개발한다.

3) 본서의 구성

본서는 논술과 논문을 스스로 학습할 수 있도록 이론과 사례를 편집한 지침서이다. 이를 위해서 독창적이고 유용한 내용을 저술하였을 뿐만 아니라 과학적 학습이론에 따라 체계적으로 편집하였다. 논술과 논문은 매우 밀접한 관련이 있다. 논술만을 학습하기 원하는 독자라면 논술편을 학습하면 되겠고, 대학이나 대학원에서 과제나 논문을 쓸 독자라면 논술편을 선행 학습한 후 논문편을 학습한다면 자신의 지식이 더욱 정교화될 것이다.

학술적 논술은 논술의 유형, 특성과 형식을 익혀야 지문에 맞는 글을 쓸 수 있다. 논술의 유형과 특성을 정확히 파악하지 못한다면 제시된 지문의 요구사항을 충족하기 어렵다. 논술은 형식적 구조에 맞게 기술하는 것이 매우 중요하기 때문이다. 따라서 논술의 유형, 특성, 요건과 구조에 적합한 논술을 작성할 때 우수한 논술로 평가받을 수 있다.

논문은 논술에서 발전한 것이다. 논문을 작성하려면 제1편 논술편을 먼저 학습하고 제2편 학위 논문편을 학습하는 것이 좋다. 논문 연구는 연구주제를 탐색하고, 이를 연구문제로 전환하고, 연구가설을 설정하고, 개념적 틀은 수립하는 일련의 절차를 거쳐야 한다. 이렇게 하여 수집된 자료를 통해서 서론, 문헌검토, 연구방법, 연구결과, 논의와 결론을 구성하게 된다. 논문은 엄격한 연구 절차와 작성법이 요구되는 학술적인 글이다.

그림 1-1 본서의 구성

제1편 논술편

제1장 논술
- 논술의 의미
- 논술의 유형
- 논술의 특성
- 논술의 구조
- 논술의 작성

제2장 논증
- 논증의 개념
- 논증의 구조
- 논증의 유형
- 툴민의 논증

제3장 논술의 서론
- 논술의 구조
- 서론의 구조
- 후크 문장
- 배경 정보
- 주제문

제4장 논술의 본론
- 본론의 구조
- 단락의 작성
- 본론의 작성

제5장 논술의 결론
- 결론의 구조
- 재진술
- 요점 요약
- 결론 제시
- 평가 및 권고

제2편 학위 논문편

제6장 연구주제
- 연구주제
- 연구수행 과정
- 연구주제의 선정

제7장 연구문제
- 연구문제
- 연구문제의 원천
- 연구문제의 유형
- 연구문제의 개발
- 연구문제의 평가

제8장 가설수립
- 가설의 의미
- 가설의 속성
- 가설의 유형
- 가설수립

제9장 논문의 구조와 초록
- 논문의 구조
- 논문 초록

제10장 서론과 문헌검토
- 서론
- 문헌검토

제11장 연구방법론
- 개념적 틀
- 연구방법론
- 연구제안서

제12장 결론
- 연구결과
- 논의
- 결론
- 인용 방법

2. 논술의 유형

학생들은 학교에서 다양한 논술을 읽거나 작성하게 된다. 학술 논술에는 서론, 논증적 진술을 뒷받침하는 본론 및 결론이 필요하지만 주제에 접근하는 방식에서 논술 유형별로 여러 가지 다른 형식을 취한다. 또한 논술은 특정한 주제에 초점을 맞춘 짧은 형식의 사실을 주제로 하여 쓴 글이지만 글쓴이는 논술의 특정한 형식을 사용하여 주제를 주장하거나 주제에 대한 관점을 표현한다. 논술의 유형과 개념을 잘 알지 못한다면 요구하는 논술을 정확하게 쓰기 어렵다. 다음은 고등학교, 대학 및 대학원 수업에서 요구되는 일반적인 논술의 유형이다.

그림 1-2 논술의 유형

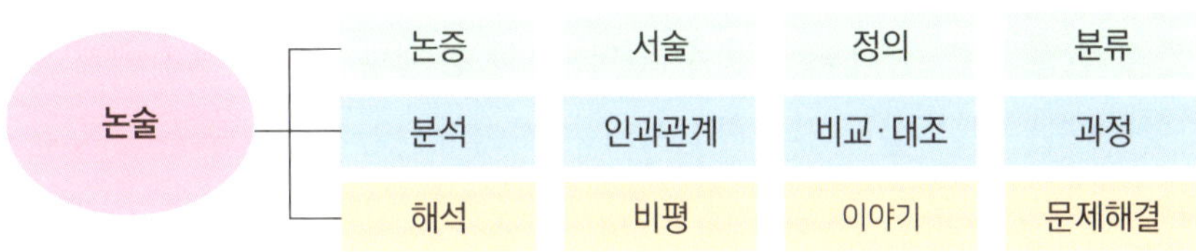

표 1-1 논술의 유형과 개념

유형	설명
논증 논술	글쓴이의 관점을 취하도록 독자를 설득하는 글
서술 논술	대상이나 현상을 서술하는 글
정의 논술	다양한 사물, 아이디어 및 인식을 정의하는 글
분류 논술	속성이나 주제의 유사점을 기준으로 집단을 분류하여 설명하는 글
분석 논술	사물을 요소, 성분, 성질을 기준으로 나누어 분석, 해석하는 글
인과관계 논술	사건이 발생한 이유와 결과가 무엇인지를 설명하는 글
비교 · 대조 논술	두 사물, 사람, 개념, 장소 등 유사점과 차이점을 논의하는 글
과정 논술	일이 수행되는 방식을 설명하는 글
해석 논술	독자가 쉽게 이해할 수 있도록 상세한 내용을 제공하는 글
비평 논술	다른 사람의 작품을 분석하고 평가하는 글
이야기 논술	명확하고 흥미로운 방식으로 이야기를 전달하는 글
문제해결 논술	문제에 대한 해결책을 제시하는 글

1) 논증 논술

논증(argument)이란 의견이나 주장의 옳고 그름에 대해 근거를 들어 밝히는 것을 의미한다. 옳고 그름을 나타내는 명제는 결론이다. **논증 논술(argumentative essay)은 독자가 특정 주제에 대해 글쓴이의 관점을 취하도록 설득하는 글이다.** 독자를 설득한다는 측면에서 논증 논술을 설득 논술(persuasive essay)이라고도 한다. 이러한 논술은 주제에 대한 구체적으로 주장한 다음 그 주장을 뒷받침하는 증거를 제시한다. 논술에 명시된 주장은 의견, 평가, 해석, 인과관계 진술 또는 정책 제안일 수 있다. 또한 논술의 목적은 독자에게 주장이 타당하다는 것을 설득이나 확신시키는 것이다. 따라서 논증 논술은 문제에 대한 입장을 밝히고 그 입장에 동의하는 증거를 뒷받침하는 몇 가지 이유를 제시하는데, 이때 주장하는 유형이 있다.

- 사실: 주장이 사실인가?
- 정의: 주장은 무엇을 의미하는가?
- 가치: 주장이 얼마나 중요한가?
- 인과: 원인은 무엇인가? 결과는 무엇인가?
- 정책: 주장을 어떻게 해야 하는가?

글쓴이는 독자에게 자신의 의견이 타당하다는 것을 설득하려면 분명한 주장을 제시하고, 설득력 있는 사실과 논리적 이유를 통해 이를 뒷받침해야 한다. 논술은 공개적 논증이나 풍자를 사용하여 독자를 설득할 수 있다. 효과적인 방법은 먼저 반대 견해를 제시한 다음 더 강력한 증거로 자신의 견해를 방어하는 것이다. 논술의 예로는 특정 결정이나 정책과 같은 주제에 대한 입장을 요구하는 질문과 자신의 입장을 뒷받침하는 주장이 있다. 비평, 리뷰, 논문, 사설, 제안, 광고 및 안내 책자와 같은 많은 저작물은 독자에게 영향을 주기 위해 다양한 설득 방법을 사용한다.

논증 논술의 예

- 시민들은 자가운전 대신 대중교통을 이용해야 한다.
- 고양이는 개보다 낫다.
- 경제성장이 복지보다 우선해야 한다.
- 물고기는 돌보기 쉽고 재미있고 저렴하기 때문에 최고의 애완동물이다.

논증 논술은 학생의 창조적 사고와 토론 능력을 향상시킨다. 논증 논술을 작성할 때 개인적인 생각이나 선호보다는 사실과 정보에 초점을 맞춘다. 글쓴이는 동일하게 주장하거나 다르게 주장할 수 있다. 그럼에도 불구하고 논증 논술은 논술에 나타날 모든 주요 요점을 포함해야 한다. 따라서 다음은 논증 논술의 요소이다.

그림 1-3 논증 논술의 요소

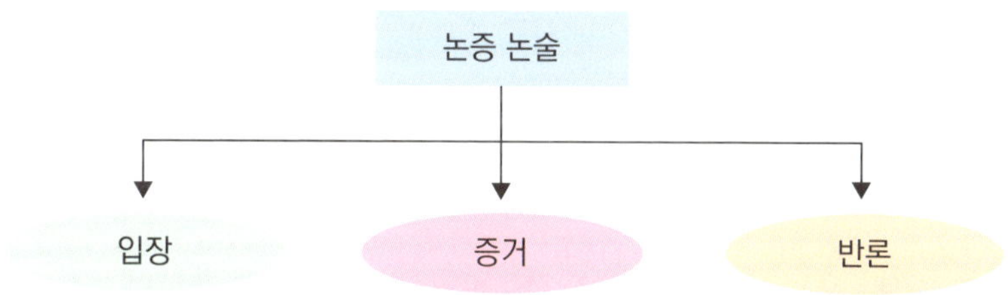

- 입장: 논증의 어느 쪽을 취하고 있는지 제시한다. 예를 들어, 담배의 판매금지를 주장한다. 입장을 취한 이유를 제시한다. 담배가 사람들의 건강을 어떻게 해칠 수 있는지 보여주는 정확한 이유를 제공한다.
- 증거: 이유에 대한 사실적 근거, 즉 인용, 사례나 통계를 제공한다. 증거가 없으면 주장은 설득력을 잃게 된다. 예를 들어, 담배가 사람들의 건강에 미치는 영향과 관련된 연구나 논문을 인용할 수 있다.

- 반론: 문제의 다른 측면, 즉 자신의 관점에서 반대 주장을 제시한다. 반론을 언급한 후에는 추가 증거를 제시하여 거짓, 약하거나 부당한 이유를 설명한다.

설득력 있는 글쓰기 능력은 학교나 사회생활에서 매우 강력한 무기이다. 독자를 설득하는 논증 논술은 접근 방식에서 객관적이어야 한다. 글쓴이는 주장을 과장하거나 감정에 호소하는 것이 아니라 논리와 증거를 제시해야 한다. 따라서 주장과 이를 뒷받침하는 증거 사이에 명확하게 연결하는 것은 논증 논술에서 매우 중요하다. 그러므로 독자의 견해를 진술한 다음 반론을 제시하면 글쓴이는 입장을 더 설득력 있고 강하게 만들 수 있다. 다음은 논증 논술을 작성하는 방법이다.

그림 1-4 논증 논술의 작성 과정

- 주제 선택: 논술의 핵심 메시지를 한두 문장으로 요약한다. 주제는 주장과 주장을 뒷받침할 증거를 포함한다. 자신이 관심이 있는 주제를 선택한다. 주제의 범위를 좁혀 조사하고 취할 입장을 명확히 한다.
- 자료 조사: 주장과 뒷받침할 증거를 잘 모르는 경우 조사가 필요하다. 신뢰할 수 있는 출처와 업계 전문가가 작성한 형태의 출처와 자료를 조사한다.
- 논술 작성: 주제를 선정하고, 주장과 근거를 설명하고, 주장에 대한 반박을 논의하고, 주장의 한계를 확인하고, 대안적 관점을 고려한다.

심화학습 논증 논술의 예

- **서론**: 글의 핵심 메시지, 즉 주제문을 소개한다.
  예 : 육류 제품을 판매해서는 안 된다.
- **배경정보**: 연구와 관련된 사항을 제시한다.
  예 : 육류 제품의 영향을 소개한다.
- **주요 논점**: 자신의 입장에 대한 주요 요점을 진술한다.
  예 : 과도한 육식이 비만에 미치는 영향은 매우 크다.
- **반박**: 반론을 시작한다. 타당하지 않다고 반박해야 할 반대 의견을 소개한다.
  예 : 어떤 사람들은 육식이 비만에 영향을 미치지 않으며 유전적 소인이 비만에 더 큰 영향을 미친다고 주장한다. 그러나 비만은 유전적 소인보다 장기적으로 육식에 더 큰 영향을 받는다는 주요 증거가 있다.
- **결론**: 모든 주요 주장을 제시하고 향후 수행해야 할 해결책을 제공한다.
  예 : 따라서 시민들의 건강을 위해 육류 제품을 판매해서는 안 된다.

2) 서술 논술

서술은 사건이나 생각 따위를 말하거나 적는 것이다. 서술 논술(descriptive essay)은 대상이나 현상을 기술하는 글이다. 주제는 보고, 만지고, 맛보고, 듣고, 냄새를 맡을 수 있는 것이어야 한다. 즉, 구체적인 사물, 사람, 사건, 장소, 경험, 감정이나 아이디어 등을 감각으로 기술할 수 있어야 한다. 예를 들면, 겨울 방학 때 친구와 함께 스키를 타는 것은 독자에게 흥미로울 수 있다. 서술 논술은 어떤 것이 무엇인지 또는 어떻게 일어났는지 기술할 수 있다. 따라서 서술 논술은 주제에 명확하게 초점을 맞춰야 하고, 주제는 최대한 구체적이어야 한다. 모호한 주제는 집중하기 어렵기 때문이다.

서술 논술의 예

- 내 뒤뜰에 있는 나무
- 어린이 병동 방문
- 운동선수가 올림픽에 진출한 일
- 여름에 푸른 바다에서 수영하는 경험 묘사
- 좋아하는 영화와 그 영향에 대한 설명

서술 논술은 대상, 사람, 과정 또는 사건을 기술하는 글이다. 글쓴이의 목표는 어떤 대상이나 사건을 사실대로 독자에게 보여주는 것이다. 서술 논술을 쓸 때, 글쓴이는 오감에 호소하여 독자에게 포괄적인 그림을 표현한다. 서술 논술의 소재는 경험에서 배운 교훈부터 사물이 삶에 어떤 영향을 미쳤는지에 대한 이야기까지 무엇이든 될 수 있다. 다음은 논술에서 기술할 수 있는 대상의 설명이다.

- 사람: 사람에 대해 이야기한다. 단순히 외모에 대해 글을 쓰는 것부터 개인의 행동, 기분 및 자질과 같이 더 복잡한 설명에 이르기까지 다양하다.
- 장소: 장소를 설명할 때는 흥미롭고 독창적으로 기술한다. 예를 들어, 독자는 선택한 강(예: 한강 또는 낙동강)의 아름다움을 느껴야 한다.
- 사건: 무슨 일이 있었는지 설명한다. 휴가, 시상식, 발표회, 콘서트, 결혼식, 기념일, 축제, 입학식, 졸업식 등이 될 수 있다.
- 동물: 동물을 설명할 때 외모, 행동 또는 생물학적 특징일 수 있다.
- 직업: 직업의 특징을 기술한다.
- 행동: 누군가의 행동에 대해 글을 쓴다. 친구의 이상한 행동을 설명하거나 특정 사람들이 어떤 상황에서 어떻게 행동하는지 기술한다.

서술 논술에는 개인적 논술과 공식적 논술이 있다. 개인적 논술에서는 자신의 감정과 반응을 사용하여 경험을 설명한다. 이것은 독자의 공감을 일깨울 수 있으나 모호하고 혼란스러울 수 있다. 예를 들면, 여름휴가 중 푸른 바다에서 수영하는 경험을 작성할 수 있다. 공식적 논술은 논증 논술과 유사하다. 예를 들면, 정치적 사건이나 역사적 사건의 글이다. 이것은 명확한 구조에 따라 일련의 핵심 사항을 전달하거나 자세히 설명하는 것이다. 자신의 경험에 초점을 맞추기보다는 특정한 정보를 사용하여 설명한다. 다음은 서술 논술을 작성하는 방법이다.

- 주제 선택: 단일 사건, 사람, 위치 또는 대상에 중점을 둔다. 자신과 독자 모두에게 흥미롭고, 이해하기 쉽고, 범위가 좁고, 잘 알려져 있고, 관련 정보를 이미 가지고 있거나 찾을 수 있는 주제를 선택한다.
- 정보 수집: 선택한 주제에 대해 이미 가지고 있는 정보를 체계화하고 동시에 쓰기에 필요한 정보를 조사한다.
- 개요 작성: 주요 아이디어와 단락의 내용에 대해 개요를 작성한다.
- 논술 작성: 독자가 읽은 후에도 가장 오랫동안 마음에 남을 글을 쓴다.

심화학습 서술 논술의 예

서론: 토픽(나의 아버지)의 선정과 배경

- 언제, 어디서, 어떻게, 무슨 사건이 발생했는지 등에 대해 사실을 말한다. 그리고 토픽을 선택한 이유를 설명하고 주제문을 제시한다.

아버지는 나를 영리하고 쾌활하고 인정 있는 사람으로 키워 주셨다. 그는 내가 존경하고 매우 소중히 여기는 사람이다. 나에게 가장 큰 영향을 준 사람은 내 아버지이다.

본론 단락 1: 대상에 대한 다음 정보 중 일부를 설명한다.

- 특성: 외모, 직업, 연령, 취미, 관심

내 아버지는 보통 키이시다. 그는 젊었을 때는 농사일을 하셔서 자녀들을 키우시고 교육시키셨다. 그는 어느덧 지금은 80대 초반이 되셨다. 그의 체격은 날씬하고 머리숱은 적고 짧으며, 얼굴은 둥글고 눈매는 인자해 보이신다. 그는 매일 아침에 약수터에 가서 운동하시고, 낮에는 서예를 하시고, 저녁에는 TV 시청을 즐겨하신다. 또한 그는 수수한 바지, 셔츠와 운동화를 즐겨 입으셔서 항상 나이에 비해 매우 젊어 보이신다.

본론 단락 2: 단락 1에서 언급하지 않은 다른 토픽에 대해 새 단락을 시작한다.

- 특성: 인성, 업적

내 아버지는 어려운 사람들을 도와주는 매우 자혜로운 분이시다. 그러나 그는 그의 친절에 대한 보상을 결코 원하지 않으신다. 그는 너무 관대해서 자신이 가진 물질이나 재능을 다른 사람들에게 베풀고 싶어 하신다. 예를 들어, 그는 6·25 전쟁 때 부상당한 참전용사 단체에 천만 원을 기부했고, 갈대나 수수로 빗자루를 만들어 필요한 사람들에게 나누어주셨다. 그러나 그가 용납하지 않는 것은 거짓말이다. 그는 거짓말하는 사람은 그 거짓말이 자신과 남을 해칠 것이라고 항상 말하셨다.

결론 단락: 대상에 대한 개인적인 태도를 표현하는 결론을 작성한다.

요컨대, 아버지는 내 인생에서 가장 중요한 사람 중 하나이시다. 나는 그가 다른 사람들에게 공감과 인정을 보여주신 점이 나의 인성에 크게 기여했다고 믿는다.

3) 정의 논술

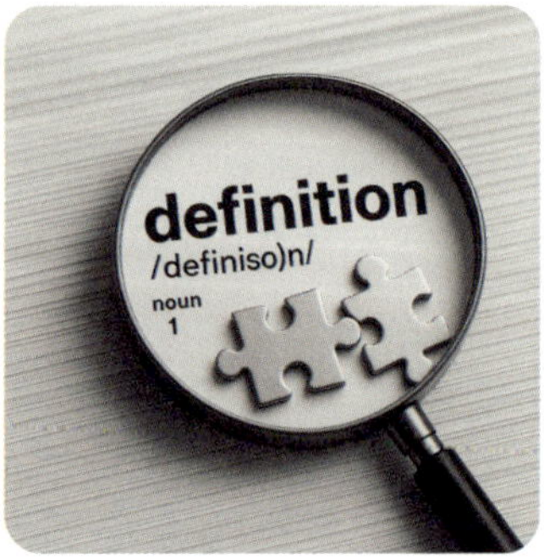

정의란 어떤 말이나 사물의 뜻을 분명하게 정하여 밝히거나 어떤 것의 특징을 설명하는 것을 뜻한다. 정의 논술(definition essay)은 다양한 사물, 아이디어 및 인식을 정의하는 글이다. 특정한 용어를 정의하거나 특정한 단어의 의미를 파악하거나 추상적인 개념을 정의할 수 있다. 이러한 이유로 정의 논술을 설명 논술(expository essay)이라고도 하는데, 특정한 주제를 명확하게 설명하기 위한 글이다. 이와 같이 정의 논술은 논증 없이 아이디어를 설명하거나 개념을 정의하는 것을 목표로 한다. 일반적으로 정의 논술은 가능한 한 직접 질문에 답하는 짧은 글이다. 분석은 단순한 사전적 정의보다 더 깊다. 용어를 직접 정의하면 정의한 이유만 설명하고 다른 정보를 제공하지 않을 수 있다. 또는 독자가 의미를 추론하는 이야기를 전달하는 용어의 정의를 암시할 수 있다. 용어를 정의하는 방법에는 다음과 같이 여러 가지가 있다.

- 정의: 사전적 정의, 명료화 정의, 설득적 정의, 학문적 정의
- 함축: 용어의 내포된 의미 언급
- 열거: 가능한 모든 의미 목록 제공
- 유추: 유사한 개념을 비교 및 대조
- 기능별: 수행하는 기능별로 용어 정의
- 구조별: 구성 방법을 설명하여 용어 정의
- 부정: 용어가 아닌 것을 설명하여 용어의 정의를 증명함

정의 논술의 예

- 성공은 재산, 명성 및 행복의 결합이다.
- 정치는 국가를 바르게 하는 것이다.
- 정직은 가장 중요한 자산이다.
- 사랑은 눈물의 씨앗이다.

정의 논술은 용어, 개념 또는 단어에 대한 자세한 설명을 제공하고 설명은 증거에 의해 뒷받침되어야 한다. 일부 글쓴이들은 사전적 의미만을 정의하는 경향이 있다. 그러나 완전한 정의 논술에는 사전적 정의만으로는 충분하지 않다. 독자가 사전적 의미만을 찾고 있다면 그것은 사전에서 얻을 수 있기 때문이다. 정의 논술의 실제 동기는 개인적인 경험과 이해에 따라 용어를 완전히 설명하는 것이다. 다음은 정의 논술을 작성하는 방법이다.

- 단어 선택: 주제가 될 단어를 선택하되 구체적인 단어보다 추상적인 단어를 선택한다. 구체적인 단어는 해석의 여지가 거의 없지만 추상적인 단어는 다른 의미를 가질 수 있어 해석의 여지를 많이 제공한다. 또한 관심 있고 익숙한 단어를 선택한다.

- **자료 조사**: 단어를 선택한 후 그 단어를 조사한다. 예를 들어, 단어의 사전적 정의를 확인하는 것이 좋은 시작이다. 사전에서 해당 단어 항목을 검색한다. 단어의 기원과 역사를 조사한다. 마지막으로 여러 정의를 찾는다. 다양한 출처에서 단어가 정의되는 방식을 비교하고 대조할 수 있다.
- **단어의 의미 숙고**: 단어가 어떤 의미인지 고려하여 자기 성찰을 한다. 예를 들어, 단어를 볼 때마다 무엇이 떠오르는지 스스로에게 물어본다. 이것은 생각을 정리하는 데 도움이 된다.
- **개요 작성**: 주제문을 작성한다. 이 경우 단어에 대해 개인적으로 정의한다. 정의는 단어의 표준 정의와 관련이 있어야 하지만 개인적으로 해석한다. 그런 다음 주제문을 설명하는 개요를 만든다.
- **논술 작성**: 끝으로 논술에 들어가는 모든 내용은 주제와 연결되어야 한다.

심화학습 **정의 논술의 예**

사람들은 사랑이라는 단어를 들을 때 문화적 정의의 문제를 생각한다. 이것은 열정적인 사랑, 동반자 사랑, 그리고 열광으로 구성된다. 문화적 사랑은 오늘날 사회에서 공통된 주제이며 사람들이 잘 알고 있거나 심지어 알고 있는 유일한 형태의 사랑이기도 하다. 그러나 사랑은 사전적 정의 측면에서도 생각할 수 있다. 사랑은 특정 기간, 예술 스타일이나 장르, 사건, 상상력, 또는 누군가가 세상에서 탈출한 것으로 묘사될 수 있다. 회화, 영화, 시, 음악과 같은 문학적 형식과 같은 다양한 예술 형식을 통해 사랑을 시연할 수 있다. 사전적 정의를 묘사하는 특정 예술 작품에는 Francis Danby의 그림 “The Deluge[1]”가 있다. 구약 성서 창세기에 나오는 유명한 홍수가 이 그림에서 일어나는 사건의 중심점이다. 폭풍의 강력한 파도에 맞서 싸우는 물속의 사람과 동물을 보여준다. 그들은 자신들을 둘러싸고 있는 치명적인 물로부터 구원을 받기 위해 나무, 땅, 바위에 달라붙으려고 노력하고 있다.

출처: https://www.bartleby.com

1 안드레이 크미치스(Andrzej Kmicic)라는 폴란드의 영웅(소설의 등장인물)의 이야기.

4) 분류 논술

분류는 특정한 분류 기준(예: 성질, 속성, 특징이나 종류)에 따라 동일한 기준을 가진 것끼리 나누어 놓는 것을 뜻한다. 즉, 분류는 대상들을 동일한 기준으로 나누는 것이다. 따라서 **분류 논술(classification essay)은 특정한 속성, 주제 또는 아이디어의 유사성 또는 관련성을 기준으로 집단을 분류하여 그 속성을 설명하는 글이다.** 글쓴이는 논술을 쓰기 전에 분류 기준을 결정하고, 논술을 구성한 다음 특정 분류의 예를 정의한다. 분류 기준은 차별적이어야 하며 분류는 서로 겹치지 않아야 한다. 유형의 유사점 또는 차이점을 보여 주거나 사례를 제공하면 독자가 더 잘 이해할 수 있다.

분류 논술의 예

- 식물이나 동물을 종으로 나눈다.
- 어떤 문서를 "비밀" 또는 "공개"로 지정한다.
- 논술을 작성 목적에 따라 분류한다.
- 교사는 설명자, 참여자 및 지원자의 세 가지 범주 중 하나에 속한다.

세심한 분류 계획은 품질을 높일 수 있다. 사물을 논리적으로 분류하거나 가장 먼저 항목을 넣을 범주를 찾는다. 예를 들어, 회사의 보관 서류를 분류할 때, 서류의 가치에 따라 영구 보관 서류, 단기 보관 서류와 폐기 서류로 분류할 수 있다. 따라서 단일 분류 원칙을 확인하고, 각 범주에 맞는 예를 제시한다.

효과적인 분류 방법은 단일 분류 원칙과 범주 분류 원칙이 있다. 단일 분류 원칙은 동일한 분류 원칙에 따라 집단을 정렬하는 방법이고, 범주 분류 원칙은 중요한 범주를 제외하지 않는 방법이다. 예를 들어, 괌 해수욕장의 수상 스포츠에는 서핑, 스노클링과 항해가 있는데 가장 유명한 서핑을 제외하면 논술이 불완전하나 범주를 너무 많이 포함하면 분류가 모호하다. 다음은 효과적인 분류 논술을 작성하는 방법이다.

- **주제 선택:** 쉽고 광범위하게 조사할 수 있는 주제를 선택한다. 최근의 주제를 선택하면 연구과정이 더 쉬워진다. 논술을 독자에게 더 흥미롭게 만들려면 다른 각도에서 다른 범주를 관찰한다.
- **자료 조사:** 분류의 다양한 가능성과 주제의 다양한 각도를 탐구한다. 처음에 주제를 넓게 연구하면 논술을 강하고 흥미롭게 만들 수 있다.
- **주제문 작성:** 논술에서 주제문은 논술의 기초이다. 주제문은 독자에게 글에 대한 아이디어를 간략하게 제공한다.
- **개요 개발:** 개요를 만드는 것은 논술에서 특히 중요하다. 다양한 문제를 출처에 따라 분류한다. 논술이 커지더라도 분류를 유지한다.

심화학습 **분류 논술의 예**

대학에서 심리학을 전공하는 학생들은 졸업 후 몇 가지 직업을 선택할 수 있다. 심리학 전공자가 선택할 수 있는 주요 분야는 상담 및 임상 심리, 정신과 및 신경 과학이 있다. 상담 및 임상 심리 분야는 문제 또는 정신 건강 문제가 있는 사람들을 돕는 심리학 분야이다. 상담 심리학 직업의 예로는 학교, 병원, 군대 등에서 상담을 하거나 개인 상담소를 하는 것이 있다. 임상 심리학자는 정신 건강 연구소와 같은 임상 환경에서 일하거나 정신 분열증 및 양극성 장애와 같은 다양한 정신 건강 문제를 연구하는 경향이 있다. 프로이트 전통의 정신 분석, 인지 행동 치료, 긍정 심리학 등 상담과 임상 심리학에 대한 다양한 이론적 접근 방식이 있다.

5) 분석 논술

분석이란 무언가를 부분으로 나누거나 전체를 해부하는 것을 의미한다. 즉, 분석은 어떤 대상이나 현상을 속성, 요소, 성분이나 성질에 따라 부분으로 나누는 것이다. 따라서 분석 논술(analytical essay)은 사물을 요소, 성분이나 성질을 기준으로 나누어 분석, 해석, 설명하는 글이다. 즉, 아이디어나 문제를 주요 요소, 성분이나 성질로 분류하여 분석, 해석, 설명한다. 예를 들면, 지구의 오염을 파악한다면 토양, 물과 공기로 나누어 분석할 수 있다. 여기에는 토론, 분석, 조사, 탐색 또는 검토를 요청하는 질문이 포함된다. 주제를 구성 요소로 나누고 이를 별도의 단락에서 논의한다. 이러한 종류의 주제 범위에는 일반적으로 예술, 음악, 영화, 문학, 시사, 역사적 사건, 정치, 과학 연구 및 철학 분석이 포함된다.

분석 논술의 예

- 현대 청소년의 삶에서 패션의 역할
- 현대인은 기술 없이는 살아남을 수 없다.
- 정부가 우주 관측에 더 많은 돈을 투자해야 하는가?
- 사형 제도를 폐지해야 하는가?

분석 논술은 특정 주제를 기준에 따라 심도 있게 분석하고 조사하는 글이다. 분석 논술의 주제문은 어떻게(how) 또는 왜(why)라는 질문에 답해야 한다. 주요 문제를 여러 영역으로 나누고 영역별로 하나씩 설명한다. 글쓴이는 주장을 뒷받침하는 증거를 사용하여 주제에 대한 자신의 관점을 제시한다. 주어진 문제를 철저히 살펴보고 부정적인 점과 긍정적인 점을 모두 탐구한다.

그런 다음 이러한 점을 동의하거나 동의하지 않는지를 추가로 전개한다. 설명과 뒷받침하는 주장은 논리적이어야 하며 잘 생각된 일련의 사실을 따라야 한다. 분석 논술은 특정 주제, 논픽션 또는 모든 형태의 예술에 대해 작성할 수 있다. 전에 논술을 작성해 본 적이 없다면 어려울 수 있다. 그러나 걱정하지 말고, 작성 방법을 익히면 된다. 다음은 분석 논술을 작성하는 방법이다.

- 목적 이해: 분석 논술은 분석 중인 내용에 대해 주장이나 논증을 제시한다. 글이나 영화를 분석하지만 문제나 아이디어를 분석할 수도 있다. 주제를 여러 부분으로 나누고 글에서 주장을 뒷받침하는 증거를 제공한다.
- 브레인스토밍: 브레인스토밍을 하면 주제에 대한 생각을 창안하는 데 도움이 된다. 반복되는 이미지, 은유, 문구나 아이디어를 찾는다. 반복되는 것은 종종 중요하다. 주제를 검토할 때 생각하는 요소나 사실을 적는다.
- 주제 결정: 쓸 주제를 결정한다. 과제에서 교사가 작성할 주제를 할당하면 지시어를 주의 깊게 읽는다. 그러나 때로는 자신이 주제를 생각해내야 한다. 소설 작품을 분석하는 경우 특정 인물의 동기 부여 요소에 집중할 수 있다. 또는 특정 단락이 중심이 되는 이유를 논할 수 있다. 역사적 사건은 일어난 사건이 미친 영향, 과학적 연구 또는 발견은 과학적 방법에 따라 결과를 분석한다.
- 증거 제시: 증거는 글쓴이의 주장을 뒷받침하고 더욱 설득력 있게 만든다. 근거가 되는 증거를 제시하고 주장을 뒷받침하는 방법을 기록한다.
- 개요 개발: 주제를 선정하고 주장과 증거를 제공하는 개요를 작성한다. 이것은 독자에게 글쓴이의 논술이 무엇을 전달하려는 것인지 알려주는 문장이다.

심화학습 분석 논술의 예

- **서론**: 서론은 흥미로운 말이나 자극적인 질문으로 시작한다. 작품과 저자를 소개한다. 독자가 글쓴이의 의견을 이해하는 데 도움이 되는 배경 정보를 제공한다. 독자에게 논술의 목적을 알리는 주제문을 작성한다. 논술 형식은 주어진 주제에 대해 가능한 모든 것을 말하는 것을 전제로 하지 않는다.

「모든 동물은 평등하지만 어떤 동물은 더 평등하다. 동물 농장은 풍자적이고 자극인 문구가 풍부하다. 동물농장은 영국의 작가 조지 오웰(Orwell)이 1945년에 출판한 풍자 소설이다. 농장에 살던 동물들이 가혹한 생활에 못 이겨 주인을 쫓아내고 직접 농장을 운영하지만, 결국은 혁명을 주도했던 권력층이 독재로 부패하는 이야기이다. 오웰은 사회의 모든 구성원을 평등하고 행복하게 만드는 능력이 없음을 나타내고 전체주의를 조롱하기 위해 풍자 유형을 사용한다.」

- **본론**: 분석적 논술 구조에는 2-3개의 전개 단락이 필요하며, 각 단락은 주제문을 확인하는 하나의 개별 아이디어에 전념한다. 논문을 뒷받침하는 주제문으로 시작한다. 주장을 뒷받침하는 증거(의역, 요약, 직접 인용, 특정 사항)로 계속한다. 주제문을 입증하는 몇 가지 예를 사용한다.

「동물 농장에서는 사회의 무지함을 지적하기 위해 극적인 풍자가 사용된다. 그런데 메이너 농장에서 소홀한 대우를 받고 있던 가축들이 반란을 일으킨다. 그들은 농장주 존스와 관리인들을 내쫓고 농장의 이름도 동물 농장으로 바꾸고 농장을 직접 경영한다. 모든 동물들은 평등한 동물 공화국 건설을 위해서 열심히 일하고 농장의 운영에 참여하여 평등한 이상 사회가 된다. 그러나 풍차 건설을 계기로 동물들 사이에서 권력 투쟁이 일어난다. 나폴레옹은 동물들을 설득도 하고 조작도 하며 공포 분위기를 조성함으로써 완전한 독재 체제를 세운다. 반면에 나폴레옹을 둘러싼 지배계급은 존스 시대의 인간보다 더 사치스러운 생활 속에서 호의호식한다.」

- **결론**: 결론은 설명으로 마무리한다. 독자들이 등장인물들 앞에서 몇 가지 중요한 사실을 배울 수 있게 함으로써 극적인 풍자는 긴장감을 조성하고 대중을 설득하고 조작하는 것이 얼마나 쉬운지를 보여준다.

「결국 이상적인 사회를 꿈꾸던 혁명은 완전히 실패하고 정책마다 위협과 명분만이 쌓일 뿐이었다. 마침내 성실하게 일만 하던 복서는 인간의 도살장에 팔렸고 그들은 두 다리로 서서 채찍을 들고 동물들을 감시한다. "모든 동물들은 평등하다"는 구호는 "어떤 동물만 평등하다"로 바뀐 것이다.」

분석 논술과 분류 논술에는 차이가 있다. 분석 논술은 주요 요소를 여러 부분으로 나누어 하나씩 분석하고, 해석하고, 설명한다. 즉, 주요 요소를 분석, 해석, 설득하는 글이다. 이와 달리 분류 논술은 공통된 특성을 가진 아이디어, 인물 또는 대상을 특정 집단 또는 범주로 분류하는 논술이다. 예를 들어, 컴퓨터 유형에 대해 작성한다면 각 단락은 컴퓨터의 다른 유형의 특성을 설명한다.

6) 인과관계 논술

"까마귀 날자 배 떨어진다"는 속담처럼 어떤 사건의 결과에는 어떤 원인이 있는데 이러한 관계가 바로 인과관계이다. 즉, 인과관계는 원인과 결과의 관계이다. 까마귀가 나는 것은 원인이고, 그로 인해서 배가 떨어진 것은 결과이다. 어떤 사건이나 상황에서 어떤 원인과 그 원인으로 인해 나타난 결과를 글로 쓰는 경우는 실제로 많다. 인과관계 논술(cause and effect essay)은 어떤 사건이 발생한 이유와 결과가 무엇인지를 설명하는 글이다. 이것은 둘 이상의 사건이나 경험 간의 관계를 설명한다. 원인과 결과는 하나의 변수가 하나의 변수에, 또는 복수의 변수에 영향을 주는 관계이다. 다음은 원인과 결과에 따른 간단한 유형이다.

- 단일 원인과 단일 결과: 하나의 원인으로 하나의 결과가 발생하는 가장 간단한 인과관계이다. 예를 들면, 가격을 인상하면 매출액이 감소된다.
- 복수 원인과 단일 결과: 어떤 결과를 발생시키는 원인들이 여러 개 있다. 예를 들면, 품질, 성능, 가격과 회사 평판 등이 매출액에 영향을 준다.
- 복수 원인과 복수 결과: 가장 복잡한 인과관계이다. 많은 원인이 다양한 결과를 발생시키는지 확인한다. 예를 들면, 국가 지도자의 정직, 공감과 판단 능력이 국민통합과 국민복지에 영향을 준다.

그림 1-5 인과관계의 유형

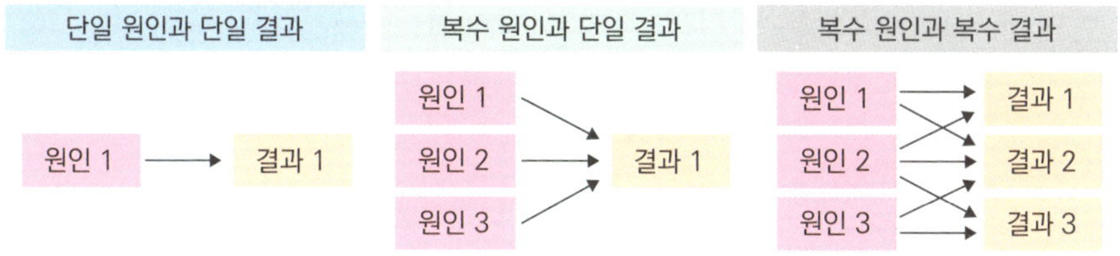

인과관계는 원인으로부터 결과를 추론하는 방식이다. 현상에는 원인이 있고 원인을 통해 결과가 발생된다. 이번 여름에 발생한 태풍은 강한 바람과 비를 몰고 왔다. 이때 강한 바람으로 지붕이 날아갔다. 이처럼 지붕이 날아간 것은 강한 바람이 원인이다. "눈에는 눈, 이에는 이"는 죄가 있으니 벌을 받아야 한다는 죄와 벌 간의 인과관계이다. "아니 땐 굴뚝에 연기가 날까", "소 잃고 외양간 고친다" 등 이러한 인과응보 속담은 모두 인과관계이다. 이것은 원인이 있기 때문에 결과가 발생하는 것을 의미한다. 따라서 인과관계는 어떤 사건이 왜 일어나는지, 그러한 사건의 결과가 무엇인지를 설명한다.

표 1-2 원인과 결과의 예

원인	결과
• 비가 많이 왔다.	• 강물이 범람했다.
• 길을 걷다 넘어졌다.	• 발목이 삐었다.
• 설연은 시험공부를 열심히 했다.	• 설연은 시험에서 A를 받았다.
• 정전이 되었다.	• 엘리베이터가 멈췄다.

원인은 어떤 현상을 일으킨 중요한 요인이다. 원인(cause)은 어떤 사물이나 상태를 변화시키거나 일으키게 하는 근본이 되는 일이나 사건을 의미한다.

원인은 어떤 일이 일어나는 사건이나 행동이다. 원인을 파악하려면 "왜 발생했는가?(Why did it happen?)"라는 질문을 한다.

반면에, 결과(effect)는 원인의 결과로 발생한다. 즉, 다른 사건 또는 행동의 결과로 발생한 사건이나 행동이다. 결과를 확인하려면 "무슨 일이 일어났는가?(What happened?)" 라는 질문을 한다.

거짓 원인 오류는 전제와 결론 간의 연결이 존재하지 않는 상상된 인과관계에 의존할 때 발생하는 오류이다. X가 Y보다 먼저 발생했을 때 X가 Y의 원인이라고 할 수 있으나 아마 X가 Y의 원인이 아닐 수도 있다. 이러한 오류에는 어떤 결과를 실제로 일으킨 원인이라고 잘못 간주하는 경우와 단지 먼저 발생하였다고 원인으로 간주하는 경우가 있다. 예를 들면, "까마귀 날자 배 떨어진다". 까마귀가 난 것이 배를 떨어뜨린 이유가 아니라 태풍이나 다른 이유일 수 있다. "소 잃고 외양간 고친다"는 속담에서 소 잃은 것은 원인이고 이 원인으로 외양간을 고치는 것은 결과이다. 원인이 없다면 어떠한 현상(결과)도 일어나지 않는다. X 사건이 일어나면 Y 사건이 반드시 일어난다고 경험으로부터 발견할 때 X 사건은 원인이고 Y 사건은 결과이다.

인과관계는 삶의 모든 측면에 영향을 미친다. 이것은 사고에 스며들어 있고 이성적인 행동을 촉진한다. 원인과 결과에 대한 지식은 합리적인 의사결정과 문제해결을 위한 근거를 제공한다.

인과관계 논술에는 주제의 결과를 설명하거나 주제의 원인을 설명하도록 요청하는 질문이 포함될 수 있다. 예를 들어, 역사적 사건, 정책 집행, 인기도, 기업의 이미지, 취업시험의 성공, 의학적 상태 또는 자연재해가 될 수 있다. 이러한 논술은 두 가지 방식 중 하나로 구성될 수 있다. 즉, 상황의 원인을 먼저 논의한 후 결과를 설명하거나 논의를 통해 원인을 설명하는 과정에서 결과가 먼저 올 수 있다.

인과관계 논술의 예

- 화산이 분출하는 이유와 그 이후에 일어나는 일
- 부동산 정책의 실패로 인한 부동산 가격의 폭동
- 약의 부작용에 대한 두려움 때문에 사람들은 예방 접종을 기피한다.
- 자동차 사용 증가로 인해 도시의 오염 수준이 악화되고 있다.

논술을 쓰려면 먼저 원인과 결과를 구별한다. 원인을 파악하려면 "왜 이런 일이 발생했는가?"라고 질문하고, 결과를 확인하려면 "이것 때문에 무슨 일이 일어났는가?"라고 질문한다. 이와 같이 인과관계 주제를 선택할 때 가장 중요한 것은 어떤 사실, 사건 또는 행동이 다른 사건으로 이어져야 한다는 것이다. 즉, 어떤 사건이 발생할 수 있는 원인과 결과 사슬이 있는지 확인한다. 이러한 이유로 주제 선택이 매우 제한적일 수 있다. 좋은 원인 및 결과 논술 주제는 원인과 결과 간에 관련성이 있고, 그 관련성이 의미가 있어야 한다. 다음은 인과관계 논술을 작성하는 방법이다.

- 브레인스토밍: 마음에 떠오르는 일반적인 아이디어를 생각하고 적는다.
- 아이디어 선택: 가장 좋아하고 관심 범위 내에 있는 아이디어를 선택한다.
- 인과관계 파악: 인과관계가 있는지를 파악하고 범위를 구체적인 것으로 좁힌다. 예를 들어, 아이디어가 "백신 접종과 학업성적의 인과관계"인 경우 "백신 접종이 대학생의 학업성적에 미치는 영향"과 같이 범위를 좁힐 수 있다.
- 주제 선정: 요점에 직접 연결되고 명확하고 매력적인 제목을 만들고, 논술에 적합한 주제를 선택한다.
- 개요 개발: 인과관계 주제문을 개발하고 주장과 증거를 제공하는 개요를 작성한다. 개요는 독자에게 전달할 논술의 기초가 된다.

심화학습 **인과관계 논술의 예**

후크 문장

지난 20년 동안 사회에서는 과체중 청소년 수가 거의 20% 증가했다. 본 논술은 이러한 결과가 왜 발생했는지 몇 가지 이유를 논의하고 우려스런 현상을 조사할 것이다.

원인

과체중 청소년 증가의 주요 원인은 간편식 식단이다. 지난 20년 동안 패스트푸드 식당의 수가 크게 증가했다. 예를 들어, 거의 모든 번화가에는 햄버거, 치킨, 피자점이 즐비하다. 이러한 음식은 매우 건강에 해로운 것으로 입증되었으며, 광고의 대부분은 청소년들을 대상으로 하여 청소년 고객을 유치한다. 그러나 그것은 외식 때문만이 아니라 많은 청소년들이 집에서 먹는 식단의 유형이기도 하다. 청소년들이 집에서 먹는 많은 식품은 가공식품과 기름진 음식이며, 특히 일하는 부모들은 간편식을 찾아 더욱 그렇다.

결과

간편식 식단의 영향은 매우 심각하고 앞으로도 지속될 것이다. 첫째, 청소년들의 비만 관련 집병이 증가했다. 청소년 비만 질병은 당뇨병, 고혈압이나 협심증 등을 증가시킨다. 둘째, 비만은 따돌림을 당하여 정신 건강을 해칠 수 있다. 끝으로 청소년 비만으로 인한 자존감 손상도 우려된다.

결론

요약하면, 청소년들의 비만은 간편식 식단, 광고와 부모의 원인이 있다. 따라서 사회는 이 문제를 방치하지 말고 특별한 조치를 취해야 한다.

7) 비교 · 대조 논술

사람들은 자신을 다른 사람과 비교하는 것을 싫어하지만 일상생활에서는 비교가 참으로 많다. 이렇듯 비교와 대조는 학문적 작문에서 중요한 기술이다. 어떤 둘 이상의 사물이나 현상을 견주어 유사점과 차이점을 찾을 수 있다. 비교(compare)는 대상 간의 유사점을 설명하는 것이나 대조(contrast)는 대상 간의 차이점을 설명하는 것을 뜻한다. 따라서 **비교·대조 논술(compare·contrast essay)은 두 사물, 사람, 개념, 장소 등 유사점과 차이점을 논의하는 글이다.** 이러한 논술은 편견 없는 토론이거나 독자에게 사람 또는 개념의 특이점을 설득하려는 시도이다. 또한 단순히 독자를 즐겁게 하거나 인간 본성에 대한 통찰력을 얻기 위해 이 기술을 쓸 수도 있다.

표 1-3 비교·대조

비교	대조
유사점, 마찬가지로, 또한, 유사하다	차이점, 대조적으로, 반면에, 그러나, 다르다.
컴퓨터를 사용하여 이메일을 통해 쉽게 통신할 수 있다. 마찬가지로 휴대폰은 의사소통을 위한 편리한 도구이다. 컴퓨터와 휴대폰 모두 다른 사람들과 쉽게 통신할 수 있다. 컴퓨터처럼 휴대폰을 사용하여 다른 사람들과 쉽게 통신할 수 있다. 컴퓨터는 쉽게 통신할 수 있다는 점에서 휴대폰과 유사하다.	컴퓨터는 점점 작아지지만 한 장소에서 다른 장소로 이동하기가 항상 쉬운 것은 아니다. 그러나 휴대폰은 쉽게 휴대할 수 있다. 컴퓨터는 일반적으로 휴대성이 좋지 않지만 휴대폰은 휴대성이 뛰어나다. 컴퓨터는 휴대성이 부족하다는 점에서 휴대폰과 다르다.

비교·대조 논술의 예

- 서울시와 런던시 같은 두 도시의 유사점과 차이점
- 동양인과 서양인의 유사점과 차이점
- 석사 학위와 박사 학위는 어떻게 다른가?
- 대면 교육 또는 비대면 교육은 어떻게 다른가?

▣ 비교·대조 논술 예

비교하거나 대조할 때 어떤 기준을 사용하고 있는지 명확히 하는 것이 중요하다. 두 사람을 대조할 때 약한 대조나 강한 대조를 표현할 수 있다. 논술에서 약함과 강함의 기준은 기준의 명확성에 달려있다.

약한 진술과 강한 진술

- 약한 진술(①): 갑수는 키가 크고 강하다. 이와 대조적으로 지수는 잘 생기고 매우 똑똑하다.
- 강한 진술(②): 갑수와 지수는 네 가지 면에서 다르다. 갑수는 키가 크고 지수는 키가 작다. 갑수는 강하지만 반대로 지수는 약하다. 갑수는 평범한 외모이나 지수는 잘생겼다. 갑수는 평균 지능인 반면에 지수는 매우 똑똑하다.

약한 진술(①)의 기준은 명확하지 않다. 이 문장에는 대조 전환이 있지만 대조 기준은 동일하지 않다. 갑수에게 사용되는 기준은 키와 힘이다. 지수에게 비슷한 기준이 사용되어야 하지만 아마도 그는 작고 약할 수도 있어 대신 외모와 지능이라는 새로운 기준을 제시했을 것이다. 이것은 이런 논술을 쓸 때 흔히 하는 실수이다.

강한 진술(②)의 기준은 훨씬 명확하다. 첫 번째 차이점은 키이다. 두 번째 차이점은 힘이다. 세 번째 차이점은 외모이다. 마지막 차이점은 지능이다. 이렇게 네 가지 면에서 다르다는 것을 보여주는 것은 강한 진술문이다.

▣ 비교·대조 논술 구조

비교·대조 논술을 구성하는 두 가지 주요 구조가 있다. 즉, 토픽별로 구분하는가 또는 속성별로 구분하는가에 따라 토픽 구조 또는 속성 구조가 있다. 두 가지 유형의 구조 모두 장점이 있다. 전자는 쓰기가 더 쉽고 후자는 일반적으로 유사점 또는 차이점이 더 명확하다.

토픽 구조는 비교·대조되는 첫 번째 대상에 대한 정보가 먼저 제공되고, 두 번째 토픽에 대한 정보가 제공된 다음 마지막 토픽에 대한 정보가 순차적으로 나열되는데 토픽별로 기술하는 방식이다. 이러한 유형의 구조는 원인과 결과 및 문제해결 논술에 사용되는 분리 구조와 유사하다.

속성 구조는 첫 번째 속성에 대한 토픽을 차례대로 기술하고, 두 번째 속성에 대한 토픽을 속성별로 차례대로 기술하는 방식이다. 즉, 속성별로 각각의 토픽을 나열하는 것이다.

그림 1-6 토픽 구조와 속성 구조

토픽 구조	속성 구조
• 토픽 1: 속성 1 → 속성 2 → 속성 3	• 속성 1: 토픽 1 → 토픽 2
전환단락	• 속성 2: 토픽 3 → 토픽 4
• 토픽 2: 속성 4 → 속성 5 → 속성 6	• 속성 3: 토픽 5 → 토픽 6
결론(평가)	결론(평가)

▣ 비교·대조 논술 작성법

비교·대조 논술은 두 가지 사이에 있는 의미 있는 연결을 찾는 글이다. 이 논술은 단순히 명백하게 보이는 것을 진술하는 것이 아니라 두 개 이상의 토픽을 탐구한 다음 즉시 분명하지 않을 수 있는 유사점과 차이점을 표현한다. 즉, 비교는 사물, 사람이나 장소 등이 어떻게 동일한지 보여주지만 대조는 사물, 사람이나 장소 등이 어떻게 다른지 보여주는 방식이다. 따라서 비교·대조 논술은 토픽의 유사점과 차이점을 평가하여 글로 표현하는 논술이다. 다음은 비교·대조 논술을 작성하는 방법이다.

- 토픽 선택: 의미 있는 비교·대조 논술을 작성하려면 유사점과 차이점이

있어야 한다. 예를 들어, 두 명의 다른 역사적 인물에 대해 글을 쓰고 싶다면 예술가와 정치인보다는 두 명의 예술가를 선택하는 것이 합리적이다.

- **유사점과 차이점 확인**: 유사점과 차이점 목록을 만든다. 다이어그램에 한 원은 토픽 1의 특성을, 다른 원은 토픽 2의 특성을, 그리고 공유 영역은 유사점을 기록한다. 서로 다른 특성은 별도로 표시하며, 공유 특성은 공유 영역에 기록한다. 이렇게 하면 유사점과 차이점을 명확하게 할 수 있다.

그림 1-7 다이어그램과 표

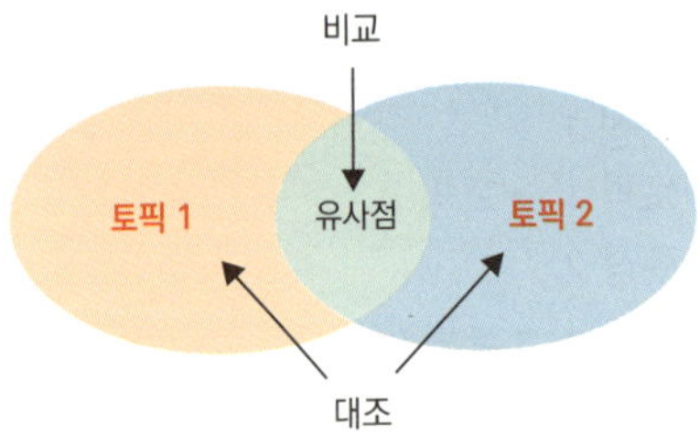

토픽 1의 속성	공통 속성	토픽 2의 속성
속성 1_1	속성 0_1	속성 2_1
속성 1_2	속성 0_2	속성 2_2
속성 1_3	속성 0_3	속성 2_3

- **속성 확인**: 토픽의 한 속성에 대해 쓴 다음 토픽의 다음 속성을 작성한다.
- **토픽 확인**: 한 토픽에 대해 완전히 쓴 다음 다른 토픽에 대해 완전히 쓴다.
- **논증 선택**: 선 유사점과 후 차이점 작성 방식, 속성 방식이나 토픽 방식을 선택한다. 어떤 점이 중요한가? 이러한 유사점과 차이점은 토픽에 대해 무엇을 말하는가? 이것이 주요 논증이 된다.
- **지지 증거 작성**: 연구, 읽기 또는 개인적인 경험에서 얻은 증거로 주장을 뒷받침한다. 예를 들면, 고양이와 개를 비교하고 대조하는 경우 친구와 반려동물에 대한 개인적인 일화를 사용하여 논증을 강화한다.
- **개요 개발**: 속성과 토픽, 주장과 증거를 결합하여 유사점이나 차이점을 기준으로 개요를 작성한다. 이렇게 하면 논술을 작성할 근거가 충분하다.

심화학습 비교·대조 논술 토픽 구조 예

토픽 구조: 토픽별로 분류한다.

▣ 주제문: 밀(John Stewart Mill)[2]과 바쿠닌(Michael Bakunin)[3]은 모두 민주주의의 세 가지 기본 원칙, 즉 국민에 의한 통치, 관용과 평등을 지지한다. 그러나 그들은 이러한 기본 원칙을 지지하는 정도와 이유가 다르다.

▣ 토픽 1: 속성 1 → 속성 2 → 속성 3

- 속성 1: 밀은 대다수가 도덕적 결정을 내린다고 믿는다.
- 속성 2: 밀은 완전한 열린 마음이 항상 사회에 도움이 된다고 주장한다.
- 속성 3: 밀은 단지 우연이 우리가 태어난 세계관을 결정하기 때문에 모두가 평등하다고 주장한다.

▣ 토픽 2: 속성 1 → 속성 2 → 속성 3

- 속성 1: 바쿠닌은 여론이 사회 결정의 기초가 되어야 한다고 믿는다. 이는 밀의 도덕적 다수에 대한 이해와 약간 다르다.
- 속성 2: 밀과 달리 바쿠닌은 표현의 자유가 여론에 의해 제한되어야 한다고 주장한다.
- 속성 3: 밀처럼 바쿠닌은 모두에게 평등을 확대하고 다양성을 포용해야 한다고 주장한다.

---

2 19세기 영국의 철학자이자 경제학자.

3 19세기 러시아의 무신론 철학자.

심 화 학 습 **비교·대조 논술 속성 구조 예**

속성 구조: 속성별로 분류한다.

▣ **주제문:** 밀(John Stewart Mill)과 바쿠닌(Michael Bakunin)은 모두 민주주의의 세 가지 기본 원칙, 즉 국민에 의한 통치, 관용, 평등을 지지한다. 그러나 그들은 이러한 기본 원칙을 지지하는 정도와 이유가 다르다.

▣ 속성 1: 토픽 1 → 토픽 2

- 토픽 1: 밀은 대다수가 도덕적 결정을 내린다고 믿는다.
- 토픽 2: 바쿠닌은 여론이 사회 결정의 기초가 되어야 한다고 믿는다. 이는 밀의 도덕적 다수에 대한 이해와 약간 다르다.

▣ 속성 2: 토픽 3 → 토픽 4

- 토픽 3: 밀은 완전한 열린 마음이 항상 사회에 도움이 된다고 주장한다.
- 토픽 4: 밀과 달리 바쿠닌은 표현의 자유가 여론에 의해 제한되어야 한다고 주장한다.

▣ 속성 3: 토픽 5 → 토픽 6

- 토픽 5: 밀은 단지 우연이 우리가 태어난 세계관을 결정하기 때문에 모두가 평등하다고 주장한다.
- 토픽 6: 밀처럼 바쿠닌은 모두에게 평등을 확대하고 다양성을 포용해야 한다고 주장한다.

8) 과정 논술

과정이란 특정한 결과를 얻기 위해 여러 현상이 관련을 맺으면서 진행되는 것을 뜻한다. 이처럼 과정 논술(process essay)이란 어떤 일이 수행되는 방식을 설명하는 글이다. 이것은 연속적으로 수행하는 작업을 설명하는 글이다. 따라서 특정한 작업을 수행하는 방법을

자세히 설명할 수 있다. 이것을 지침 논술(how-to essay)이라고도 하는데 자습서 또는 일련의 교육 단계가 필요한 사람을 위해 작성된다. 예를 들면, 로봇을 만들거나 초콜릿 케이크를 요리하는 과정 논술을 변형하여 사용할 수 있다.

과정 논술의 예

- 식물을 적절하게 재배하는 방법
- 조립공이 자동차를 조립하는 방법
- 유튜브 동영상을 제작하는 방법
- 개가 앉도록 훈련시키는 방법
- 온라인으로 사업을 시작하는 방법

과정은 전기 단계가 후기 단계에 영향을 미치는 마치 연관된 톱니바퀴와 같다. 즉, 초기 단계는 두 번째 단계에 영향을 미치고 세 번째 단계에 영향을 미치는 방식으로 단계별 방식이다. 각 단계는 그 자체의 중요성을 가지고 있으며 한 단계에 대한 잘못된 설명은 전체 과정을 망칠 수 있다. 특히 단계를 간결하고 효율적으로 유지하는 것이 중요하다. 따라서 과정 논술은 단계별 지침의 형태로, 또는 절차에 따라 제공된 지침이나 설명과 함께 스토리 형식이 될 수 있다.

그림 1-8 문장의 전개 과정

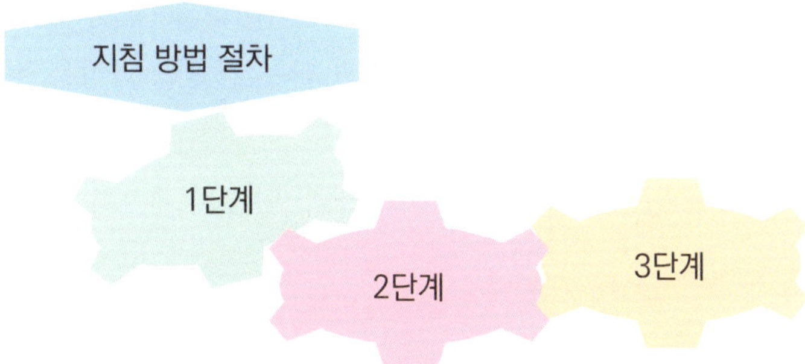

과정 논술의 목표는 독자에게 지침과 방향을 제공하는 것이다. 이것은 과정을 단계별로 설명하고 특정 과정, 작동 메커니즘, 절차 등에 대한 지침을 제공한다. 예를 들면, 과정 논술은 자전거 타는 방법과 같은 매우 간단한 것부터 산화 반응 실험의 화학 실험실 보고서와 같은 복잡한 것까지 다양하다.

과정 논술의 유형에는 방향성과 정보제공이 있다. 첫 번째 유형은 방향성이다. 이것은 무언가에 대한 과업의 절차를 설명한다. 신용카드 신청 방법, 운전면허 취득 방법이나 결혼식 계획 방법 등과 같은 다양한 주제를 다룰 수 있다. 또 다른 유형은 정보 제공이다. 이 논술은 작동 방식을 설명한다. 예를 들어, 일기 예보가 어떻게 결정되는지, 우주 로켓이 어떻게 작동하는지, 간헐적 단식이 신체를 어떻게 변화시키는지 등이 있다. 다음은 과정 논술을 작성하는 방법이다.

- 독자 결정: 독자의 지식과 이해 수준을 결정한다. 독자가 누구인지에 따라 논술의 수준을 결정한다. 예를 들어, 친구에게 간단한 도구를 만드는 방법을 가르쳐야 하는 경우 기본적인 용어를 사용한다. 그러나 특정한 화학 물질의 추출에 대해 화학 연구자를 위한 논술을 작성하는 경우 정교하고 전문 용어를 사용한다.
- 소재 목록 작성: 소재 목록을 작성하려면 기준이 있어야 한다. 항목이든 아이디어든 필수 사항을 미리 알고 준비한다. 항목의 중요성에 따라 각 항목을 배치하고, 중요성이 클수록 목록에서 상위에 배치한다.
- 단계 제시: 과업이 수행될 단계를 시간 순으로 제시한다. 단계는 처음부터 끝까지 수행될 실제 순서를 따른다. 과정을 분석할 때 가장 까다로운 부분을 주제로 선택한다. 왜냐하면 너무 간단한 과정은 논술이 필요하지 않기 때문이다.
- 개요 작성: 독자가 전체 단계를 이해할 수 있도록 개요를 작성한다.

심화학습 과정 논술 예

주제문: 논술을 작성하는 몇 가지 간단한 단계가 있다.

학생들은 논술을 작성할 때 당황하기 쉽다. 주제를 탐구할 때 많은 아이디어가 있을 수 있지만 막상 아이디어를 생각하는 것은 쉽지 않다. 기본적으로 논술은 의견을 표현하고 그것이 타당함을 증명하는 체계적인 글이다. 이것은 서론으로 시작하여 본론으로 전개되고 결론으로 끝난다. 따라서 논술을 작성하는 몇 가지 간단한 단계가 있다.

첫째, 학생들은 아이디어를 창출해야 한다. 주제에 대해 알고 있는 것과 쓰고 싶은 것에 대해 생각한다. 어떤 학생들은 브레인스토밍을 한다. 즉, 그들은 종이에 단어를 쓰고 다른 단어와 연관시키려고 노력한다. 또 어떤 학생들은 아이디어 목록을 작성한다. 둘째, 학생들은 자신의 아이디어를 정리한다. 자신의 의견 진술이 있는지 확인한 다음 지지하는 아이디어를 정리한다. 즉, 먼저 무엇이 올 것인지 등을 결정한다. 예를 들어, 학생들이 역사에 대해 글을 쓰는 경우 과거부터 현재까지 역사에 대해 생각하듯이 아이디어를 연대순으로 정리한다. 끝으로, 어떤 문제가 가장 심각한 문제인지 또는 가장 적은 문제인지 판단한다.

9) 해석 논술

해석이란 문장이나 사물의 표현된 내용을 이해하고 설명하는 것이다. **해석 논술(interpretive essay)은 예술 작품, 사람 또는 사건 등과 같은 주제를 구성 부분으로 해석하거나 비판적으로 분석하고 의미를 제공하는 글이다.** 즉, 독자가 쉽게 이해할 수 있도록 상세한 내용을 제공하는 글이다. 예를 들면, 책, 논술, 연극 또는 시와 같은 문학 작품을 해석한다. **구체적으로 설명하면,** 저자의 예시, 은유, 특정 주제 또는 성격 등에서 주제를 골라낸 후에는 이를 여러 조각으로 나누어 해석할 수 있다.

해석 논술은 작품의 내용을 요약하는 것도, 자신의 이론을 변호하는 것도 아니라 오히려 글의 중요하고 혼란스러운 질문에 대한 탐구이다. 작품에 있는 상징을 분석하는 것이 과제라면 상징을 찾아서 표현 방식과 의미를 확인한다. 해석 논술은 자신의 의견을 뒷받침하는 근거를 제공한다.

"옳고 그름" 대답은 없지만, 작품에 대한 자신의 생각과 생각의 이유를 설명할 수 있다. 따라서 글쓴이는 논술에 제공된 의견이 다른 기존 연구자들에 의해 입증될 수 있는지 확인하고, 새로운 가설을 제시할 경우 명확한 원인과 결과 상황을 보여줄 수 있어야 한다. 다음은 해석 논술을 작성하는 방법이다.

- 주제 선택: 문제를 완전히 이해하기 위해 무엇이 중요한지를 파악한다. "이 질문이 왜 중요한가? 무엇이 어려운가?"라고 질문한다. 그런 다음 "이 질문에 대답하려면 어떤 하위 질문을 해야 하는가?"라고 질문한다. 질문과 가장 관련이 있는 글을 확인한다. 수수께끼나 모호한 것이 무엇인가? 저자는 무엇을 말하는가? 주장의 전제는 무엇인가? 결론은 무엇인가? 논증할 수 있는 부분은 무엇인가? 모순되는 점은 무엇인가? 이러한 질문을 통해서 주제를 개발할 수 있다.
- 질문 정리: 중심 및 여러 하위 질문을 정의하고 아이디어를 수집하고 각 질문에 대해 메모한 후 질문을 수행할 순서를 결정한다. 가장 기본적이거나 가장 필요한 설명은 무엇인가? 이렇게 추가적으로 질문하고 아이디어를 정리한다.
- 개요 작성: 글쓴이가 제시한 순서대로 또는 단계별로 글쓴이의 주장을 추적한다. 그런 다음 순서가 의미가 있는 이유와 발생하는 이유를 보여준다. 질문을 해결하는 데 사용할 글의 주장과 증거로 개요를 작성한다.

심 화 학 습 해석 논술의 예

▣ 투명 인간(Invisible Man)

투명 인간은 영국의 소설가 웰스(Herbert George Wells: 1866~1946)가 지은 공상과학 소설이다. 괴테에 따르면, 우리는 혼란스러운 마음을 찾기 위해 기이한 가정을 방문할 필요가 없다. 우리의 세상은 우주의 정신 기관이다. 괴테의 진술은 과장된 것이지만 약간의 진실을 담고 있다. 이러한 진리 요소 때문에 사회는 정신 분석을 인간 본성을 이해하는 데 중요한 도구로 간주한다. 게다가 글쓴이, 등장인물, 독자에 대한 정신 분석적 비평은 문학 비평에서 정신 분석학의 자리만큼이나 중요한 자리를 차지하고 있다.

▣ 비밀 첩보원(The Secret Agent)

비밀 첩보원은 영국의 작가 리온 콘래드(Leon Conrad)가 런던에 활동하는 혁명주의자들에 관해 쓴 스파이 소설이다. 작가는 야수와 식인종 이미지를 사용하여 캐릭터와 서로 간의 관계를 설명한다. 이 소설의 줄거리는 비밀 첩보원을 둘러싼 무정부주의자들의 위선과 허위를 형상화하는 데 주력한다.

▣ 캔터베리 이야기(Canterbury Tales)

캔터베리 이야기(Canterbury Tales)는 제프리 초서(Geoffrey Chaucer: 1343~1400)의 중세 문학 작품으로, 여러 문학 장르와 관련된 24개의 이야기와 운명에서 신의 뜻에 이르는 주제를 다룬다. 책은 현대 문학의 표준에 접근하기 시작한 최초의 작품 중 하나이다. 그것은 독자들에게 지루한 도덕책이 아니라 즐거움을 제공한 최초의 책 중 하나였을 것이다. 그러나 교묘하게 위장한 도덕은 거의 모든 이야기에 존재한다. 게다가 이 책은 인간 본성의 가장 일반적인 측면에 대해 설명한다. 책은 사람들의 좋은 특성과 나쁜 특성을 모두 지적하지만 탐욕과 욕망과 같은 인간의 죄악적인 결점에 대해 가장 명백히 설명한다. 캔터베리 이야기는 정욕과 간음에 대한 시간 묘사에 대해 놀랍도록 기이한 여러 가지를 제시한다. 많은 이야기에서 60대 노인이 젊은 아내를 갖는 것으로 나타났는데, 이는 아마도 초서 시대에 흔했을 것이다.

10) 비평 논술

비평이란 어떤 대상이나 현상을 분석하고 평가하고 그에 따라 판단하는 것을 뜻한다. 판단은 기준이 충족되는지 여부를 밝히는 것이다. 평가는 작품의 강점과 약점을 파악하는 것이다. **비평 논술(critical essay)은 다른 사람의 작품을 분석하고 평가하는 글이다.** 논술이 비판적인 글이 되려면 글의 특정 아이디어를 주장한 다음 그 주장을 뒷받침하는 증거가 있어야 한다. 또한 비평 논술은 문학 작품의 장점이나 단점을 기준으로 평가하기 위해 작성된다. 이러한 경우 글, 영화 또는 예술 작품에 대한 개요로 시작하여 작품의 의미에 대한 분석이 이어진다. 비평 논술은 다른 논술, 이야기, 책, 시, 영화 또는 예술 작품에 대해 쓸 수 있다.

비평 논술은 작품의 약하고 강한 특징에 중점을 둔다. 저자는 어떤 작품에 대해 좋거나 나쁘다고 생각하는 것을 독자들에게 알린다. 의견을 평가로 전환하려면 기준을 사용하여 주제를 판단해야 한다. 기준은 무엇인가? 기준은 다른 어떤 것보다 좋거나 나쁘다고 판단할 토픽의 부분이다. 저자가 올바르게 처리했는가? 그의 작품은 설득력이 있었는가? 독자에게 메시지를 전달하는 데 성공했는가? 이러한 사항은 논술에서 답해야 할 질문이다. 다음은 비평 질문의 몇 가지 예이다.

- 왜 정확하거나 부정확한가?
- 왜 타당하거나 타당하지 않은가?
- 강점이나 약점은 무엇인가?
- 왜 좋거나 나쁘다고 생각하는가?
- 왜 적절하거나 적절하지 않은가?
- 어떤 문제가 있는가?

비판적으로 분석 또는 평가하는 능력은 대학과 직장, 그리고 일반적인 삶에서 필수적인 기술이다. 그렇다면 비판적 분석 또는 비평적 평가에는 무엇이 포함되는가? 분석은 무엇을 의미하는가? 과제를 작성할 때 평가하고 있는 내용을 단순히 설명하지 않는다. 무언가에 대한 의견을 제공하기 위해서는 증거로 의견을 뒷받침한다.

비판적으로 분석하거나 평가하는 것은 무언가를 구성 요소로 분해하고, 올바른 유형의 분석 질문을 통해 각 부분에 대한 의견을 제공하고, 그리고 증거로 의견을 뒷받침하는 것이다. 이러한 형태의 글은 실제로 일종의 의견 글이다. 글은 무언가를 평가하고 이에 대한 의견을 표현해야 한다. 핵심은 의견이 논리에 근거하고 편견이 없어야 한다는 것이다. 다음은 바람직한 비평 논술의 요건이다.

- 판단 또는 전반적인 의견
- 의견을 내놓은 기준 또는 이유
- 이유를 뒷받침하는 증거

비평 논술의 예

- 학교에 대한 소셜 미디어의 영향
- 자율 주행차의 미래
- 미나리 영화의 강점과 약점
- 게임의 정신 건강상의 이점

비평 논술은 대학에서 가장 일반적인 작문 과제 유형 중 하나이다. 이것은 다른 사람의 작품(영화, 책, 기사 등)을 평가하고, 평가가 옳다는 것을 증명하는 것이다. 비평 논술에는 주장과 그 주장을 증명할 증거가 있다. 여기에서 작품을 분석하고, 중심 주제에 응답하고, 저자가 어떻게 전달했는지 평가한다. "비평"은 "부정적"이거나 또는 "판단"이나 "비난"이 아니라 "분석"과 "해석"에 관한 것이다. 따라서 비평 논술에서는 매우 전문적인 분석 및 평가 기술을 사용하는 것이 중요하다. 다음은 비평 논술을 작성하는 방법이다.

- 자료 조사: 주제를 이해하지 못하면 비평 논술을 쓸 수 없다. 비평 논술을 작성하는 첫 단계는 비판적 독서이다. 읽는 동안 가능한 한 많이 메모한다. 작품의 저자는 무엇을 말하고 싶어 하는가? 그는 어떤 단어, 문법 구조 또는 문체를 사용했는가? 책을 읽으면서 떠오르는 질문을 생각해 보고 적어 둔다.
- 생각 정리: 작품의 핵심 주제와 문제를 파악한다. 주장과 그 주장을 입증하는 증거를 찾는다. 다른 해당 작품과 다르거나 비슷한 점은 무엇인가? 분석할 때 발생하는 관련 아이디어 및 연관성을 생각하고, 기록하면서 정리한다.
- 증거 개발: 주제를 잘 지지할 정보나 주제문을 가장 잘 정의할 정보를 찾는다. 글을 읽는 동안 자신의 요점을 증명할 수 있는 증거를 개발한다.
- 반대 주장: 주제문과 모순되는 반대 주장을 찾는다.
- 주제문 작성: 주제문은 주장과 그것을 뒷받침하는 세부 사항의 두 가지 구성 요소로 한 문장으로 된 주제이다. 수집한 정보를 바탕으로 논술의 방향을 지정하는 주제를 작성한다.

심화학습 비평 논술의 구조

▣ 서론

- 작품 제목, 저자 이름 및 출판일을 명시한다.
- 책의 주요 아이디어를 설명하고 저자의 논문을 확인한다.
- 자신의 주제문과 주요 아이디어를 진술한다.

「황순원의 소설 소나기는 1953년 《신문학》 5월호에 발표된 단편소설이다. 이 소설은 시골 소년과 도시 소녀의 청순하고 깨끗한 사랑을 담고 있는 훌륭한 이야기이다.」

▣ 요약

- 책, 기사 또는 영화의 주요 아이디어를 간략하게 설명한다.
- 구조, 스타일 또는 관점에 대해 논의할 수도 있다.

「이 책은 ...
저자는 다음과 같이 주장한다.
설정은 ...
연구는 ...
주인공은 ...
주요 포인트는 ...
주제는…
저자는 결론을 낸다.」

▣ 분석

- 책, 기사 또는 영화에 대해 좋아하는 것과 싫어하는 것을 비판적으로 표현한다.
- 책, 기사 또는 영화의 구체적인 예를 통해 아이디어를 설명한다.
- 저자가 의도한 목표를 달성했는지 평가한다.

「독창적이고 흥미롭고 잘 쓰였다. 만남, 죽음, 조약돌과 분홍 스웨터로 은유된 소년과 소녀의 감정 교류를 독자에게 제시한다. 보편적인 감정의 세계로 독자를 연결한다.」

▣ 결론

- 주제문을 새로운 단어로 다시 말한다.
- 가능하면 새롭고 강력한 단어로 주요 아이디어를 요약한다.
- 독자를 위한 유도 문안을 포함한다.

「이 책을 읽어야 하는 이유는…
이 글이 유용하지 않은 이유는…」

심화학습 비평 논술의 예

> 상담에 대한 통합적 접근 방식이 고객의 변화 과정을 어떻게 지원하는지 비판적으로 분석한다. 이 논술은 통합적 접근 방식이 무엇을 포함하는지 설명하고 그 한계와 이점을 분석한다. 상담사의 잘못된 의사 결정은 통합적 접근 방식의 효율성에 영향을 미치는 반면, 전체적으로 능숙하게 활용하면 통합 접근 방식이 고객의 변경 과정을 지원한다고 주장한다.
>
> 김선길(2022)에 따르면 통합적 접근 방식을 사용하는 상담사는 이론적 관점과 전략에 대한 폭넓은 지식을 가지고 있으며 상담 과정의 특정 단계에서 내담자를 가장 잘 지원할 수 있는 정보에 입각한 결정을 내린다. 박정미(2021)는 통합적 접근법의 중요한 구성 요소는 고객을 평가할 수 있는 상담사의 능력이라고 덧붙인다. 상담 과정의 특정 단계에서 내담자를 가장 잘 지원할 수 있는 정보에 입각한 결정을 내린다. 그럼에도 불구하고 정미란(2020)은 황명진(2018)의 결과에 대해 통합적 접근 자체가 아니라 상담사의 의사 결정 능력에 문제가 있음을 시사한다. 그들은 내담자에 대한 변화의 효과를 판단하는 것이 상담사의 능력이라고 지적함으로써 반박한다. 그러나 행동 변화의 촉진을 위해서는 내담자의 변화 과정에 지장을 주지 않도록 상담사의 숙련된 의사결정이 필요하다. 결론적으로, 통합적 접근 방식의 사용에 대한 주장은 접근 방식 자체의 효과를 뒷받침하는 증거보다 더 중요하다.

11) 이야기 논술

이야기를 쓰는 것은 실제 혹은 허구적인 사건을 설명하는 것을 말한다. **이야기 논술(narrative essay)은 명확하고 흥미로운 방식으로 스토리를 전달하는 글이다.** 글쓴이는 이야기의 시작과 끝, 눈길을 사로잡는 언어와 만족스러운 속도로 이야기를 전달한다. 이것은 자신이 경험한 개인적인 경험에 대한 이야기이다. 이야기 논술의 주제는 중요한 것부터 사소한 것까지 다양하다. 일반적으로 요점은 이야기 자체가 아니라 말하는 방식이며, 목적

은 재미있는 이야기를 전하고 경험의 중요성을 설명하는 것이다. 다음은 이야기 논술의 특징이다.

- 정보를 제공하거나 이야기를 전달하는 것이다.
- 사람, 장면 또는 사건을 자세히 설명한다.
- 모든 이야기처럼 갈등과 순서를 사용한다.
- 글쓴이는 이야기꾼이다.
- 대화를 사용할 수 있다.
- 정보는 시간순으로 표시된다.
- 생생한 동사와 수식어를 사용한다.
- 1인칭으로 작성한다.

이야기 논술은 한 사람의 관점에서 생생한 이야기를 전달하는 것이다. 이것은 모든 스토리 요소(시작, 중간, 결말, 줄거리, 등장인물, 설정 및 절정)를 사용한다. 논술의 초점은 절정을 이루는 전달되는 줄거리이다. 독자가 이야기의 요소와 순서에 참여할 수 있도록 구체적이고 감각적인 사항을 제공한다. 이야기에 사용하는 동사는 생생하고 정확하고, 요점은 종종 시작 문장에서 정의된다. 따라서 이야기 논술의 요소에는 등장인물, 주제 및 대화가 있다.

- 등장인물: 등장인물은 이야기 논술의 중요한 부분이다.
- 주제: 주제를 중심으로 전개된다. 이 주제는 뚜렷한 증거로 뒷받침된다. 이 증거는 본론 단락의 등장인물을 통해 더 자세히 설명된다.
- 대화: 등장인물들 간의 대화이다. 대화는 등장인물의 가치와 생동감을 주는 중요한 요소이다.

이야기 논술의 예

- 내 동생과 함께 하는 낚시 여행
- 화산 폭발 관람 여행
- 해변에서의 임사 체험
- 애완동물을 잃어버린 날

이야기 논술은 글쓴이가 경험을 자세히 설명하는 글이다. 그것은 단지 무슨 일이 일어났는지 설명하는 것이 아니라 그 당시 느꼈던 것, 그것이 글쓴이에게 어떤 영향을 미쳤는지, 그리고 그로부터 배운 것을 자세히 설명하는 것이다.

이야기 논술은 글쓴이에게 개인적인 것이다. 그것이 과거에 경험한 것에 초점을 맞추는 이유이다. 예를 들어, 글쓴이가 무례하다고 느꼈던 때나 직업에서 정말로 성공했다고 느낄 때에 이와 관련된 글을 쓸 수도 있다. 다음은 이야기 논술을 작성하는 방법이다.

- **생각 구성:** 이미 알고 있거나 생각하거나 느끼는 주제를 작성한다. 또한 생각을 종이에 기록하면 아이디어를 집단화하고 구성할 수 있다.
- **주제 선택:** 연구는 개인 생활과 경험의 범위 내에서 수행된다. 개인 유물, 기념품, 일화 및 대화를 활용하는 것으로 주제를 구성할 수 있다. 생각의 구성과 주제에 대한 연구는 서로 연관되어 있다.
- **주제문 개발:** 주제문을 개발하는 것은 다리를 만드는 것과 같다. 다리가 작동하려면 상판이 강한 기둥으로 지지되어야 한다. 글에는 주장과 이를 뒷받침하는 증거의 두 가지 주요 요소가 있다. 상판은 주장을 나타내고 기둥은 증거를 나타낸다. 지지 증거는 주장을 강화하는 수단이다. 주장과 뒷받침하는 증거를 한 문장으로 결합하여 주제문을 개발한다.

심화학습 이야기 논술의 예

어떤 사람들은 언어를 통해 자신을 표현하고 어떤 사람들은 글을 통해 자신을 표현하지만 나는 내가 가진 최고의 악기인 내 목소리로 나를 표현한다. 나는 크고 작은 집단들과 이야기함으로써 내 삶을 만든다. 대중 연설보다 더 만족스러운 것은 없다. 대중 연설에 대한 나의 관심은 내가 아주 어렸을 때 시작되었다.

나는 열 살 때 대중들 앞에 처음 섰고, 그때 참가한 경기도 초등부 연설 대회에서 우승했다. 그 후 다른 대중 연설 기회가 생겼다. 중학생일 때 나는 내 발표를 알릴 수 있는 최고의 기회를 가졌다. 나는 텔레비전에서 진행하는 중학생 발표대회에 참가하게 되었다. 나는 대회 한 달 전부터 주제를 선정하고 내용을 작성하고 발표를 연습했다. 드디어 발표하기 위해 방송국에 도착했을 때 진행자, 제작진, 신문 기자들의 인사를 받았다. 그런 다음에 대기실로 안내되었다. 진행 안내자와 잠깐 이야기를 나누고 발표문을 읽어 본 후 번쩍이는 무대 위의 장소로 갔다. 곧 발표할 시간이 되었다. 소개를 받았고 무대까지 걸어가면서 청중에게 미소를 지었다. 드디어 발표를 시작할 차례가 되었다.

12) 문제해결 논술

문제해결 논술(problem solving essay)은 작가가 주어진 논술 주제와 관련하여 문제를 논의하고 그 문제에 대한 가능한 해결책을 제시하는 글이다. 즉, 특정 문제를 밝히고 다양한 해결 방법을 제공하는 글이다. 따라서 문제해결 논술은 특정 상황의 문제를 고려하고 그 문제에 대한 해결책을 제시하는 글이다. 오늘날 인기 있는 문제해결 논술 주제에는 환경, 심리, 습관, 인터넷, 청소년 일탈, 인종 차별, 교육 등과 관련된 모든 것이 포함된다. 궁극적으로 논술을 위해 선택한 주제는 문제에 대한 해결책을 생각하고 찾는다.

▣ 문제해결 논술의 구성 요소

문제해결 논술은 특정 상황의 문제를 고려하고 그 문제에 대한 해결책을 제시한다. 문제해결 논술에는 상황, 문제, 해결책 및 평가의 네 가지 주요 구성 요소가 포함된다. 상황 요소에서는 자신의 말로 논술의 지시어를 의역한다. 문제 요소에서는 자신의 말로 문제를 설명한다. 해결책 요소에서는 문제에 대한 해결책을 설명한다. 마지막으로 평가 요소에서는 논술의 주요 아이디어를 나열하고 문제에 대한 해결책을 기반으로 예측 또는 권장 사항을 제공한다. 상황은 일반적으로 서론의 일부로 설명되는 반면 평가는 결론의 마지막 부분에서 제공된다. 따라서 문제해결 논술은 구조 측면에서 원인 및 결과 논술과 유사하다.

- 상황: 문제의 배경에 대한 소개
- 문제: 문제의 세부 사항과 해결해야 하는 이유 설명
- 해결책: 문제에 관해 제안된 답변
- 평가: 행동 요청과 함께 이전에 언급한 아이디어의 개요

▣ 개요 작성 두 가지 방법

개요 작성에 대한 한 가지 접근 방식만 제공하는 일반적인 논술과 달리 문제해결 논술을 사용하면 두 가지 서로 다른 방법으로 개요를 작성할 수 있다. 이러한 방법을 분리 구조 및 결합 구조라고 한다.

분리 구조 방식은 문제들을 먼저 열거하고, 전환단락을 주고, 그런 다음 문제에 해당된 해결책을 제시하는 방식이다. 반면 결합 구조 방식은 문제와 그 문제에 대한 해결책을 짝으로 결합하여 제시하는 방식이다. 어떤 유형의 개요를 선택하든 간에 개요를 작성하는 것은 글을 쓰는 동안 주제에 집중하는 데 도움이 되기 때문에 훌륭한 논술을 작성하는 데 필수적이다.

그림 1-9 **분리 구조와 결합 구조**

분리 구조	결합 구조
도입(배경)	도입(배경)
문제 1 문제 2 … 전환단락 해결책 1 해결책 2 …	문제 1과 해결책 1 문제 2와 해결책 2
결론(평가)	결론(평가)

▣ 문제해결 논술 작성 단계

문제에 대한 해결책을 제안하기 전에 다른 학자나 연구자들이 이전에 설계한 몇 가지 해결책을 제공하여 문제에 대한 이전 연구를 제시한다. 그들이 완전히 성공했는지 여부를 분석하고, 그렇지 않은 경우 변경할 수 있는 사항을 분석한다. 그런 다음 논술의 앞부분에서 강조한 문제에 대한 자신의 해결책을 제안할 수 있다. 따라서 구조화되고 논리적인 주제를 전달하려면 문제해결 논술 작성 단계의 일반적인 순서를 따른다.

- 문제 확인 및 설명: 문제를 확인하고 설명하고 예를 제시한다.
- 문제의 원인 탐구: 문제의 원인과 그것이 사회에서 어떻게 나타났는지 조사한다.
- 문제해결 이유 설명: 문제가 중요하고 해결해야 한다고 생각하는 이유를 설명한다. 즉, 문제의 중요성과 해결 이유를 제시한다.
- 문제 미해결 결과 설명: 사회가 문제를 해결하지 못한 결과를 설명한다.
- 문제의 해결 결과 제시: 문제의 가능한 결과를 보여준다. 이 부분은 청중을 위한 행동을 촉구하는 역할을 한다.

심화학습 비만 문제해결 논술 사례

상황, 문제, 해결책, 평가

가공 식품 및 편의 식품의 소비와 자동차에 대한 의존으로 인해 성인 인구의 비만이 증가하고 체력 수준이 감소했다. 선진국에서는 비만 인구가 인구의 1/3에 달할 수 있다(WHO, 2015)[4]. 이는 비만과 열악한 체력으로 인해 평균 수명이 단축되기 때문에 개인과 정부가 협력하여 이 문제를 해결하고 시민의 전반적인 건강을 개선하는 것이 중요하다.

비만과 열악한 체력은 기대 수명을 감소시킨다. 과체중인 사람들은 당뇨병 및 심장병과 같은 심각한 질병을 앓을 가능성이 더 높아 조기 사망을 초래할 수 있다(Wilson, 2014)[5]. 규칙적으로 운동하면 심장병 및 뇌졸중의 위험을 줄일 수 있다는 사실은 잘 알려져 있다. 즉, 체력 수준이 낮은 사람들은 이러한 문제로 고통을 받을 위험이 높아진다.

개인이 식습관과 운동 습관을 변경하면 기대 수명이 늘어날 수 있다. 오늘날에는 지방과 설탕 함량이 높은 가공 식품 소비에 의존하고 있다. Peterson(2013)[6]에 따르면, 과일과 채소를 많이 섭취하는 사람들은 식단이 더 건강하고 균형 잡히도록 확실하게 하여 비만 수준을 낮출 수 있다. 그러나 이러한 식습관 변경과 섭취 감소는 영양사 전문가가 관리해야 하므로 추가 비용이 발생한다. 체력 수준을 높이기 위해 사람들은 차를 타지 않고 걷거나 자전거를 타고 출근하거나 상점에 갈 수 있다. 그들은 또한 엘리베이터를 타는 대신 위층으로 걸어갈 수도 있다. 이러한 간단한 변화로 인해 체력 수준이 크게 향상될 수 있다.

정부는 또한 시민의 식습관과 운동 습관을 개선하기 위한 정책을 구현할 수 있다. 식이요법과 라이프스타일을 통합하고 교육을 통해 이 작업을 수행할 수 있다고 Jones(2011)[7]는 주장한다. 이는 고등학교에서 시행할 수 있으며 비만 노인을 치료하는 것보다 젊은 세대에게 예방 효과를 더 줄 수 있다. 요컨대, 비만과 열악한 체력은 현대 생활에서 중요한 문제이며 기대 수명을 단축시킨다. 개인과 정부가 함께 협력하여 이 문제를 해결하고 식이 요법과 건강을 개선할 수 있다. 성공을 위해서는 정부와의 협력이 필수적이라는 것은 분명하더라도 제안된 해결책 중 개인이 민드는 것들이 더 낧은 영향을 미칠 가능성이 있다. 선진국과 개발도상국의 비만 수준이 계속 상승함에 따라 이 문제를 해결하기 위해 지금 조치를 취하는 것이 중요하다.

출처: https://www.academic-englishuk.com/spse

4 World Health Organisation(WHO)(2015), Obesity the Epidemic. http://www.WHO.uk/obesityguidelines.

5 Wilson, C. (2014) Diseases connected to Obesity. *Medical Journal*. 55 (5). 23-56.

6 Peterson, R, J.(2013) Healthier eating creates a healthier world. *The New Scientist*.76 (6).

7 Jones, J.(2011) Educate for obesity. *The Educationalist Journal*. 8 (4). pp34-56.

3. 논술의 특성

1) 논술의 특성

우수한 글은 독자가 이해하기 쉽고 논리적인 글이다. 그렇다면 좋은 글은 무엇인가? 또한 글을 잘 쓰는 공식이 있는가? 이러한 질문들은 대답하기 쉽지 않지만 좋은 글은 공통적인 특성이 있다. 우수한 학술 논술은 독창적이고, 명확하고, 논리적이고, 통일성과 확장성이 있고, 정확하다. 이러한 특성을 글쓰기 지침으로 삼으면 항상 자신만의 독특하고 우수한 글을 작성할 수 있다. 따라서 우수한 논술을 작성하려면 공통적인 5가지 특성을 제시해야 한다.

표 1-4 우수한 논술의 특성

독창성	최고의 글은 저자의 개성을 담고 있다.
명확성	논술에는 명확한 대주제문과 단락 주제문이 있다.
논리성	논술이 논리적으로 구성되어 독자가 이해할 수 있다.
통일성	논술의 모든 단락은 대주제문과 관련되어 있다.
확장성	단락은 대주제문을 지원하고, 단락의 개념은 지지 증거를 통해 설명된다.
정확성	규칙이나 문법적으로 정확하고 완전한 문장으로 작성되어 있다.

2) 논술의 구조

어떤 사람들에게는 논술 쓰기가 쉽지만 어떤 사람들에게 어렵다. 논술 쓰기가 쉽든 어렵든 논술은 일정한 형식과 방식이 있기 때문에 이를 익힌다면 매우 설득적이고 성공적인 논술을 작성할 수 있고, 또한 과제나 시험에서 높은 점수를 받을 수 있다. 따라서 체계적이고 독창적인 논술 작성법을 배우면 시험, 논술 또는 논문이든 모든 학술 작문에 이를 적용할 수 있다.

논술을 쓰려면 가장 먼저 주제를 선택한 후 개요를 계획한다. 개요는 이해하기 쉽게 논술의 목적을 명확하게 전달할 수 있게 해주는 논술의 계획표이다. 이러한 개요에 근거하여 논술을 일정한 구조에 따라서 작성하게 된다. 전통적 논술의 구조는 5개 단락으로 이루어지는데, 서론, 본론의 3개 단락 및 결론이 포함된다. 따라서 논술의 구조는 과제의 특정 요구 사항에 따라 단락 수와 길이를 결정해야 하지만 필수 구조는 서론, 본론 및 결론이다.

그림 1-10 전통적 논술의 구조

"아니 땐 굴뚝에 연기가 나랴"라는 속담이 있다. 사회 현상은 원인이 없다면 결과도 또한 발생하지 않는다. 인과관계 논술은 원인과 결과를 설명함으로써 많은 현상, 사건, 상황 및 경향을 더 잘 이해할 수 있다. 즉, 이러한 논술은 무슨 일이 일어나고, 그리고 왜 일어나는지 설명한다. 다음 예는 도시가 과밀해지는 이유에 대한 인과관계 글이다. 이것은 간단한 논술이지만 대주제문(전체 주제문), 단락 주제문, 지지 증거, 결론과 최종 생각이 포함된다.

논술 개요: 도시는 왜 과밀해지는가?

- **대주제문:** 이들 도시와 다른 도시 인구가 증가하는 이유는 크게 두 가지이다. 하나는 경제적 요인이고, 다른 하나는 교육 문화적 요인이다.
- **단락 1의 주제문:** 도시 인구가 증가하는 이유는 경제적 요인이다.
- **증거 1:** 도시는 경제 중심지
- **단락 2의 주제문:** 도시 인구가 증가하는 또 다른 이유는 교육 문화적 요인이다.
- **증거 2:** 교육과 문화
- **결론:** 경제적, 교육 문화적 요인은 거대한 도시 인구의 주요 이유이다.
- **최종 생각:** 사람들은 항상 기회를 제공하는 지역과 원하는 자유를 줄 수 있는 곳으로 이동할 것이다.

심화학습 도시는 왜 과밀해지는가?

세계의 도시가 점점 더 혼잡해지고 있다는 사실은 잘 알려져 있다. 서울, 도쿄, 상하이, 뉴욕, 런던, 프랑크푸르트와 같은 도시는 거대한 규모와 인구로 인해 '거대 도시'로 간주된다. [대주제문] 이러한 도시 인구가 증가하는 이유는 크게 두 가지이다. 하나는 경제적 요인이고, 다른 하나는 교육 문화적 요인이다.

[단락 1의 주제문] 첫째, 도시인구가 증가하는 주요 이유는 경제적이다. 국가가 발전함에 따라 도시는 발전의 엔진이 되므로 이 지역에서 일자리를 얻을 수 있다. 서울, 도쿄, 상하이, 뉴욕, 런던, 프랑크푸르트는 모두 자국의 경제 중심지이다. 예를 들어, 서울은 1970년대와 80년대 한국의 급속한 경제 발전의 원동력이었다. 그 결과 도시에는 인구가 빠르게 증가했다. 사람들은 직장을 구하고 자신과 가족을 위한 경제적 안정을 확보할 수 있기 때문에 서울로 대거 이주했다.

[단락 2의 주제문] 둘째, 도시 인구가 크게 증가하는 또 다른 이유는 교육 문화적 요인이다. 수천 명의 사람들이 직업뿐만 아니라 교육 및 개인적인 이유로 도시로 이주한다. 우수한 대학은 항상 대도시에 위치하고 있으며 매년 수만 명의 학생들이 모여들고 이 학생들은 졸업 후 도시에 머물며 일한다. 또한 도시에는 많은 문화 시설이 잘 갖추어져 있기 때문에 농촌에서 성장한 젊은이들도 문화를 찾아 도시로 이주한다. 따라서 젊은이들은 도시의 문화가 개인의 자유와 삶의 가치를 풍부하게 한다고 믿는다.

[결론] 결론적으로 경제적, 교육 문화적 요인은 거대한 도시 인구의 주요 이유이다.

[최종 생각] 사람들은 항상 기회를 제공하는 지역과 원하는 자유를 줄 수 있는 곳으로 이동할 것이다.

논술에는 하나의 명확한 중심 아이디어가 있다. 각 단락에는 명확한 요점 또는 주제 문장이 있다. 그렇지 않다면 독자는 글의 모든 내용을 이해하기 어렵다. 독자가 논술의 구조를 파악하여 읽는다면 논술을 이해하기 훨씬 쉽다. 다음의 예제를 통하여 논술의 구조에 맞게 논술을 작성하고, 특히 대주제문, 단락 주제문과 결론을 구분하여 표시한다.

예제

오늘날 대부분의 사람들은 자신의 경력과 돈벌이에 집착한 결과 여가 시간이 박탈당한다. 왜 그런가? 충분한 여가 시간을 갖지 못한 결과는 무엇인가? 아이디어를 뒷받침하는 예를 제시하여 논술을 작성해 본다.

심화학습 논술의 간단한 예

Ⅰ. 서론

우리 대부분은 안락한 삶을 상상한다. 우리는 경제적 독립과 성공을 보장하기를 희망하는 직업을 결정한다. 그러나 우리 중 많은 사람들이 여가 시간을 선택하는 것은 자신에게 큰 과업이고, 그리고 여가 시간이 제공되지 않고 즐거움이 없다면 스트레스가 많다.

Ⅱ. 본론

[제1단락] 요즘은 경쟁이 치열한 세상에서 생계를 꾸리는 것이 어렵고, 장시간의 일과 여가의 균형을 맞추기가 어렵다. 계속 증가하는 생활비로 인해 우리는 점점 더 많이 일해야 하며, 안타깝게도 오늘 충분한 것이 내일은 너무 적을 수 있다. 그 결과 그저 충분한 것 이상을 갖고자 하는 욕구를 충족시키려는 우리의 끈기는 자유 시간 활동을 못하게 한다.

[제2단락] 그 결과 자유 시간 부족으로 인해 다양한 문제가 발생할 수 있다. 물질적인 것을 살 수 있다는 것은 우리가 성공했다는 착각을 불러일으키지만, 우리가 실제로 하고 있는 것은 다른 사람들로부터 자신을 소외시키는 것이다. 무거운 업무량이 우리를 사랑하는 사람들로부터 멀어지게 하고 우리를 고립시킨다는 점을 굳이 지적할 필요가 없다. 돈을 버는 데 모든 시간을 사용하고 있다는 사실을 갑자기 깨닫게 되면 외로움과 싸우기 위한 정서적 지원을 찾기에는 너무 늦을 수 있다. 더욱이 더 많은 것을 벌기 위해 끊임없이 노력하는 것은 우리에게 큰 부담을 준다. 의료 통계에 따르면 심장병, 우울증과 같은 스트레스 관련 질병은 이러한 현상으로 인해 현대 사회에서 널리 퍼지고 있다.

Ⅲ. 결론

[결론] 요약하면 돈의 중요성을 무시할 수는 없지만 여가 시간이 신체적, 정신적 안녕과 개인 생활에 미칠 수 있는 모든 긍정적인 영향을 생각해야 한다. [최종 생각] 그러므로 스포츠를 하거나 취미를 즐기거나 사랑하는 사람들과 시간을 보내는 것은 방종이 아니라 오히려 우리 모두의 복지를 위해 매우 중요하다.

4. 논술의 작성

논리적인 글쓰기는 일정한 과정이 있다. 준비, 작문과 수정의 과정은 모든 논술에 적용되지만 각 단계에 소요되는 시간과 노력은 논술 유형에 따라 다르다. 예를 들어, 고등학교 수업에서 5개 단락으로 된 설명 논술을 쓴다면 작문 단계에서 가장 많은 시간이 들 것이다. 반면에 대학 수준의 논증 논술의 경우 작문을 시작하기 전에 주제를 조사하고 독창적인 논증을 개발하는 데 더 많은 시간을 할애해야 한다. 왜냐하면 토픽, 주장과 주장을 지지하는 증거를 개발하여 논증의 구조에 맞게 글을 쓰는 것이 요구되는 것이 학술 논술이기 때문이다. 학술 논술은 증거, 분석 및 해석을 사용하여 주장을 발전시키는 매우 집중된 글이다. 논술은 주제에 대한 특정 입장이나 관점에 대해 독자를 설득하는 것을 목표로 한다. 이러한 관점에서 논술 작성 과정은 세 가지 주요 단계로 구성된다.

- 준비: 주제를 결정하고 자료를 조사하고 논술 개요를 만든다.
- 작문: 서론에서 주장을 설정하고 본론에서 단락을 구성하고 결론에서 종결한다.
- 수정: 논술의 내용, 구성, 문법, 철자, 형식을 확인하고, 필요한 경우 수정한다.

그림 1-11 **단계별 과업**

1) 준비 단계

어렵게 보이는 일도 면밀하게 준비하면 어렵지 않다. 바로 글쓰기 준비는 어렵게 보이는 글쓰기를 쉽게 하는 방법이다. 글쓰기를 시작하기 전에 말하고 싶은 내용과 말할 방법에 대한 명확한 아이디어가 있는지 확인해야 한다. 글을 쉽게 쓰기 위한 준비를 위해 따를 수 있는 몇 가지 주요 단계가 있다. 따라서 이러한 단계를 진행하게 되면, 논증하고 싶은 내용, 순서나 사용할 증거에 대한 명확한 아이디어를 얻게 되어 글쓰기를 시작할 수 있다.

- 질문 이해: 과제는 무엇을 묻는 것인가? 이 논술의 목적은 무엇인가? 과제의 길이와 기한은 어떻게 되는가? 논술에서 독자에게 명확히 해야 할 것이 있는가?
- 주제 선택: 자신이 주제를 선택할 수 있는 경우 자신이 이미 잘 알고 있고 독자, 선생님이나 교수님이 관심을 가질 만한 주제를 선택한다.

- **자료 조사**: 주제 및 보조 자료를 읽고 주제에 대한 입장과 견해를 파악하고, 주장에 근거로 사용할 증거를 조사한다.
- **주제문 작성**: 주제문은 말하려는 핵심 요점이다. 집중된 논술을 위해서는 명확한 주제문이 필수적이다. 글을 쓸 때 이를 계속 참고한다.
- **개요 작성**: 개요에서 논술의 대략적인 구조를 작성한다. 이렇게 하면 글쓰기를 쉽게 시작할 수 있으며 진행 중에도 나침판 역할을 해준다.

심화학습 질문 이해

문제를 제대로 이해하지 못하는 것이 실망스러운 성적을 받게 되는 가장 흔한 이유 중 하나이다. 비판적으로 평가하라. 비교와 대조하라. 특정 상황을 분석하라. 특정 개념의 유용성을 평가하라. 이런 것들은 논술 질문에서 발견되는 일반적인 문구이며 각각 다른 기대치를 나타낸다. 예를 들어, 특정 이론적 접근 방식을 비판적으로 평가하라는 요청을 받으면 해당 이론뿐만 아니라 다른 일반적인 접근 방식도 이해해야 한다. 그것들은 모두 서로 비교하여 각 이론의 상대적인 강점과 약점을 강조해야 하며, 중요하고 정당화되고 자신감 있는 결론에 도달해야 한다. 이론이 왜 좋은가? 결점은 무엇인가? 어떻게 개선할 수 있는가? 대안적인 접근 방식은 무엇인가? 가장 좋은 접근 방식은 이론이 사용된 사례 연구를 찾는 것이다. 결과는 무엇인가? 이론을 적용하면 어떤 장점이나 단점이 드러나는가? 본질적으로 논술 질문의 표현은 논술 작성 방법을 알려준다. 따라서 질문은 논술의 초점이 어디에 놓여야 하는지 알려줄 것이다.

▣ 질문 이해

질문의 이해가 가장 중요하다. 따라서 질문을 가장 먼저 정확하게 파악해야 한다. 선생님이 학생의 논술을 볼 때 가장 먼저 보는 부분은 **선생님의 질**

문에 직접적이고 포괄적으로 대답했는지 여부이다. 학생의 아이디어가 얼마나 참신하고 독특한지 또는 학생의 글이 얼마나 날카로운지는 그 다음이다. 선생님이 학생에게 특정한 질문을 했고 학생이 대답하지 않았다면 그것은 당연히 상당한 감점을 얻게 된다. 따라서 논술을 작성하는 첫 단계는 항상 질문을 면밀히 조사하고 신중하게 분석하여 수행할 과업을 정확히 파악하는 것이다. 논술 질문에는 최소한 두 가지 중요한 요소, 즉 정보와 지시어가 포함된다.

- 정보: 무슨 논술을 의미하는가? 다루어야 할 내용에 대한 정보이다. 예를 들어, 충분히 기능하는 사람에 관한 칼 로저스의 이론이 있다.
- 지시어: 무엇을 해야 하는지 알려주는 하나 이상의 동사 또는 지시어이다. 예를 들어, 분석, 설명, 토론 또는 논평이 있다.

세계는 점점 가까워지고 있다. 한 나라에서도 여러 민족이 함께 거주하면서 다양한 문제가 노출된다. 특히 미국과 같은 다문화 국가에서는 다양성이 중요하다. 이러한 경향은 기업이나 조직도 마찬가지이다. 문화적으로 다양한 직장에서 의사소통 문제가 발생할 수 있으며 관리자는 "이를 어떻게 가장 잘 처리할 수 있을까?"라고 질문할 수 있다. 대체로 이것은 의사소통에 관한 질문이다. 더 구체적으로 말하면 문화적으로 다양한 직장에서 발생하는 문제에 대한 질문이다. 그렇다면 논술은 무엇을 말해야 하는가? 이와 같이 질문을 주의 깊게 분석하고 이해하는 데 필요한 검토 사항이 있다.

- 주제: 중심이 되는 문제는 무엇인가?
- 중요성: 무엇이 중요한가?
- 관점: 주제에 대해 표현된 관점은 무엇인가?
- 지시어 및 질문 단어: 그 의미는 무엇이며 글쓴이는 무엇을 말해야 하는가?
- 논증의 여지가 있는 관점: 주제에 대해 다른 견해가 있을 수 있는가?

표 1-5 지시어의 의미

지시어	의미
개요	기본 요소를 기술한다.
검토	어떤 사실이나 내용을 분석하여 따진다.
계획	무언가를 조직하는 방법을 생각한다.
고려	주제에 대해 기술하거나 견해를 제시한다.
기술	과정, 외형, 운영, 순서에 관하여 서술한다.
논평	비평하고 의견을 제시한다.
논하라	자신의 생각을 말하고 의견이나 결론을 뒷받침한다.
대조	차이점을 토론하고 자신의 견해를 도출한다.
명시	명확하게 설명한다.
보고	내용, 과정, 결과, 사건에 대해 설명한다.
분석	단순한 요소로 나누어 생각한다.
비교	유사점에 대해 토론하고 결론을 도출한다.
비판	단점과 장점을 제시한다.
상술	무언가에 대한 세부 정보를 제공한다.
서술	내용과 특징을 있는 그대로 열거하거나 기록한다.
설명	어떤 일이나 대상의 내용을 잘 알 수 있도록 밝힌다.
시연	예시, 증거로 보여준다.
식별	대상을 인식하고 다른 것과 구별한다.
언급	그다지 상세하지 않게 말한다.
예시	구체적인 예를 들어 설명한다.
예증	예를 들어 증명한다.
요약	요점만 간략하게 기술한다.
응용	이론을 실제로 적용한다.
정당화	주장을 뒷받침한다.
정의	용어의 의미를 간략하게 제시한다.
추적	사건, 과정의 간략한 연대기를 제공한다. 시간순에 따라 기술한다.

편집	일정한 기준으로 여러 가지 재료를 모아 하나의 작품으로 완성한다.
사정	가치나 중요성을 판단한다.
평가	상황, 논증의 장점을 판단한다.
확장	더 많은 정보를 제공한다.

▣ 개요 작성

개요는 논술의 대략적인 계획이다. 개요를 작성하면 앞으로 전개할 내용을 정리하는 데 도움이 된다. 실제로 논술을 작성하기 전에 먼저 개요를 작성한다. 따라서 개요를 작성하게 되면 주제에 대한 브레인스토밍을 하고, 아이디어를 창안하고, 쓸 주제를 선택하고, 중심 아이디어에 집중할 수 있는 장점이 있다.

그림 1-12 논술 개요

XXX 논술 개요

I. 서론

대주제문: ______

II. 본론

1. 단락 1의 주제문: ______
   - 설명: ______
   - 증거: ______
   - 연결: ______
2. 단락 2의 주제문: ______
   - 설명: ______
   - 증거: ______
   - 연결: ______
3. 단락 3의 주제문: ______
   - 설명: ______
   - 증거: ______
   - 연결: ______

III. 결론

2) 작문

작문 과정은 개요를 통해서 논술의 서론을 작성하고, 본론의 단락을 구성하며, 단락 주제문을 정의하고, 마지막으로 결론을 완결하는 과정이다. 이러한 과정은 처음부터 완벽하지 않을 수 있다. 그래서 개요를 근거로 하여 초안을 작성하고, 가필과 정정 과정을 거치는 것이 더욱 효율적이다. 아이디어를 얻고, 논술의 개요를 만들고, 초안 작성을 시작할 때 참고할 수 있는 지침이 있다.

- 처음부터 완벽한 논술을 쓰는 것에 대해 걱정하지 않는다.
- 초안 작성의 목표는 개요에 나열된 아이디어를 개발하고 지원하는 것이다.
- 초안을 작성할 때 철자와 문법에 지나치게 집중하지 않는다. 그러나 나중에 수정 과정에서 확인하고 수정해야 한다.

서론은 논술의 분위기를 조성하고 독자에게 주는 첫인상의 역할을 수행한다. 서론에서 독자의 관심과 기대를 끌 수 있는 것을 제시한다. 서론은 전체 글의 10%로, 본론은 전체 글의 80%로 구성된다. 각 단락은 문제의 다른 측면을 다루어야 하지만, 어떤 방식으로든 그 앞뒤에 있는 항목과 연결되어야 한다. 본론에서는 단락의 주제, 이를 뒷받침하는 근거와 설명을 기술한다. 결론에는 전체 글의 10%로 새로운 정보를 제시하지 않고 한 단락으로 이루진다. 또한 결론에서는 논술의 모든 핵심요소를 한데 모아서 강조하지 않는 한 세부 사항을 반복할 필요가 없다.

3) 수정과 편집

초안을 작성한 후 다시 돌아가서 내용과 구성 측면에서 논술을 개선할 방법을 찾는다. 이 단계를 수정이라고 한다. 내용 및 구성을 주제와 구조에 맞게 수정한 후 맞춤법, 문법, 구두점 및 문장 구조 오류와 같은 규칙의 실수에 대한 교정을 하는 것은 편집이다. 따라서 내용과 구조에 대한 수정과 문법적 오류에 대한 편집을 통해서 전반적으로 논술을 교정한다. 또한 인용이나 출처를 표시하지 않고 다른 사람의 글을 무단으로 사용하는 것은 표절에 해당된다. 표절이 있는지를 확인하여 온전한 자신의 글로 수정한다. 이러한 과정을 거쳐야 비로소 독자가 이해하고 논증할 수 있는 논술의 목적을 달성할 수 있는 글이 된다.

그림 1-13 수정과 편집

Chapter 02 논증

창의성은 자연의 임의성에
질서를 도입하는 능력이다(Eric Hoffer).

1. 논증의 개념

1) 논증의 개념

글은 읽어 봐야 주장을 알 수 있고 주장은 증거를 보아야 논리적인지 알 수 있다. 독자가 글쓴이의 주장에 동의하도록 근거와 추론을 통해서 주장을 참이라고 증명하는 것이 논증(argument)이다. 즉, 논증은 다른 사람을 설득하거나 주장을 정당화하기 위해 근거를 제시하여 주장이 타당하다는 것을 논리적으로 증명하는 방식이다. 논증은 전제와 결론으로 구성되어 전제가 결론을 증명하는 증거로 사용된다. 논증에서 주장은 의견을 제시하는 것이나 근거는 주장을 뒷받침하는 이유이다. 전제는 주장하고 있는 결론을 뒷받침하는 진술이다. 진술문은 참 또는 거짓을 선언하는 문장이다. 또한 설득은 말이나 글을 전달하여 문제에 대한 태도나 행동을 바꾸도록 하는 과정이다. 이러한 설득은 감성이나 이성에 호소하는 방법이 있는데 논증은 이성에 호소하는 방법이다. 다음은 논증의 구조적 특징이다.

논증 논술의 예

- 전제와 결론으로 구성된다.
- 전제와 결론은 하나 이상이다.
- 결론은 전제에 의해 뒷받침된다.

2) 논증의 요건

논증이란 자신의 주장이 옳다고 증명하는 과정이다. **바람직한 논증의 요건은 단일 입장, 관련된 근거, 구체적 근거와 간결한 표현이다.** 다른 사람을 효과적으로 설득하려면 논증에서 여러 입장을 취하는 것이 아니라 하나의 입장을 취한다. 예를 들면, 국제사회에서 한국이 살아남으려면 친미와 친중을 모두 해야 한다고 주장한다. 이러한 논증은 복수의 입장을 취하기 때문에 좋은 논증이 아니다. 글쓴이는 반드시 자신의 입장을 명확하게 밝히고, 다른 사람의 입장을 철저히 비판해야 한다. 따라서 논증에서 주장을 뒷받침하는 근거는 주장에 직접적인 원인이 되어야 하고, 사용된 전제는 신뢰할 수 있어야 한다.

주장을 추상적으로 표현하지 않고 구체적으로 표현한다. 구체적으로 주장을 표현하면 독자가 흥미를 갖게 되고 독자를 설득하기가 훨씬 쉽다. 예를 들면, "조시민은 나쁜 사람이다"라고 하면 무엇 때문에 나쁜 사람이라고 하는가? 더 구체적으로 표현한다면 "조시민은 거짓말을 잘하고, 다른 사람을 험담하고, 문서를 잘 위조하는 나쁜 사람이다"라고 한다면 구체적이기 때문에 더욱 설득적이다. 또한 논증은 간결하게 표현해야 한다. 특히, 문장이 장황하거나 내용이나 단어의 의미가 이중적이거나 모호해서는 안 된다. 따라서 논증이 명확하지 않으면 독자가 이해하는 데 어렵고 관심을 갖지 않게 된다.

그림 2-1 바람직한 논증의 요건

2. 논증의 구조

논리란 언어에서 이치에 맞게 생각하는 원리를 말하는데 이는 논증이나 추론을 분석하고, 그것이 맞는지 아닌지를 알아내는 데 사용된다. 논증은 지지하는 진술, 즉 전제를 가진 결론이다. 따라서 논증은 두 개 이상의 명제들이 모여서 어떤 주장을 제시하는 진술이다. 논증에서 결론은 주장을 나타내는 명제이다. 전제는 결론을 뒷받침하기 위하여 사용된 명제이다. 논리적(logical)이라는 말은 이미 알고 있는 사실과 주장하는 새로운 사실과 관련이 깊다는 의미이다. 판단이 상호 모순되지 않고 질서 정연한 방식으로 추론을 사용할 수 있을 때 논리적이라고 말한다. 따라서 추론은 어떠한 판단을 근거로 삼아 다른 판단을 이끌어내는 것이다. 즉, 알려진 사실로부터 모르는 것을 이끌어내는 과정이다.

논증이 성립할 수 있는 요건

- **전제**: 결론을 뒷받침하는 명제
- **인과**: 전제와 결론 간의 관계
- **결론**: 주장을 나타내는 명제

글쓴이는 글에서 무엇을 주장하는가? 그리고 글쓴이가 주장하는 근거는 무엇인가? 이러한 질문에 답하는 것이 바로 논증이다. 논증이란 주장을 명확하게 밝히고 이 주장을 지지하는 근거나 증거를 제시하는 것이다. 주장은 결론 또는 결과이며 그 주장에 대한 근거나 증거는 원인 또는 전제이다. 근거와 결과 간의 관계는 인과관계이다. 예를 들면, "비가 많이 와서 강물이 범람했다"고 하면, "비가 많이 온 것"은 "원인"이고 "강물이 범람한 것"은 "결과"이다. 또 예를 들면, "나는 논술을 열심히 공부했기 때문에 이번 취직 시험에 합격했다"라고 한다면, "나는 논술을 열심히 공부했기 때문에"는 전제가 되고, "이번 취직 시험에 합격했다"는 주장이 되는 논증문이다. 이처럼 논증은 주장하고, 주장에 대한 근거를 제시하는 것이다.

그림 2-2 논증의 구조

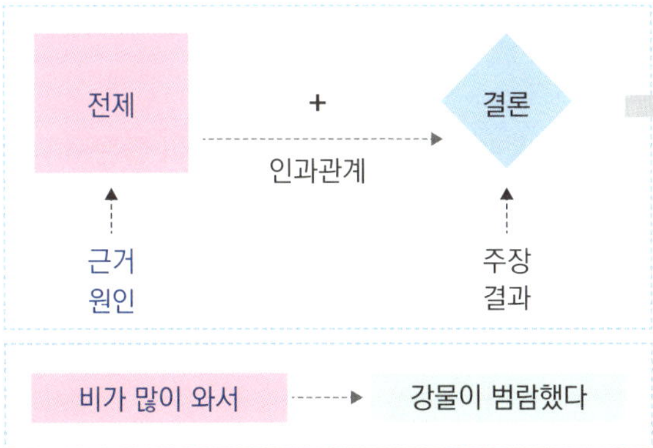

표 2-1 논증문의 예

전제	결론
비가 많이 와서	강물이 범람했다
나는 논술을 열심히 공부했기 때문에	이번 취직 시험에 합격했다

1) 명제

인간은 생각하고, 그 생각을 표현하는 존재이다. 문장은 생각이나 감정을 언어로 표현한 것이다. 문장과 진술문은 대체로 상호 교환적으로 사용된다. 논증을 구성하는 문장은 모두 명제이다. **명제(proposition)는 내용이 참인지 거짓인지를 판별할 수 있는 문장이나 식이다.** 즉, 결론을 이끌어내는 기초가 되는 가정이다. 따라서 명제는 신념, 주장, 판단, 지식, 식견 등을 표현한 문장이다. 그러나 문장의 의미가 참이거나 거짓인 속성을 포함하지 않는다면 명제가 아니다. 예를 들면, "아리스토텔레스는 철학자이다"는 문장의 의미가 참이므로 명제이다.

- **명제**: 내용이 참인지 거짓인지를 판별할 수 있는 문장이나 식

명제는 진위, 선악이나 시비를 포함한다. 이러한 명제는 사실 명제, 가치 명제와 정책 명제 등으로 구분한다. 첫째, **사실 명제는 어떤 것이 참인지 거짓인지를 표현한 문장이다.** 사실 명제를 지지하기 위해서는 주장에 사용된 객관적인 사실이 논리적이어야 한다. 둘째, **가치 명제는 어떤 것이 좋은지 나쁜지, 옳은지 그른지, 바람직한지 바람직하지 않은지를 판단하는 문장이다.** 끝으로 **정책 명제는 어떤 것을 허용하거나 제한하는 것을 옹호하는 문장이다.** 다음은 지구 온난화의 주제를 사실 명제, 가치 명제 및 정책 명제로 나타낸 명제의 예이다.

명제의 예

- **사실 명제**: 지구 온난화 원인은 온실 가스의 사용 증가이다.
- **가치 명제**: 많은 오염물질은 지구 온난화에 책임이 있다.
- **정책 명제**: 공장에 대한 엄격한 배출가스 규제가 필요하다.

2) 전제

전제(前提: premise)는 결론에 대한 근거를 제공하는 가정이다. 이는 근거가 되는 진술로 논거(論據)라고도 한다. 전제는 적어도 근거를 제시해야 하며 증거나 이유가 뒷받침되거나 암시하는 주장이 있어야 한다. 즉, 전제란 결론을 받아들일 수 있게 하는 근거를 제공하는 진술이다. 근거는 주장을 뒷받침하는 데 사용된 이유, 원인, 증거, 사실이나 자료이다. 이유는 주장을 뒷받침하는 진술로서 근거를 비탕으로 도출해 낸 논리이다. 증거는 전제가 참이라는 것을 입증하는 구체적인 자료이다.

전제에는 사실 전제와 소견 전제가 있다. 사실 전제는 명제를 뒷받침하기 위해 구체적이고 현실적인 사례를 근거로써 제시한 전제이다. 상식, 사실, 통계수치나 자료, 경험이나 실험결과 등이 해당된다. 소견 전제는 권위 있는 사람이나 전문가의 의견을 인용해서 주장의 근거로 삼는 전제이다.

전제 관련 개념

- **전제**: 결론에 대한 이유 또는 근거를 제공하는 가정
- **근거**: 주장을 뒷받침하는 데 사용된 이유, 원인, 증거, 사실이나 자료
- **이유**: 근거를 바탕으로 도출해 낸 논리
- **증거**: 전제가 참이라는 것을 입증하는 구체적인 자료
- **사실 전제**: 구체적이고 현실적인 사례
- **소견 전제**: 권위 있는 사람이나 전문가의 의견

3) 근거

주장을 제시할 때 반드시 객관적이고 경험적인 근거를 제시한다. 주장이 참이라고 뒷받침하는 생각이나 자료를 근거라고 한다. 예를 들면, 시대를 막론하고 고위관료의 부패는 항상 문제였다. 요즘 한창 사회적으로 문제가 되고 있는 고위관료들의 부동산 투기로 어떤 고위관료는 재산이 많이 불었다. 왜냐하면 개발 정보를 입수하여 부동산 투기를 했기 때문이다. 개발 정보를 입수하여 부동산 투기를 했기 때문에(①) 어떤 고위관료는 재산이 많이 불었다(②). 두 문장은 주장과 그 주장에 대한 근거를 제시한 문장이다. ②를 주장하는 근거로 ①을 제시했다. ①은 '때문에'로 재산이 불은 근거(이유)가 된다.

그림 2-3 근거와 주장의 예

근거는 저자가 주장을 뒷받침하기 위해 제공하는 이유, 원인이나 증거이다. 즉, 결론에 대한 전제나 결과에 대한 원인이 된다. 근거는 주장자가 자신의 주장이 타당하다는 것을 독자에게 확신시키기 위해 사용하는 자료로 객관적 또는 정서적 자료가 있다. 자료에는 증거 및 동기 부여 호소가 포함된다. 증거(자료)는 사실, 통계, 사례 및 증언으로 구성된다. 동기 부여 호소는 주장에 대한 지지를 얻기 위해 글쓴이가 독자의 가치와 태도에 호소하는 것이다. 따라서 동기 부여 호소는 독자가 신념을 받아들이거나 행동 과정을 채택하도록 움직이는 이유이다.

그림 2-4 **근거의 구성 요소**

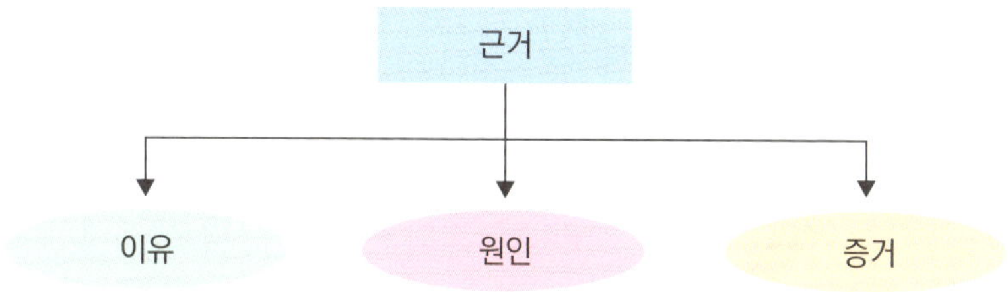

4) 이유 · 원인

속담 “산에 가야 범을 잡지”에서 산에 가는 것이 범을 잡는 이유가 되고 범을 잡는 것은 결과가 된다. 이유는 어떤 결과가 발생하게 된 원인을 말한다. 따라서 논증에서 이유는 주장이 사실이라는 근거이다. 이유 없는 주장은 단지 타당하지 않은 주장일 뿐이다. 다시 말하면, 설명이나 정당화가 없는 의견 진술이다. 예를 들면, 시민들이 오 후보에게 다른 후보보다 더 많은 지지를 보냈기 때문에(①) 오 후보가 시장에 당선될 것이다(②). 즉, ① 때문에 ②를 주장한다. 따라서 ①이 이유가 되고, ②가 주장이 된다. 이때 독자가 올바른 방향을 판단하는 근거로 이유를 고려하기 때문에 주장에 사용하는 이유가 중요하다.

그림 2-5 **이유와 주장의 예**

5) 증거

재판관이 판결을 내릴 때에는 반드시 일정한 증거에 의하여 해야 한다는 원칙이 증거주의이다. 이와 마찬가지로 논증에서도 주장을 타당하다고 입증하기 위해 객관적이고 경험적인 자료를 근거로 제시한다. **증거(evidence)는 주장을 뒷받침하고, 그 의미를 명확하게 하는 근거 자료이다.** 증거는 충분히 설득력 있고 가능한 한 가장 명확한 방식으로 제시된다. 설득력 있는 주장을 만들기 위해서는 증거를 사용한다. 증거는 주장의 진실을 결정하거나 입증하는 데 사용되는 사실이나 자료로 구성된다. 증거는 사람들의 신뢰를 얻거나 태도 변화에 사용되는 사실의 문제이다. 즉, 명제를 증명하는 데 사용되는 사실적 문제이다. 따라서 증거는 추론이 결론을 지지하는 근거가 된다. 다음은 증거를 확보할 때 고려할 주요 질문이다.

- 어떤 증거가 필요한가?
- 증거가 관련이 있는가?
- 증거가 충분한가?
- 반대하고 뒷받침하는 증거가 있는가?
- 증거가 정확한지 어떻게 알 수 있는가?

증거로 글쓴이의 입장을 어떻게 지지하는가? 전제가 타당하고 주장이 명확하고 관련되어 있다면 독자는 자연스럽게 논증을 증명하는 데 관심을 집중할 것이다. 여기에서 증거의 관련성이 특히 중요하다. 증거는 추론의 근거를 제공한다. 증거는 사실, 자료, 정확한 언어 또는 특정 방식으로 분석하거나 해석하여 이유를 지적하는 여러 관찰 가능한 요소로 구성된다. 독자가 "X를 어떻게 아는가?"라고 물을 때 글쓴이는 증거를 인용하여 대답한다. 논증에 대한 증거의 사용과 일반 연구에서의 사실의 사용 간에는 차이가 있다. 독자의 신념을 얻는 과정에서 사실은 논증에 필수적인 요소이다. 이 과정은 사실에서 결론까지의 추론 과정이다. 따라서 증거의 종류는 사실, 사례, 통계, 인용, 증언과 유추 등이 있다.

그림 2-6 증거의 종류

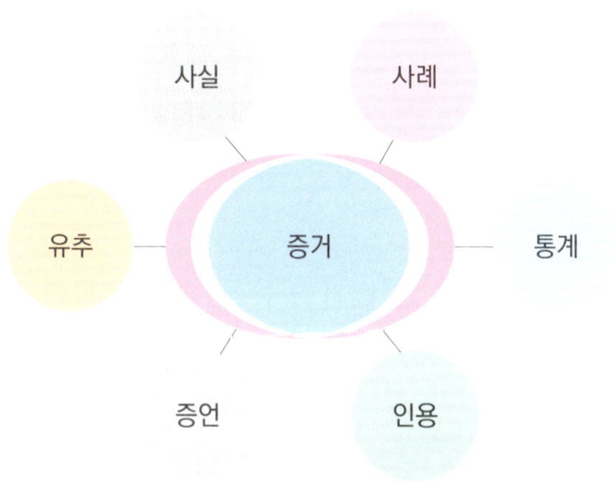

▣ 사실

사실은 논증에 독자를 참여시키는 도구의 하나로 사실을 사용하는 것은 설득력 있는 강력한 수단이 된다. 사실은 읽기, 관찰 또는 개인적인 경험에서 올 수 있다. 따라서 사실은 논증의 여지가 없기 때문에 글쓴이는 이를 활용하여 독자의 동의를 자동으로 얻는다. "1945년 8월 15일은 대한민국이 해방된 날이다"라고 선언하는 성명은 역사적 확실성이므로 독자는 반드시 사실로 받아들인다. 그러나 사실은 많은 사람들이 믿고 있는 생각이지만 증명할 수는 없다.

많은 종류의 문서나 법률 서류는 증거로 사용된다. 예를 들면, 주민등록등본은 나이, 거주지 또는 국적에 대한 유효한 증거로 인정된다. 가족관계증명은 가족, 결혼과 이혼 관계에 대한 증거가 된다. 부동산 소유권을 입증하는 문서는 토지나 건물 등기부등본이다. 이러한 것들은 특별한 증거 형식으로 사용될 수 있다. 서류는 증거로 다소 부족할 수 있으나 재판 절차에서 가장 빈번하게 사용된다.

▣ 사례

사례는 구체적이고 생생하고 공감적일수록 더 감동적이다. 사례는 어떤 일이 실제로 발생한 사건이기 때문에 증거가 된다. 사건은 때때로 일어나고 목격되는 경우가 많다. 예를 들면, 자동차 사고의 예를 사용할 때 예증이 된다. 자동차 사고가 일어나면 피해 자동차가 발견되고 누군가가 목격한다. 사건 사고를 실제적으로 기술하는 것은 사실을 구성하는 것이다. 사례를 근거 자료로 사용하려면 사례가 대표성이 있고, 신뢰할 수 있고, 사례의 출처를 제시할 수 있어야 한다.

사례에는 가설 사례와 사실 사례가 있는데, 양자는 차이가 있다. 가설 사례는 일어날 수 있는 사례로 논증을 설명하기 위해 사용되지만 논증을 지지하는 증거는 아니다. 가설보다 오히려 사실 사례를 사용할 때 더 강한 논증을 만들 수 있다. 사실 사례는 믿음에 영향을 주지만 가설 사례는 그렇지 않을 수 있다. 자신의 경험에서 얻은 예나 일화를 사용하면 의미를 향상시키고 독자의 관심을 끌 수 있다. 개인적인 예는 아이디어를 구체화한다. 이러한 사실 사례를 통해 독자는 문제를 개인적으로 관련시킬 수 있다. 예를 들면, "이웃집 엄마는 수년 동안 자신의 친딸을 폭행했다"고 소개하면서 유아 폭력을 더 엄격하게 처벌할 수 있는 유아 폭력 법률이 필요하다고 한 국회의원이 주장했다.

▣ 통계

통계는 어떤 현상이나 내용을 기준에 따라 숫자로 나타낸 것이다. 즉, 통계는 특정 집단의 현상을 나타내는 수적인 자료이다. 따라서 통계를 잘 활용하면 특정 집단의 현상을 한눈에 쉽게 파악할 수 있다. 논증을 뒷받침하는 통계는 전체 사례 수, 사례 연령 비율 또는 구성 비율, 상관관계 등이 있다.

통계는 특정한 집단이나 대상의 일어난 일들에 대한 요약이기 때문에 증거이다. 공식적인 글에서 가장 강력한 증거 유형은 통계 증거이다. 숫자를 사용하는 논증은 구체적인 논리와 사실을 사용하기 때문에 주장을 뒷받침한다. 이는 백분율 또는 숫자로 표시된 실제 자료에서 설문조사 유형 자료까지 다양하다. 그러나 통계는 신뢰할 수 있는 출처에서 나온 것인지 확인해야 한다. 예를 들면, IMF는 올해 한국의 경제성장률을 3.5%로 전망한다.

▣ 인용

인용은 학술 작문에 외부 출처의 정보를 포함하는 데 사용되는 중요한 기술이다. 인용할 때 인용문을 가져온 원본 참고문헌도 제시한다. 글에서 인용문을 효과적으로 사용하려면 자신의 주장을 발전시킬 때 인용문의 가치를 신중하게 평가해야 한다. 자신의 주장을 뒷받침하는 효과적인 방법 중 하나는 인용문을 사용하는 것이다. 그러나 원본 자료의 정확한 문구가 요점에 중요한 경우에만 직접 인용을 사용하고, 자신의 말로 아이디어를 의역할 수 있다면 그렇게 하는 것이 바람직하다. 예를 들면, 유정제(2014)는 "브랜드 충성도에 대한 상대적 영향력은 정서적 브랜드 애착이 자아일치성보다 더 크기 때문에 소비자들과의 지속적인 관계를 유지하는 것이 반복구매와 긍정적인 구전의 효과를 기대할 수 있다[8]"고 주장했다.

권위자는 의견에 편견과 과장이 없고 일관성이 있다. 권위자 의견은 권위자의 연구를 기반으로 한 의견이라는 점에서 증거를 구성한다. 아마 그들은 많은 수의 사례를 연구했고, 오랜 관찰 경험을 가지고 있고, 결과적으로 특정한 문제에 대한 연구와 경험에 기초한 결론에 도달했을 것이다. 독자가 권위자의 의견에 따라 행동하고, 특히 권위자로서 이미 알고 있다면 독자는 그들을 권위자로 인정할 것이다.

논증을 뒷받침하는 가장 좋은 증거는 관련된 질문에 대해 권위자로 간주되

---

8 유정제. (2014). 혁신제품의 감성편익과 상징편익이 브랜드 충성도에 미치는 상대적 영향. *소비자학연구*, 25(4), 57-80.

는 사람들의 증언이다. 해당 분야의 주요 전문가 또는 권위자의 인용문을 사용하면 자신의 입장을 뒷받침할 수 있다. 이것은 논리적 호소이며 다른 학자들도 자신의 주장을 뒷받침하는 좋은 방법으로 받아들인다. 자신이 선택한 권위 있는 정보가 실제로 신뢰할 수 있는지 확인하는 것이 중요하다.

▣ 증언

유명인을 신뢰성 증거로 사용하는 것은 본질적으로 증언으로 간주될 수 있다. 많은 사람들이 유명인을 삶의 역할 모델로 존경한다. 좋든 나쁘든, 누군가가 그들을 공공의 빛으로 인도하는 삶의 길을 선택할 때, 유명인을 모방하고 싶어 하는 많은 사람들이 있을 것이다. 이러한 유명인의 지지는 공식적인 주장에서 강력한 증거이다. 또한 의사, 교수, 회계사, 변호사나 각계 전문가는 전문가의 증언을 제공한다.

문제의 사건을 검증하기 위해 종종 개인들을 초청하고, 이들은 훈련받지 않은 관찰자로 참고인 증언이라 한다. 훈련받지 않은 관찰자이지만 보고하는 내용은 사실로 간주될 수 있다. 그들이 자신의 관찰을 보고하고 추론을 하지 않는다면 증언은 사실이다. 재판 법정은 일반인 증인을 잘 활용하고, 일반인 증언은 무죄나 유죄를 결정할 때 사용된다. 여론 조사는 단지 시민들의 증언을 모은 것이다.

▣ 유추

유추란 둘 또는 그 이상의 대상이나 현상 간의 유사성을 도출하여 이들을 비교하는 논증을 뜻한다. 이것은 **대상의 속성이 유사하다는 것을 근거로 나머지 속성도 유사할 것**이라고 결론을 이끌어내는 논증 방식이다. 어떤 것에 대한 정보가 부족하고 거의 알려지지 않은 경우 증거의 신뢰성을 높이기 위해 형식적인 주장에서 유추가 자주 사용된다. 문제의 현상이 새롭고 거의 알려지지 않은 경우 유사한 현상에 대해 알려진 속성을 끌어와 유사성을 보여주는 유추가 증거를 제공하는 효과적인 방법이 될 수 있다.

예를 들면, 월 1회 산아제한이 안전한지를 알고 싶지만 법과 윤리적 이유로 검사할 수 없다고 가정한다. 그래서 다른 동물을 구해서 실험을 한다. 번식제한의 실험으로 100마리의 실험동물 중 20마리가 암으로 진전되었다는 것을 관찰했다. 이러한 정보에 근거하여 몇 가지 결론을 낸다. 번식제한은 실험동물들에게 암을 유발하였고, 그래서 인간에게도 암을 유발할 것이다. 이러한 논증은 추론에서 도출한 유추나 비교에 근거한다. 따라서 다음과 같이 이 논증에서 추론을 표현할 수 있다.

유추의 예

번식제한을 할 때 100마리의 실험동물 중에서 20마리는 암이 발생한다.
그래서 아마 번식제한이 실험동물에서 암의 실질적인 원인이다.
따라서 아마 산아제한이 인간에게도 암의 실질적인 원인이 될 것이다.

그림 2-7 일반화와 유추

위의 예제에서 첫 단계는 일반화이고, 둘째 단계는 유추이다. 즉, 일반화와 유추가 있는 예제이다. 유추는 동물의 신체조직과 인간의 신체조직 사이에 있다. 유비추론은 과학적 실험뿐만 아니라 유사하게 보이는 법적인 사건에서도 많다. 이것은 유사한 사례를 유사하게 다룬다는 의미에서 일관성의 문제이다.[9]

9 유순근(2024), *논리와 오류: 비판적 사고와 논증(개정3판)*, 박영사.

6) 증거의 평가

타당한 근거를 제공하기 위해 증거가 제시된다. **증거를 평가할 때 증거가 무엇을 증명하는지, 그리고 증거가 주장과 어떻게 관련되는지를 평가한다.** 이러한 과정은 논증의 전반적인 품질을 평가하는 데 필수적인 단계이다. 어떤 이유로든 증거가 실패하면 주장이 실패하고 주장이 입증되지 않는다. 증거가 좋은지 나쁜지를 결정할 때 명백하고 가장 기본적인 것은 사실 또는 정확성이다. 증거가 정말 사실인가? 그렇지 않다면 당연히 어떤 주장도 지지할 수 없다.

많은 학문적 논증은 증거가 사실인지 아닌지를 증명하는 데 초점을 맞추고 있다. 예를 들어, 지구 온난화에 대한 논증에서 한 가지 중요한 증거는 빙하의 감소였다. 과학자들이 장기간에 걸쳐 빙하를 충분히 관찰한 후에야 사실이거나 정확한 증거라고 제시했다. 그러나 증거의 사실 또는 정확성을 평가하는 데는 실질적인 문제가 있다. 즉, "사실"이 정말 정확한지 판단할 시간, 자원 또는 전문 지식이 없다. 현실 세계에서 종종 추측만 할 수 있는 증거를 평가해야 하는 경우가 많다. 또한 증거가 정확하더라도 여전히 결함이 있을 수 있다. 다음은 증거의 전반적인 품질을 평가하는 세 가지 질문이다.

그림 2-8 증거의 품질 평가 기준

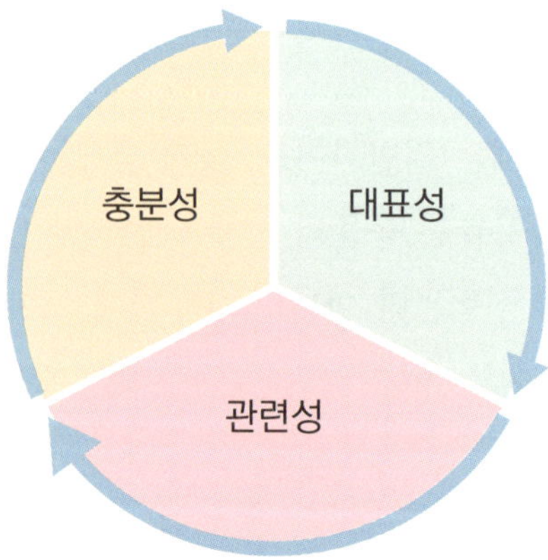

- **충분성**: 증거가 충분한가? 더 필요한가? 글쓴이가 제공하는 사실은 정확할 수 있지만 주장을 입증하는 데 필요한 중요한 정보가 생략되거나 충분하지 않을 수 있다. 따라서 증거와 증거의 유형은 많을수록 더 좋다.
- **관련성**: 증거는 주장과 관련이 있는가? 글쓴이가 증명하고자 하는 주장에 관한 것인가? 아니면 주장과 관련이 없는 사실을 제공하면서 본래의 목적에서 벗어났는가? 증거는 주장과 명확한 관계가 있는 경우 관련이 있다.
- **대표성**: 증거가 대표성이 있는가? 대표적인 증거는 연구 대상을 왜곡하지 않고 선택한 부분을 정확하게 묘사하는 증거이다. 증거는 주제와 입장을 제공하며 대표적인 증거는 완전하고 왜곡되지 않은 시각을 제공한다.

7) 추론

좋은 씨를 심으면 좋은 열매가 열리듯 추론은 논증의 타당성을 좌우한다. 추론(inference)은 근거를 전제로 새로운 판단을 이끌어내는 사고방식이다. 즉, 추론은 이미 알려진 이유, 증거, 사실이나 자료를 근거로 하여 새로운 사실을 이끌어내는 과정이다. 추론에서 전제는 이미 알고 있는 지식이나 믿음이고, 결론은 그 전제로부터 도출되는 새로운 지식이나 믿음이다. 추론을 시작하는 명제는 전제이고, 추론을 통해 이끌어내는 명제는 결론이다. 독자를 설득시키려면 강력한 증거와 건전한 논리로 결론을 지지해야 한다. 또한 추론은 파생된 해석이나 결론이고 논리적으로 증거를 따라야 한다. 따라서 추론은 이미 알고 있는 전제에서 결론을 이끌어내는 과정이다.

- **추론**: 근거를 전제로 새로운 판단을 이끌어내는 사고방식

8) 결론

결론(conclusion)은 전제에 의해서 뒷받침되는 주장하는 내용이다. 즉, 추론에 의해 전제로부터 유도되는 명제를 말한다. 하나의 논증에서 전제는 다수일 수 있으나 결론은 하나이다. 주장(claim)은 다른 사람이 받아들이기를 원하는 결론이다. 주장은 결론에 해당하지만 특정한 문제에 대한 해결책이다. 주장은 논증의 여지가 있기 때문에 받아들여지기 위해서는 이유에 근거해야 한다. 주장을 지지하려면 논리적인 전제가 필요하다. 주장에는 사실 주장과 추론 주장이 있다. 사실 주장이란 문장이 실제로 참인 주장을 말하고, 추론 주장이란 알려진 정보를 근거로 판단을 이끌어낸 주장을 말한다.

- 결론: 전제에 의해서 뒷받침되는 주장
- 사실 주장: 문장이 실제로 참인 주장
- 추론 주장: 알려진 정보를 근거로 판단을 이끌어낸 주장

추론은 이유나 증거로 주장을 이끌어내는 과정이다. 결론은 전제를 근거로 추론하여 도출된 결과이다. 주장을 이유나 증거로 연결하는 것이 추론이다. 어떤 이유 때문에 어떤 증거에 근거하여 주장하는 것이 바로 논증이다. 이유, 증거와 주장을 예를 들면, 김선생은 정의로운 지도자이기 때문에 대통령으로 선출되어야 한다. 김선생은 재직하는 동안 부패한 고위관료를 수사하고 권력의 압력에 굴복하지 않았다. 이유는 "정의로운 지도자이기 때문에"이며, 증거는 "재직하는 동안 부패한 고위관료를 수사하고 권력의 압력에 굴복하지 않았다"이며, 주장은 "김선생은 대통령으로 선출되어야 한다"이다.

그림 2-9 이유, 증거와 주장의 추론

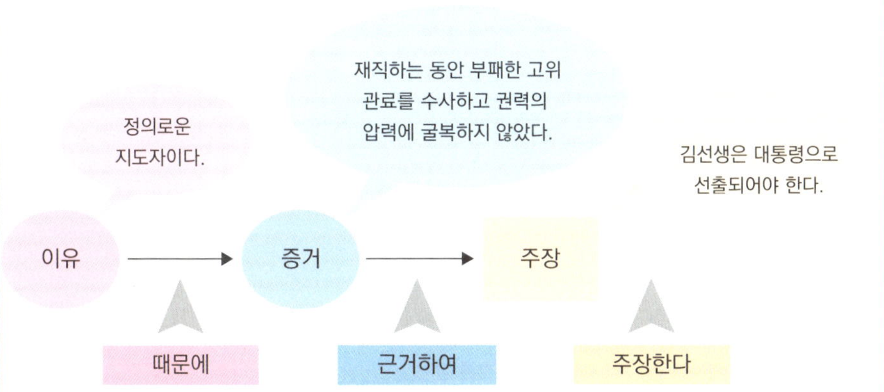

9) 삼단논법

삼단논법은 2개의 전제와 1개의 결론을 가진 타당한 연역논증이다. 정언 삼단논법은 두 개의 정언명제를 전제로 하여 새로운 단언적인 결론을 이끌어내는 것을 말한다. 정언판단은 "무엇은 무엇이다"와 같이 단정적인 서술법이다. 2개의 전제는 대전제와 소전제이며, 대전제는 주제를 둘러싼 자신의 철학 및 사상을 가리킨다. 소전제란 대전제에서 제시한 사상과 자신의 주장을 연결시킨 명제이다. 결론은 두 전제를 토대로 나온 자신의 주장이다. 논증이 설득력 있는 증거를 뒷받침한 진술이 되려면 구체적인 요소를 포함해야 한다. 이러한 논증의 3요소는 전제, 추론과 결론이다. 따라서 전제는 결론에 대한 이유 또는 근거, 추론은 근거에 따라 의견을 주장하는 과정, 결론은 주장을 의미한다.

표 2-2 연역논증의 예

① 모든 인간(A)은 죽는다(B).	일반적 사실	대전제
② 소크라테스(C)는 인간(A)이다.	구체적 사실	소전제
③ 따라서 소크라테스(C)는 죽는다(B).	구체적 사실	결론

그림 2-10 논증의 3요소와 예

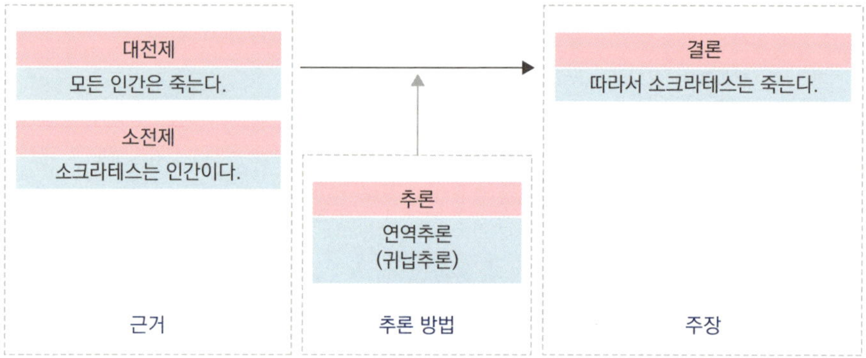

10) 지시어

지시어(指示語)는 문맥 내에서 주로 어떤 말을 가리킬 때 쓰이는 말이다. "나는 생각한다. 그러므로 나는 존재한다"는 사람들이 이성적으로 의심하는 것과 이성적으로 의심하지 않는 것을 고려한 것이다. 의심은 생각을 포함한다. 그것은 생각하는 사람이 존재하는 경우에만 가능하다. 데카르트의 논증에서 논증문은 전제와 결론이 각각 하나이다. '그러므로'는 합리적인 지지를 제공하는 결론 지시어이다. 지시어는 논증의 존재를 암시하며 구조를 나타낸다. '때문에', '왜냐하면'과 같은 전제 지시어는 전제 앞에 온다. '그러므로'와 같은 지시어는 논증의 결론 앞에 온다.

지시어는 어떤 진술이 전제이고 어떤 진술이 결론인지를 나타내는 역할을 한다. 다른 사람들의 논증을 이해하고, 스스로 명확한 논증을 구성하고, 제시하기 위해 전제와 결론 간의 구분을 분명히 한다. 다음은 논증에서 전제가 되는 지시어와 결론이 되는 지시어이다.

표 2-3 전제 지시어와 결론 지시어

전제 지시어	결론 지시어
왜냐하면	그러므로
~ 때문에	따라서
~ 까닭에	그래서
~ 이므로	결과적으로
~ 이니	그러니까
~ 함으로써	이런 이유로
~ 인 이유로	이 근거에 따르면
~ 로부터 추론될 수 있다	그렇다면
~ 에서 파생될 수 있다.	다음과 같다.
~ 에 의해 보이는 것처럼	유추할 수 있다.
~ 을 고려하면	추론할 수 있다.
~ 그 이유는	~을 의미한다.

3. 논증의 유형

논증은 추론을 사용하여 설득하는 논리적 호소이다. 연역논증은 일반화로 시작하여 특정 결론을 도출하지만 귀납논증은 특정 증거로 시작하여 이에 대한 일반적인 결론을 도출한다. 모든 논증은 두 논증 중 하나이다. 연역논증은 타당성과 건전성을 확보하는 것을 목표로 하는 반면, 귀납적 논증은 일반화와 예측을 목표로 한다. 논증자는 논증 자체가 연역적인지 귀납적인지를 알려주지 않는다. 따라서 논증이 연역적인지 귀납적인지는 논증자가 사용하는 추론의 유형에 있다.

1) 연역논증

연역논증은 전제에서 결론을 필연적으로(necessarily) 이끌어내는 논증이다. 즉, 이미 알려진 일반적인 원리나 법칙에서 구체적이고 개별적인 결론을 이끌어내는 논증 방식이다. 결론에서 주장하는 내용은 모두 전제에 이미 포함되어 있다. 연역논증은 전제가 참이라면 필연적으로 결론도 참일 수밖에 없다. 결론은 전제가 제시하는 것을 재기술하는 것이다. 연역논증에서는 일반적인 사실이나 원리에서 개별적이고 특수한 사실이나 원리를 낸다. 따라서 연역논증은 일반적 명제에서 구체적, 개별적 명제를 이끌어낼 때 사용한다. 예를 들면, 실리콘밸리의 성공 관점(C)을 참조하여 A 산업단지와 B 산업단지의 사례를 비교 분석한다. 이러한 경우 실리콘밸리의 성공 관점(C)은 일반적 사실이나 원리가 되어 A와 B 산업단지의 특성을 비교 분석할 수 있다.

정언 삼단논법은 전제가 두 개의 명제이고 결론이 한 개의 명제이다. 증거가 되는 일반적 진술은 대전제, 다른 증거가 되는 개별적 진술은 소전제, 증명되는 진술은 연역적 결론이다. [표 2-4]에서 대전제는 포유류가 동물의 부분집합, 소전제는 개가 포유류의 부분집합, 그리고 결론은 개가 동물의 부분집합임을 나타낸다. 모든 C는 모두 B 안에 있다. 즉, 모든 개(C)는 동물(B) 안에 있다. 전제가 결론을 믿을 만한 충분한 이유를 제공하고 전제가 실제로 참이고 결론이 참일 때 논증은 타당하다.

표 2-4 논증의 진술과 기호

대전제	일반적 사실	모든 포유류(A)는 동물(B)이다.	A → B	①
소전제	구체적 사실	모든 개(C)는 포유류(A)이다.	C → A	②
결론	구체적 사실	따라서 모든 개(C)는 동물(B)이다.	C → B	③

아리스토텔레스가 이론적 기초를 이룬 삼단논법은 전통적 형식논리학에서 대표적인 간접추리논법이다. 삼단논법은 두 개의 전제에서 하나의 결론을 도출하는 논증이다. 대전제의 명사를 대명사, 소전제의 명사를 소명사 그리고 대전제와 소전제를 매개하는 명사를 매개명사라고 한다. 매개명사는 전제에서 동일하게 두 번 나타나지만 다른 두 명사는 어느 한 전제와 결론에서 한 번씩 나타난다.

- 대명사: 대전제의 명사
- 소명사: 소전제의 명사
- 매개명사: 대전제와 소전제를 매개하는 명사

삼단논법에서 매개명사와 대명사를 포함한 명제는 대전제이고, 소명사와 매개명사를 포함한 명제는 소전제이고, 소명사와 대명사를 포함한 명제는 결론이다. 매개명사는 전제들 사이에서 소명사와 대명사를 연결시키는 역할을 맡는다. 매개명사가 없으면 소명사와 대명사를 연결시킬 수 없기 때문에 논증은 구성될 수 없다. 삼단논법의 구성요소 명칭도 다양한데 매개명사, 대명사, 소명사는 각각 매개념, 대개념, 소개념이라고도 칭한다.

- 대전제: 매개명사(A) + 대명사(B)
- 소전제: 소명사(C) + 매개명사(A)
- 결론: 소명사(C) + 대명사(B)

그림 2-11 삼단논법의 도해

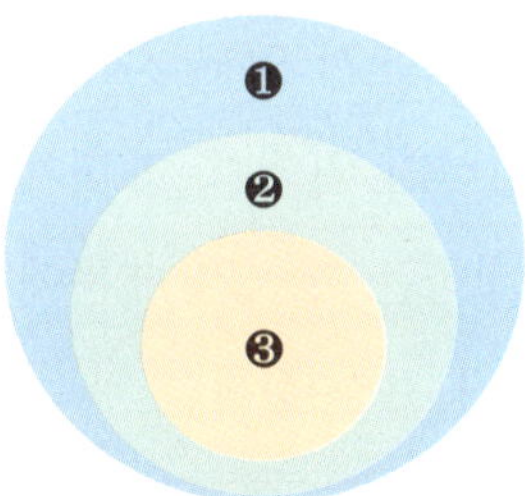

❶ A는 B이다.	대전제
❷ C는 A이다.	대전제
❸ 따라서 C는 B이다.	결론

2) 귀납논증

귀납논증은 특정한 사례의 관찰에서 일반적인 결론을 이끌어내는 논증이다. 귀납논증은 전제에서 결론을 개연적으로(probably) 이끌어내는 논증이다. 따라서 전제가 모두 참이면 결론이 개연적으로 참이라고 주장한다. 귀납논증의 목적은 완전한 확실성이 아니라 개연성을 갖는 결론을 확립하는 것이다. 즉, 결론을 받아들이기에 좋은 이유를 갖는다는 것을 보여주기 위한 것이다. 그러나 귀납적 논증은 결론이 참이라는 것을 보증하기 위한 시도가 아니다.

개연성은 50% 이상의 가능성을 뜻한다. 이것은 어떤 사건이 실제적으로 발생할 수 있는 가능성이나 정도를 의미한다. 즉, 개연성은 현실화될 수 있거나 참이 될 수 있는 가능성을 말한다. 그러나 결론이 참일 개연성을 계량화하는 것은 쉽지 않다. 따라서 결론이 개연성을 갖고 이끌어낼 수 있는 논증이라면, 즉 논증들을 각각 계량화할 수 있다면 다른 논증보다 더 좋거나 더 나쁜지에 관하여 논할 수 있다. 다음은 귀납적 논증의 예이다.

귀납논증의 예

- 우리 개는 흰색이다. 옆집 개는 흰색이다. 따라서 모든 개는 흰색이다.
- 날씨가 연속으로 한 달 동안 맑았다. 따라서 내일도 날씨는 맑을 것이다.
- 봉주는 3년 동안 마라톤 경기에서 우승했다.
  따라서 봉주는 내일 마라톤 경기에서도 우승할 것이다.

귀납논증은 관찰과 실험에서 얻은 부분적이고 특수한 사례를 적용할 수 있는 근거가 되는데, 귀납에서 얻어진 결론은 단지 일정한 개연성을 지닌다. 귀납논증이 강한 논증이 되기 위해서는 다양한 사례, 대표성 있는 사례나 반례를 사용한다. 반례는 어떤 명제가 참이 아님을 증명하기 위해서 그 명제가 성립하지 않는 예를 드는 것이다. 진술의 결론에 반대하는 예이기 때문에 반례라고 한다.[10] 논증에 대한 반례는 논증이 참된 전제와 거짓 결론을 가질 수 있

10 유순근(2024), *논리와 오류: 비판적 사고와 논증(개정3판)*, 박영사.

음을 보여주는 것이다. 따라서 반례는 증명하기 어려운 명제의 참이나 거짓을 가리는 데 유용하다.

연역추론에서는 전제가 잘못된 결론에 도달할 가능성이 항상 남아 있다. 연역추론에서 결론은 암묵적으로라도 전제에 이미 포함되어 있다. 이것은 연역적 주장이 새로운 정보나 새로운 아이디어에 도달할 기회를 제공하지 않는다는 것을 의미한다. 반면에 귀납논증은 새로운 아이디어와 가능성을 제공하므로 연역논증으로는 달성할 수 없는 방식으로 세상에 대한 지식을 확장할 수 있다. 연역논증은 수학에서 가장 자주 사용되지만 대부분의 다른 연구 분야에서는 개방적인 구조로 인해 귀납논증을 광범위하게 사용한다. 결국 과학적 실험과 대부분의 창의적인 노력은 "어쩌면", "아마" 또는 "만약"으로 시작하고, 이것이 귀납적 추론의 세계이다. 따라서 연역논증은 일반적 법칙에서 구체적인 사실을 이끌어내는 논증인 반면에 귀납논증은 구체적 사실에서 일반적인 법칙을 이끌어내는 논증이다.

그림 2-12 연역논증과 귀납논증의 추론 과정

3) 툴민의 논증

툴민(Stephen Edelston Toulmin: 1922~2009)은 영국의 철학자, 작가 및 교육자이며 논증을 효과적으로 평가할 수 있는 실용적인 방법을 개발했는데, 이를 툴민 모형(Toulmin model)이라고 한다. 툴민 모형은 6개의 상호 관련된 구성 요소가 포함된 다이어그램 논증 모형이다. 이것은 특히 수사학, 커뮤니케이션 및 컴퓨터 과학 분야에서 영향력 있는 주장으로 간주된다.

- 주장: 주장(claim)은 필자의 입장 진술이나 논증의 결론이다. 주장은 논술에서 증명하려는 아이디어이며 논증의 여지가 있어야 한다. 주장은 다른 요소와 모두 관련이 있기 때문에 독자에게 사실로 받아들이도록 요청하는 진술이다.
- 근거: 근거(grounds)는 주장과 이유를 뒷받침하는 사실이나 증거이다. 이유는 주장이 사실이거나 사실이어야 하는 까닭이다.
- 보증: 보증(warrant)은 주장과 근거를 연결하는 가정으로 명시적이거나 암시적일 수 있다. 보증은 “왜 필자의 주장이 사실인가?”라는 질문에 답한다.
- 지원: 지원(backing)은 보증을 뒷받침하는 증거이다. 독자가 필자의 주장과 이유에 대한 기본 가정(보증)을 받아들이는 데 도움이 된다.
- 반박: 반박(rebuttal)은 주장에 대한 반론이다. 주장에 대해 제공될 수 있는 예외이다. 즉, 최초 주장에 대한 예외이다.
- 한정: 한정(qualifier)은 주장이 참인 상황을 제한한다. 주장, 보증 및 지지에 대한 제한 사항이다. 특정 상황에만 적용되도록 주장의 범위를 좁힌다.

모든 논증에 툴민의 논증 요소가 모두 포함되는 것은 아니다. [그림 2-13]은 툴민의 논증에 적용한 예이다. 주장, 주장을 지지하기 위한 근거, 보증, 한정, 지원과 반박이 있는 예제이다. 스트레스와 운동 부족으로 인해서 비만과 건강이 학생들에게 중요한 문제가 되고 있다. 이 예제는 학생들의 비만을 걱정하여 학교에서 취해야 할 조치를 사례로 든 것이다. "학교는 학생의 건강을 보호하기 위해 캠퍼스에서 치킨을 금지해야 한다"는 것이 사례의 주제문이다.

그림 2-13 툴민의 논증 모형

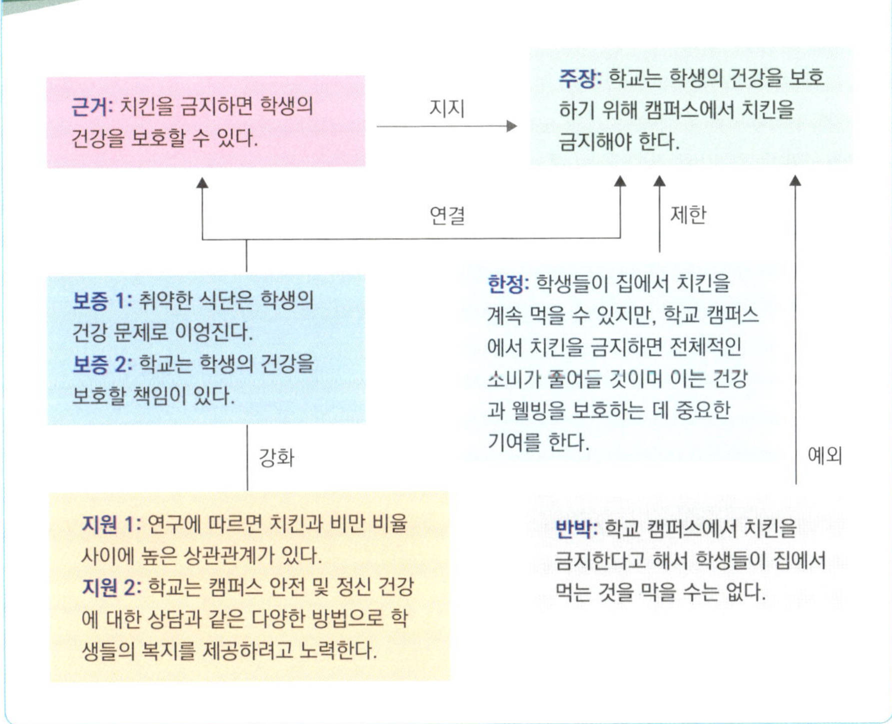

심화학습 보증의 유형

- **일반화 보증:** 표본이 사실이면 전체에 대해 사실일 가능성이 높다.
- **유추 보증:** 핵심 특성을 공유하면 다른 상황에서도 사실일 가능성이 높다.
- **신호 보증:** 한 가지 속성이 다른 결과를 나타낸다.

  예: 증상으로 질병을 진단할 수 있다. 비싼 물건을 소유한 사람은 돈이 많을 것이다.
- **인과관계 보증:** 한 원인이 다른 결과를 초래한다.

  예: 과도한 설탕 섭취는 질병의 원인이다.
- **권위 보증:** 권위자가 확인했기 때문에 사실이다.

  예: 세계에서 존경받는 거의 모든 과학자들은 기후 변화가 현실이라고 말한다.
- **원칙 보증:** 합의된 가치 또는 규칙이 특정 상황에 적용된다.

  예: 부모가 자녀를 사랑하는 것은 널리 공유되는 가치이다. 이 가치가 문제의 특정 부모에게 적용되어야 한다.

Chapter 03

논술의 서론

성공은 준비와 기회가 만나는 곳이다
(Bobby Unser).

1. 논술의 구조

글은 마음을 나타내는 그릇이다. 글쓴이의 주장을 제시하는 그릇이 바로 논술인 것이다. 그릇이 커야 담는 것도 많다. 글쓴이가 그릇에 독자에게 전달할 자신의 의견이나 주장을 담는 것이 논술이다. 이러한 논술은 본질적으로 한 번에 하나의 아이디어를 제공하므로 독자에게 가장 의미 있는 순서로 아이디어를 제시한다. 독자에게 전달할 아이디어의 순서를 정하는 것이 논술의 구조이다. 글쓴이가 아이디어를 성공적으로 구성한다는 것은 독자의 논리에 주의를 기울이는 것을 뜻한다. 좋은 논술의 작성은 좋은 구조를 갖고 있다. 이 구조는 보통 5개 단락의 논술을 사용하는데 서론, 본론의 3개 단락과 결론이 있다. 이 기본 구조를 사용하면 거의 모든 쓰기 과제의 개요를 만들 수 있다. 서론, 본론 및 결론이 논술의 필수 부분이다. 특히 학술 논술은 구조가 필수적이다.

논술의 차이를 만드는 것은 단락에 포함된 내용이다. 따라서 전형적인 5단락 논술을 작성하는 방법을 배우면 아무리 짧든 길든 논술이나 논문을 쓰는 것이 훨씬 쉽다.

1) 서론

첫 인상이 중요하듯이 논술 서론은 독자가 읽는 첫 번째 단락으로 매우 중요하다. 서론에는 후크 문장(hook sentence), 배경 정보, 대주제문과 구성 등이 포함된다. 글쓴이는 주제에 대한 배경 지식을 제공하고, 학문적 문제를 설명하고 무엇을 기대해야 하는지 독자에게 알려준다.

서론은 중요한 기능을 수행한다. 첫째, 독자에게 논술이 다룰 내용에 대한 명확한 아이디어를 제공한다. 글쓴이는 해결하려는 특정 문제 또는 문제에 대한 배경 정보를 제공하고 답변을 명확하게 설명한다. 둘째, 관심을 불러일으키고 독자가 나머지 논술을 읽도록 동기를 부여한다. 즉, 독자에게 주의를 끌고 독자가 처음부터 논증에 참여하게 만든다.

논술이 독자에게 제시하는 주장은 주제문이다. 논술 전체의 주제문은 대주제문이고, 이는 미괄식으로 서론에 제시한다. 대주제문은 논술의 주장을 간결하게 설명한 것이다. 논술이 어떻게 구성되었는지 미리 독자에게 제시한다면 독자는 일정한 방향을 갖고 끝까지 글을 읽어갈 수 있다. 다음은 서론에서 다루어야 할 주요 내용이다.

- 핵심 주장인 대주제문
- 주장을 뒷받침하는 근거
- 주제문에 대한 배경
- 주요 용어 설명

2) 본론

논술의 본론은 여러 단락으로 구성된다. 단락의 수는 단어 수와 논증의 복잡성에 따라 달라진다. 학술 단락은 일반적으로 예상보다 길며 일반적으로 "하나의 단락 = 하나의 요점" 공식이다. 단락은 단락의 요점을 명확하게 설명하는 단락 주제문으로 시작하고, 이는 두괄식으로 본론의 각 단락에 제시한다. 즉, 이것은 단락의 첫 번째 문장이다.

단락은 단락 주제문, 증거, 설명과 연결 문장으로 구성된다. 우수한 단락이 되려면 주제문을 뒷받침하는 증거와 설명이 필요하다. 단락 주제문 뒤에는 요점을 뒷받침하는 증거가 포함된 문장이 있어야 한다. 뒷받침하는 정보 없이는 무언가 사실이라고 말할 수 없다. 증거는 일반적으로 책, 학술지 또는 평판이 좋은 웹 사이트와 같은 출처의 정보 형태이다. 이것은 직접적인 인용이 될 수 있지만 자신의 말로 작성하는 것이 가장 좋다. 출처의 정보를 제공할 때는 인용을 제시한다.

주장이나 근거만을 제시하면 혼란스러울 수 있다. 따라서 제시된 주장이나 근거에 대한 요약이 필요하다. 단락의 마지막 부분은 요점이 논술과 관련된 이유에 대한 자신의 분석이다. 질문에 답하는 데 어떻게 도움이 되는가? 주장을 어떻게 발전시키는가? 단락의 끝에 단락을 다음 문장으로 연결하는 연결 문장이 유용할 수 있다. 이 연결 문장은 논증의 흐름을 만드는 데 도움이 된다.

3) 결론

결론은 논술의 모든 내용을 통합해야 한다. 결론이 무엇인지 본론의 주장을 통해 명확해야 한다. 대주제문을 다시 진술하는데, 이는 두괄식으로 같은 의미의 다른 문장으로 결론에 제시한다. 본론에서 다룬 요점을 요약하고, 전체적인 주장을 강화하여 논술을 종결한다. 여기에는 새로운 정보를 소개해서는 안 되며, 일반적으로 자신의 논술 내용을 요약하는 것이므로 참고문헌을 인용할 필요가 없다. 자신의 주장이 끝이라는 것을 독자에게 분명하게 알린다. 따라서 결론에는 대주제문의 재진술, 요약, 결론, 평가 및 권고 등이 포함된다.

그림 3-1 **논술의 구조**

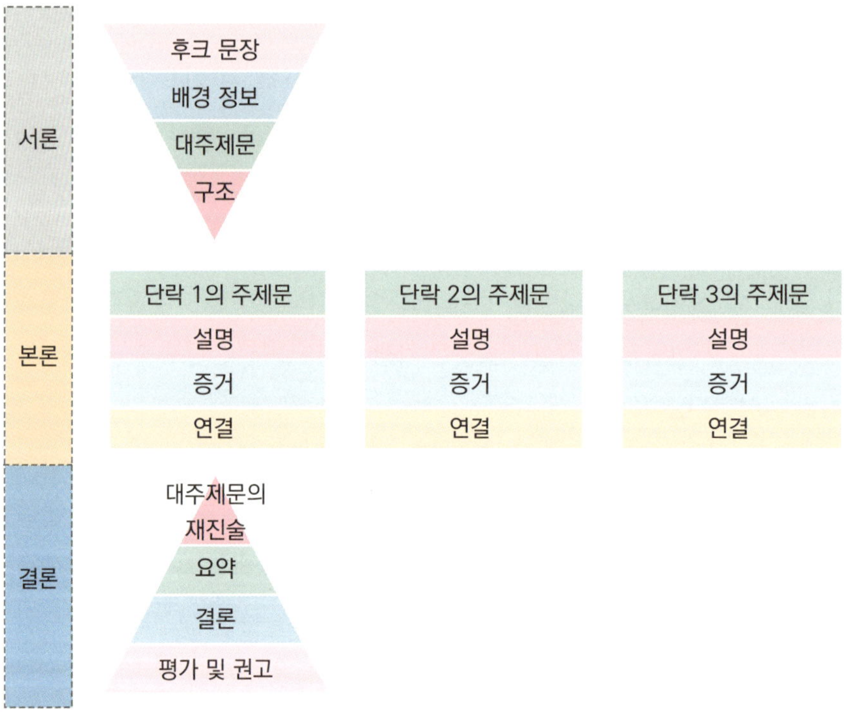

2. 서론의 구조

서론(introduction)은 간단한 논술에서 학위 논문에 이르기까지 독자가 처음 읽는 부분이다. 서론의 역할은 독자를 사로잡고 글의 방향을 안내해주는 것이다. 논술의 주제를 선택하면 개요를 계획한다. 개요를 구성하고 나면 논술

의 구조에 맞게 논술을 작성한다. 이러한 과정에서 구조를 추가, 제거 또는 변경할 수 있다. 글쓴이는 본론과 결론을 작성한 후 마지막으로 서론을 작성한다. 서론이 논술의 시작 부분에 있기 때문에 먼저 완성해야 한다고 생각하지 말고, 본론과 결론을 다 완성한 후 작성하면 답변의 일관성과 흐름에 도움이 된다. 또한 서론은 일반적으로 한 단락이고 전체 논술의 10%를 넘지 않는다.

1) 서론의 역할

서론은 독자가 논술에서 가장 먼저 보게 되는 첫 번째 단락으로 독자에게 좋은 첫인상(good first impression)을 줄 수 있는 유일한 기회이다. 서론에서 논술 내용을 파악하고 독자의 관심을 끌어야 하고, 독자가 나머지 논술을 읽도록 동기를 가져야 한다. 논술의 핵심 내용과 주장이 포함된 주제문과 관련된 배경 정보가 포함되어 독자에게 글쓴이가 이야기할 요점과 주장에 대한 아이디어를 알려준다.

서론은 독자를 자신의 삶에서 분석의 장소로 이동시키는 다리 역할을 한다. 예를 들어, 구한말 시대의 부패에 관한 논술이라면 독자들에게 구한말 부패 시대의 세계로 들어가 독자의 세계에서 글쓴이의 세계로 이동하도록 요청하는 것이다. 이처럼 독자의 세계에서 글쓴이의 세계로 전환하는 데 도움이 되도록 글쓴이는 서론을 통해 독자에게 제공한다. 이로써 독자는 글쓴이의 주제를 이해하고 글쓴이가 말하는 것에 관심을 갖게 된다. 이와 같은 서론은 다음과 같은 역할을 수행한다.

- 주제에 대한 독자의 관심을 끌고 호기심을 불러일으킨다.
- 주제를 확인하고 논술의 요점에 대한 통찰력을 제공한다.
- 주제에 대한 배경 정보를 제공한다.
- 논술의 방향을 제시한다.

2) 서론의 구조

서론과 결론은 학술 논술에서 특별한 역할을 하며 종종 글쓴이는 많은 관심을 집중한다. 좋은 서론은 주제를 확인하고, 핵심 내용을 제공하고, 특정 초점을 나타내고, 동시에 독자의 관심을 끈다. 서론은 독자를 일반적인 주제 영역에서 특정 연구 분야로 이끌기 위한 목적으로 사용된다. 따라서 서론은 주제에 대한 현재의 이해와 배경 정보를 요약하고, 주제문을 제시하고, 논술의 나머지 구조를 설명한다. 이와 같이 서론에는 작성 방법, 포함 내용 및 특정 형식이 있다. 즉, 서론의 단락은 후크 문장(hook sentence), 배경 정보, 대주제문(thesis statement)과 구조 등으로 구성된다.

그림 3-2 서론의 구성

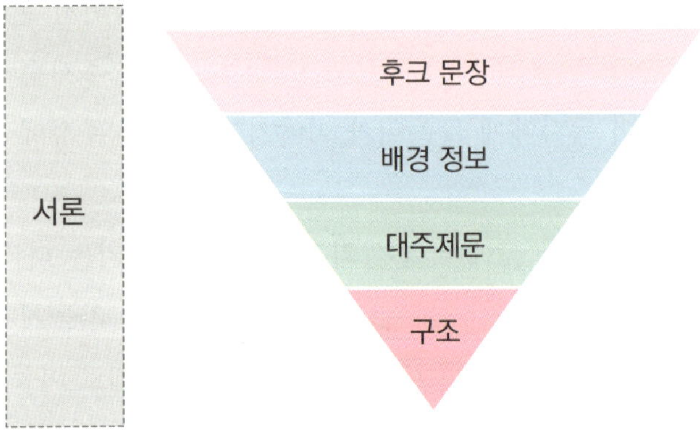

서론의 구성

- **후크 문장**: 독자의 관심을 끄는 첫 문장
- **배경 정보**: 주제를 선택한 이유와 범위 전달
- **대주제문**: 핵심 주장을 명확하고 간결하게 나타내는 단일 문장
- **구조**: 논술이 어떻게 구성되는지 설명

- **후크 문장:** 후크 문장은 논술의 관심을 끌기 위해 작성된 문장이다. 이 문장은 충격적 사실, 일화, 질문 또는 인용이 될 수 있다.
- **배경 정보:** 배경 정보를 제공하면 독자가 주제를 더 잘 이해할 수 있다. 정보는 독자에게 주제를 선택한 이유와 범위를 전달하고, 개요를 의미 있고 논리적으로 보이게 한다. 또한 주제에 대해 명확한 그림을 제공한다.
- **대주제문:** 대주제문은 전체 논술의 핵심 요소이다. 또한 이것은 논술의 전체 아이디어를 설명하는 문장이다.
- **구조:** 논술이 어떻게 구성되는지 설명한다. 이 요소는 생략될 수 있지만, 복잡한 논술을 작성할 때 특히 유용하다. 이것은 독자에게 논술이 어떻게 배치되고 논의될 주제에 대한 아이디어를 제공한다.

3. 후크 문장

1) 후크 문장의 의미

후크 문장(hook sentence)은 논술에서 가장 효과적인 서론 시작의 하나이다. 후크 문장은 항상 독자의 관심을 끌기 위한 한 문장으로 작성된다. 즉, 관심 유도 문장으로 서론의 첫 문장 1-2개이다. 이것은 독자의 관심을 끌고 글을 계속 읽고 싶게 하는 데 도움이 된다. 훌륭한 후크 문장을 작성하는 열쇠는 독자의 관심과 설득력 있는 시작 진술이나 질문을 브레인스토밍을 하는 것이다. [표 3-1]은 재미있고 강력한 후크 문장을 만드는 데 권장하는 방법과 회피해야 할 사항이다.

표 3-1 권장과 회피 사항

권장 사항	회피 사항
• 충격적 사실	• 상투적인 문구
• 일화	• 사전적 정의
• 질문	• 일반화
• 짧은 요약	• 모든, 항상 등과 같은 포괄적 진술
• 인용	• 장황한 배경 설명

2) 후크 문장의 유형

독자의 관심과 설득력 있는 서론의 첫 부분을 흥미롭게 만들어 독자가 논술을 읽는 데 관심을 갖도록 한다. 독자의 관심을 유도하는 가장 좋은 방법은 시선을 사로잡는 논술 후크를 쓰는 것이다. 후크는 독자의 관심을 끄는 논술 시작 부분의 글로 독자의 호기심을 자극해야 한다. 논술을 읽는 사람이 다음에 무슨 일이 일어나는지 궁금해 해야 한다. 후크의 중요한 일은 독자들이 글쓴이의 논술을 읽고 싶어 하도록 유도하는 것이다. 여기에서 언급한 전략 외에도 사용할 수 있는 더 많은 유형의 후크가 있다.

그림 3-3 후크의 유형

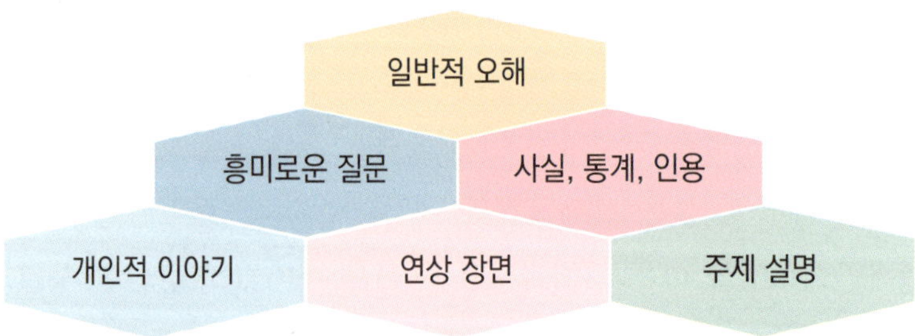

- **일반적 오해:** 거짓이라는 진술로 시작할 수 있다. 이것은 독자의 흥미를 끌고 그를 계속 독서하도록 장려한다. 예를 들면, 많은 사람들이 재택근무자의 생산성이 낮다고 믿고 있지만, 재택근무자가 오히려 생산성이 더 높다.
- **흥미로운 질문:** 사람들은 호기심이 많다. 질문을 듣거나 읽을 때 답을 알고 싶어 한다. 답이 없으면 알아내야 한다. 따라서 흥미로운 질문을 고리로 시작할 때 독자에게 계속 읽으면 답을 줄 것이라는 신호를 보낸다. 예를 들면, 취업 성공이라는 주제에 대한 흥미로운 질문을 만들 수 있다. 취업에 성공한 대학생과 실패한 대학생의 차이점은 무엇인가? 후크의 목표는 대학에서 취업에 성공한 학생들이 무엇을 하는지, 실패한 대학생이 부족한 것은 무엇인지 독자가 알고 싶게 만드는 것이다.
- **사실, 통계 및 인용:** 사실, 통계 및 인용은 주제에 대한 실제 근거로 독자에게 깊은 인상을 줄 수 있다. 그러나 흥미롭고 신뢰할 수 있는 사실이어야 한다. 통계 자료는 주제에 대한 강력한 증기이다. 예를 들면, 최근 연구에 따르면 일과 삶의 균형에 만족하는 사람들은 21% 더 열심히 일하고, 이직하지 않을 가능성이 33% 더 높다. 논술 내용과 관련이 있으면 유명인이 아니더라도 누구든지 인용할 수 있다. 그러나 인용 내용은 정확해야 한다.
- **개인적 이야기:** 개인적 이야기는 짧은 문장에 들어갈 수 있는 경우에만 가능하다. 예를 들면, "직장에서 갑자기 일과 삶의 균형이 중요하다는 것을 깨달았다. 그것이 제공할 수 있는 많은 이점을 보았다"고 이야기하는 것이다.
- **연상 장면:** 은유나 유추는 독자를 주제에 대해 다른 방식으로 생각하게 한다. 글쓴이는 글을 독자가 상상하도록 요구한다. 사람들은 시각 지향적인 경향이 있으므로 독자들이 마음에 있는 명확한 그림을 볼 수 있도록 장면을 그린다. 감각에 호소할 수 있는 장면을 선택하고 논술의 분위기를 설정한다. 예를 들면, 집에서 일하면서 자유 시간을 보내고, 사

랑하는 사람들과 여행하면서 많은 시간을 보낼 수 있다고 상상하도록 한다.

- **주제 설명**: 주제에 대해 주장하는 문장이다. 논술의 중요성을 보여준다. 강력한 진술은 독자의 동의 여부와 관계없이 훌륭한 기술이다. 예를 들면, 코로나로 대학에서 비대면 수업이 증가했는데, "비대면 수업은 대면 수업보다 시간이 절약되어 학습에 매우 효과적이다"라고 진술할 수 있다. 이 진술은 비대면 수업에 대한 글쓴이의 관점을 뒷받침하거나 반대하고 싶게 만든다. 어느 쪽이든 글쓴이가 말하는 것에 대해 궁금하다.

후크 문장

교통연구원에 따르면 작년 한해 피곤 운전 사고가 교통사고에서 1위를 차지했고, 그 다음이 음주운전 사고로 나타났다.

심화학습 후크 문장의 예

- 10대를 위한 최고의 롤 모델은 ~
- 좋은 일을 하도록 영감을 얻는 것은 ~
- 사진은 ~ 추억을 되찾았다. 왜냐하면 ~
- 지금까지 가장 충격적인 사실 중 하나는 ~
- 알아야 할 최고의 논술 작성 기법은 ~
- 많은 사람들이 읽는 것을 멈출 수 없는 책은 ~
- 왜냐하면 ~
- 상황이 더 나빠질 수 없다고 생각했을 때 ~
- 경기에서 졌을 때 해야 할 일 ~
- 방법을 아는 것이 중요한 이유는 ~
- 마지막으로 집으로 돌아갈 때 ~ 을 잃었다.
- 가족의 추억을 만드는 것은 돈을 쓰는 것보다 함께 좋은 시간을 보내는 것이다.
- 개를 키우면 건강, 행복 및 안전에 긍정적인 영향을 미칠 수 있다.
- 독신 남자에게는 아내가 불필요하다는 것은 보편적 진리이다(Jane Austen).
- 나는 투명 인간이다(Ralph Ellison).
- 모든 이야기는 사랑 이야기이다(Robert McLiam Wilson).
- 잠에서 깨면 침대 반대편이 차갑다(Suzanne Collins).
- 남자에게 가장 흔한 재난은 여자이다(Charles R. Johnson).
- 아무에게도 말하지 말고 신에게 말한다(Alice Walker).
- 한 명을 제외한 모든 아이들이 자란다(James Matthew Barrie).

4. 배경 정보

1) 배경 정보의 역할

배경 정보(background information)는 주제에 대한 중요한 학문적 저작, 토론의 개요 제공이나 용어 설명이 포함된다. 그러나 서론에서는 너무 자세하게 설명하지 않고, 본론에서 자세히 다룬다. 효과적인 후크를 작성한 후에는 주요 주제에 대한 광범위한 개요를 제시하고, 주제에 대한 배경 정보를 제공한다.

독자에게 가장 중요한 요소 중 하나는 연구의 배경이다. 연구의 배경은 연구 전체에서 논의된 정보의 맥락을 제공한다. 배경 정보에는 중요하고 관련된 연구가 모두 포함될 수 있다. 연구의 배경은 문제 진술, 근거 및 연구문제에 대해 논의한다. 따라서 배경 정보의 역할은 배경 자료 제공, 중심 아이디어 제공 및 독자의 관심 끌기 등이 있다.

그림 3-4 배경 정보의 역할

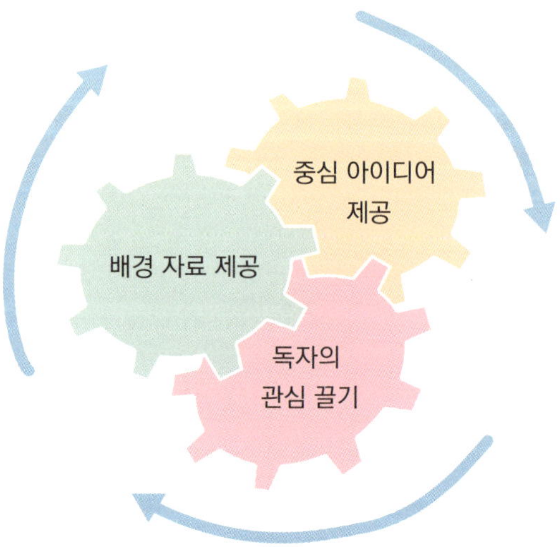

- 배경 자료 제공: 충분한 배경 정보를 제시하면 독자가 전체 논술을 읽는 데 도움이 된다. 글쓴이는 독자가 내용을 쉽게 이해할 수 있게 정보를 제공한다.
- 중심 아이디어 제공: 중심 아이디어 또는 주제는 독자가 전체 논술을 읽도록 도와준다. 글은 독자의 관심을 끌 수 있도록 독특해야 한다.
- 독자의 관심 끌기: 독자의 관심을 끌면 글쓴이에게 긍정적인 느낌을 준다.

2) 배경 정보의 유형

배경 정보는 독자가 논술에서 논의될 내용을 인식하도록 한다. 독자는 주제의 장단점을 인식하고 더 자세히 살펴볼 수 있도록 준비한다. 또한 독자는 다음에 올 내용과 진행을 예측할 수 있다.

배경 정보는 후크 바로 뒤에 배치된다. 후크는 배경 정보와 분리될 수 없고 서로 얽혀 있다. 양자는 전환단어로 연결된다. 일반적으로 단락이 5개라면 배경 정보도 5개로 구성된다. [그림 3-5]는 설득적인 배경 정보의 유형이다.

그림 3-5 배경 정보의 유형

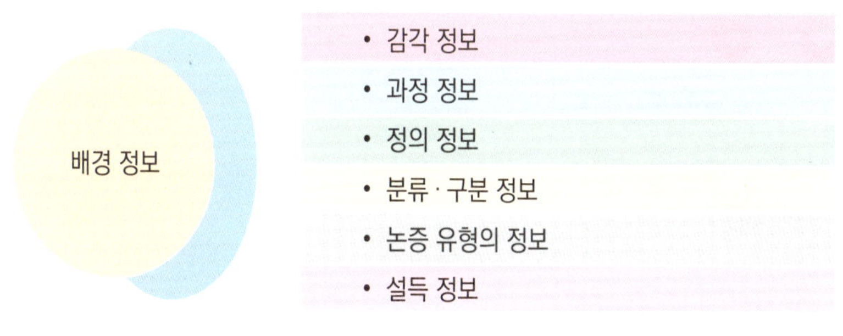

- 감각 정보: 촉각, 후각, 시각, 청각 및 미각의 오감을 모두 포함하는 감각 정보를 통해 주제를 설명한다. 단어는 독자가 감각을 경험하게 만드는 데 사용된다.

- **과정 정보**: 과정 정보에서 글쓴이는 주제를 소개하여 독자에게 논술을 완료하는 데 사용할 절차, 단계, 순서나 과정 등을 알려준다.
- **정의 정보**: 독자는 주제의 정의, 다른 용어 및 단어와 어떻게 다른지 알게 된다.
- **분류·구분 정보**: 독자는 주제, 분류 및 구분 방법에 대한 정보를 받는다.
- **논증 유형의 정보**: 독자에게 주제, 주제에 대한 질문을 뒷받침하는 논증 및 반대 논증에 대한 정보를 제공한다.
- **설득 정보**: 질문에 대한 정보를 제공하여 독자를 설득한다.

배경 정보 단락

자동차는 거의 100년 전에 발명되었지만 수십 년 동안 부자만 소유했다. 60년대와 70년대 이후 그것들은 점점 더 저렴해졌고, 이제는 선진국 대부분의 가정과 개발도상국의 많은 가정이 자동차를 소유하고 있다.

배경 정보 평가

이 문장은 논술의 핵심어(**자동차**)를 소개하고, 이 주제(**과거 상황과 현재 상황**)에 대한 배경을 제공한다. 후크 문장과 배경 정보 뒤에 주제문이 온다.

3) 구조 제시

긴 논술에서는 각 부분에서 다룰 내용을 간략하게 설명하여 서론을 마칠 수 있다. 이것은 독자에게 논술의 구조(structure)를 안내하고 저자의 주장이 어떻게 전개될지에 대한 미리보기를 제공한다. 일관된 아이디어를 논증으로 만들기 위해서는 서론의 구조가 체계적이어야 한다. 대부분의 경우 서론에서 본론의 첫 번째 단락으로 이동할 때 자연스럽게 이동하기 위해 전환 문장이 필요할 수 있다. 서론과 본론의 첫 단락을 소리 내어 읽어 전환 문장이 필요한지 여부를 검토할 수 있다. 두 단락 사이에 멈춰있는 경우 전환 문장을 작성하는 것이 좋다.

심 화 학 습 **독립군과 특수부대 용사**

이제라도 독립군과 특수부대 용사들의 업적과 애국정신을 재평가해야 한다. 6월 6일은 나라를 위하여 싸우다 숨진 장병과 순국선열들의 충성을 기리는 기념일이다. 그분들은 대한민국의 독립과 수호를 위해 적지에서 적과 싸우다 희생되신 독립군과 특수부대 용사들이다. 이러한 선열들은 오늘의 대한민국을 있게 한 위대한 애국자들이며 시대의 영웅들이다. 이러한 애국자들은 한결같이 젊은 꽃다운 나이에 적지에서 외롭게 적군들과 전투했다. 또한 독립군은 중국에서 전투했고, 특수부대 용사는 북한에 소규모로 적지에 침투하여 대규모의 적군과 전투했다. 뿐만 아니라 그분들은 대부분 적지에서 전사했고, 아직까지 고국에 들어오지 못했다. 그분들을 제외하고 누가 애국을 말할 수 있겠는가? 이제라도 대한민국은 그들의 임무, 전투, 전공과 희생에 대해서 다시 평가해야 한다.

5. 주제문

주제문은 논술 또는 논문의 주요 아이디어를 표현하는 하나의 문장이다. 이것은 논술을 요약하고 특정 증거에 의해 뒷받침되는 매우 구체적인 문장이다. 주제가 없으면 논증은 무너지고 정보는 초점이 맞지 않는다. 일반적으로 주제문은 논술이나 연구 논문의 첫 번째 단락의 마지막 줄에 배열된다.

1) 주제문의 위치

후크와 배경 정보를 제공한 후 독자에게 논술 전체에서 이야기할 주제문으로 이동한다. 주제문은 간결하고 정확하게 표현하고, 서론은 일반적인 정보에서 좀 더 구체적인 정보로 점진적으로 이동한다. 즉, 가장 광범위한 주제로 시작하고, 그런 다음 논술이나 논문에서 구체적으로 다룰 주제로 좁힌다.

후크(hook)는 맨 위에 있고, 그 다음에는 배경 정보, 대주제문과 구조 순이며, 이것은 일반적인 진술에서 구체적인 진술로 진행되는 과정이다. 이렇게 하면 독자를 흥미에서 내용의 본질로 끌어들일 수 있다. 예를 들면, 일과 삶의 균형이 얼마나 중요한지에 대한 논술을 쓰고 있다고 가정해 볼 때 이 경우 "좋은 일과 삶의 균형이 삶의 다양한 영역에 어떻게 영향을 미칠 수 있는지 생각해 본 적이 있는가?"와 같은 질문을 사용할 수 있다. 다른 후크를 사용하면 일반적인 사실과 통계를 제공할 수 있으며 마지막으로 주제문과 일치하도록 화제를 좁힐 수 있다.

그림 3-6 단락의 깔때기 모형

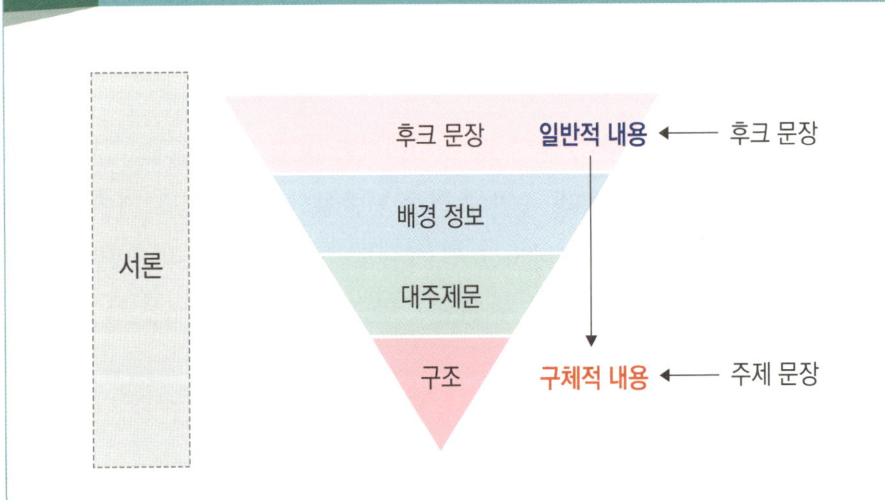

심화학습 후크, 토픽과 주제의 구분

모든 사람들이 한때 거짓말을 했지만 우리가 진실이라고 알고 있는 것과 모순되기 때문에 거짓말은 항상 드러날 것이다(①). 세익스피어의 작품인 『맥베드』에서는 이렇게 어려운 방법을 배운다(②). 맥베드에서 한 가지 테마는 결국 진실이 나타날 것이라는 것이다(③).

※ 평가: ①은 후크 문장, ②는 토픽, ③은 주제이다.

① 후크(hook): 독자의 관심을 사로잡는 강력한 시작 문장

② 토픽(topic): 논술에 사용하는 소재(핵심 문제)

③ 주제(thesis): 독자들에게 전달하는 글쓴이의 논술의 핵심 주장

표 3-2 논술의 유형과 개념

개념	의미	예
소재(素材: subject)	글의 내용이 되는 재료	오염
화제(話題: topic)	글의 내용이 되는 구체적 소재	대기 오염
주제(主題: thesis)	저자가 말하려는 중심 생각	대기오염은 호흡기 질환을 유발한다.

2) 주제문의 개념

주제문은 논술이나 논문의 핵심 주장이다. 요컨대, 좋은 주제문은 간결하고 정확하고 구체적이며 명확하고 집중적이다. 또한 주제문은 글쓴이가 독자에게 제시하는 핵심 주장으로 논술에서 가장 중요한 부분이다. 따라서 주제문은 논술의 주요 요점을 요약·설명하고, 질문에 답변하고, 독자가 기대할 사항을 알려준다. 좋은 주제문은 논증할 수 있어야 하고, 독자의 관점이 글쓴이와 다를 수 있어야 독자의 관심을 더 끌 수 있다.

주제문

자동차에는 의심할 여지없는 장점이 있으며 편리함이 가장 분명한 장점이지만, 중요한 단점으로는 오염 및 교통 문제가 있다.

배경 정보 평가

이 논술은 독자에게 논술의 주제(**자동차의 장단점**)와 논술의 조직 방법(**첫째 장점, 둘째 단점 제시**)뿐만 아니라 논술의 주요 아이디어(**편리성, 오염, 교통 문제**)를 알려준다. 이 논술은 아마도 본론에 3개의 단락과 3개의 단락 주제문이 전개될 것이다.

3) 주제문의 구분

주제문은 논술의 핵심 주장으로 단락마다 하나씩 있는데, 대주제문과 단락 주제문이 있다. 대주제문(thesis statement)은 논술의 주요 주장을 포함하고 구조와 방향을 제공한다. 전체 논술은 대주제문을 중심으로 이루어진다. 서론에 있는 주제문은 "대주제문" 또는 "전체 주제문"이며 서론 단락의 끝에 표시된다. 대주제문은 본론의 하위 주제문인 단락 주제문을 여러 개 거느릴 수 있다.

본론에 있는 단락 주제문(topic sentence)은 단락의 주요 주장을 소개하는 소주제문으로 대주제문과 관련이 있다. 따라서 대주제문은 논술의 전제 주제문이나 단락 주제문은 단락만을 위한 단락 주제문이다.

- 대주제문: 전체 주제문
- 단락 주제문: 단락만을 위한 단락 주제문

대주제문은 논술 전체에서 가장 핵심이 되는 "논술 전체의 주제문"으로 서론 단락의 끝 부분에, 즉 마지막 문장으로 배열되는 미괄식 구성이지만, 본론 단락 주제문은 본론 단락의 첫 문장으로 두괄식 구성이다. 또한 결론에서는 서론의 대주제문을 재진술하고 결론의 첫 문장에 제시되는 두괄식 구성이다. 본서에서 앞으로는 전체 주제문은 "대주제문"으로, 소주제문은 "단락 주제문"으로 구분하여 사용한다.

4) 주제문의 특징

논술이나 논문에서 연구의 중심이 되는 문제, 즉 글쓴이가 나타내고자 하는 중심 생각이 바로 주제이다. 주제(thesis)는 연구문제에 대한 답과 그 답에 대한 근거이다. 즉, 주제는 어떤 토픽에 대한 주장(claim)과 근거이다. 이것은 논술이나 논문의 요점(main points)이나 핵심 문제(topic)에 대해 독자에게 알리는 문장이다. 따라서 주제는 독자가 논술의 개요와 주요 아이디어를 파악하는 데 도움이 된다. 다음은 주제문의 특징이다.

- 논술의 주요 아이디어를 설명한다.
- 논술 전체 내용의 개념이다.
- 독자에게 논술의 방향에 대한 아이디어를 제공한다.

주제문은 논술의 핵심 주장(main claim)을 명확하고 간결하게 나타내는 단일 문장이다. 이것은 구체적이고 논증적이고 중요한 문제에 대해 명확한 입장을 취해야 하며, "왜?" 또는 "어떻게?"라는 질문에 답해야 한다. 이러한 주제문은 4S's로 특징된다. 4S's는 중요하고, 단일하고, 구체적이고, 지지할 수 있는 주제문이다.

그림 3-7 주제문의 4S's

- **중요성(significant):** 중요한 문제를 다룬다.
- **단일성(single):** 하나의 문제만 고려한다.
- **구체성(specific):** 좁고, 간결하고, 구체적 문제를 고려한다.
- **지지성(supportable):** 증거를 통해 주장을 방어한다.

주제문은 좁고, 간결하고, 구체적이어야 가치가 있다. "좋다"와 같은 일반적인 단어를 사용한다면 충분히 깊이 파고들지 못한다. 예를 들어, "유럽 여행은 여름을 보내기에 좋은 방법(①)"이라고 말하는 것만으로는 충분하지 않다. 유럽 여행이 좋은 이유는 무엇인가? 주제의 핵심을 자세히 조사하고, 확실한 증거로 현실적으로 다루고, 지원할 수 있는 유럽 여행의 매우 구체적인 부분에 집중한다. "단독 유럽 여행은 개인의 독립성이 필요하기 때문에 개인의 자신감을 강화한다"처럼 ①을 수정한다. 이것은 훨씬 더 구체적이고, 대상이 표적화되어 있다는 느낌이 든다. 이제 유럽 단독 여행, 독립의 필요성 및 개인적 자신감에 대한 긍정적인 영향에 대한 연구를 수행할 수 있다.

5) 주제문의 구성 요소

주장하려면 대상이 있어야 하고, 주장이 설득력이 있으려면 주장을 지지하는 근거가 있어야 한다. 주제문은 3요소인 "토픽", "주장", "근거"로 구성된다.

토픽(topic)은 핵심 문제(키워드)로 논술의 소재이며, 주장(claim)은 논증이 될 수 있는 의견이나 입장이다. 근거(reason)는 주장을 믿게 하는 이유, 원인이나 증거이다. 즉, 주장은 토픽이 발생한 결과에 대한 글쓴이의 입장으로 통제 아이디어(controlling idea)라고도 한다. 한 주제문에서 근거는 여러 개로 구성될 수 있고, 근거의 개수는 단락의 개수가 될 수 있다. 따라서 주제문은 글의 핵심 주장을 제시하는 간결한 문장이다.

그림 3-8 주제문의 3요소

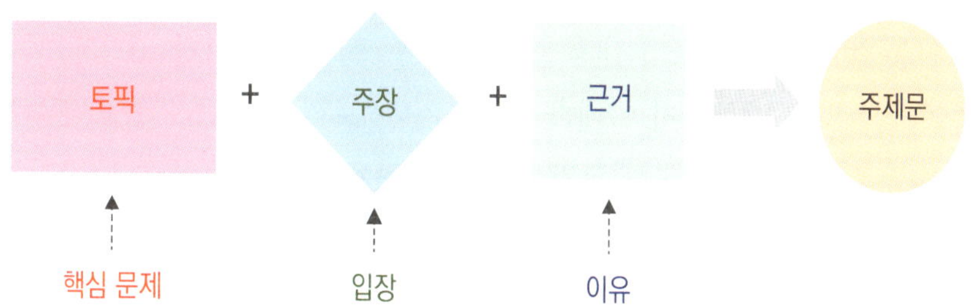

토픽은 "무엇을 이야기할 것인가"로 글쓴이가 말하는 핵심 문제 또는 대상이다. 주장은 "토픽의 결과가 되는 아이디어"로 "핵심 문제에 대한 생각"이다. 또한 근거는 "주장을 뒷받침하기 위해 사용하는 이유나 증거"이다. 근거는 독자가 논증을 믿을 수 있는 이유나 증거가 된다. 이 근거는 하나에서 여러 개를 다룰 수 있고, 논술의 본론 단락이 된다. 예를 들면, "대학생의 장기간 수면 부족은 수면의 질과 인지 능력에 부정적인 영향을 미칠 수 있다"는 주제문에서 토픽은 "대학생의 장기간 수면 부족"이며, 주장은 "부정적인 영향을 미칠 수 있다"이며, 근거는 "수면의 질과 인지 능력"이다. 또한 근거의 수만큼 논술의 본론 단락의 수가 된다.

그림 3-9 주제문의 분해 예제

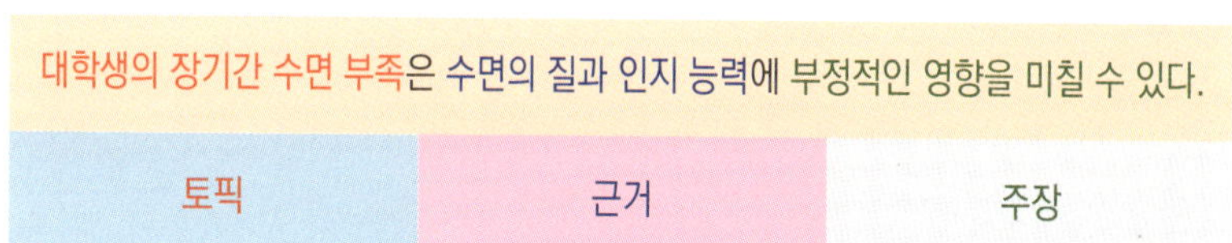

- **토픽**: 글쓴이가 말하는 핵심 문제 또는 소재
- **주장**: 핵심 문제에 대한 생각
- **근거**: 글쓴이의 주장을 뒷받침하는 이유

6) 주제문의 범위

토픽은 독자에게 논술의 내용을 알려준다. 토픽의 범위가 넓으면 독자는 글쓴이가 무엇을 말하는지 이해하기 어렵지만, 토픽의 범위가 좁으면 독자는 논술에 집중할 수 있다. 또한 독자는 범위가 구체적이고, 명확하고, 간결하고, 논리적이어서 논술을 더 이해하기 쉽다. 따라서 토픽의 범위를 좁게 정의한다. 그렇지 않으면 토픽에 대한 피상적인 개요를 제공하게 되어 토픽의 범위가 너무 광범위하다.

토픽의 범위를 좁히는 방법의 예

- **광범위 토픽**: 주스
- **일반적 토픽**: 과일 주스
- **좁은 토픽**: 귤 주스

7) 주제문의 근거와 단락의 수

주제문은 주장과 근거로 구성되는데, 주장하는 근거가 하나, 둘 또는 여럿이 있을 수 있다. 근거가 하나이면 본론의 단락이 하나이며 근거가 둘이면 본론의 단락이 둘이다. 이처럼 근거에 따라서 단락이 구성되고, 단락에 따라서 단락 주제문도 구성된다. 결국 근거의 수만큼 단락 또는 단락 주제문을 구성해야 한다.

표 3-3 근거가 둘인 주제문: 2 단락

주제문	대학생의 장기간 수면 부족은 수면의 질과 인지 능력에 부정적인 영향을 미칠 수 있다.	
토픽	글쓴이가 말하는 주제는 무엇인가?	대학생의 장기간 수면 부족
주장	토픽에 대해 어떻게 생각하는가?	부정적인 영향을 미칠 수 있다.
근거	주장을 뒷받침하는 근거는 무엇인가?	수면의 질과 인지 능력

표 3-4 근거가 셋인 주제문: 3 단락

주제문	고등학교 체육은 학생들에게 사회 기술을 교육하고, 시간 관리 기술을 강화하며, 운동을 제공하기 때문에 고등학생에게 긍정적 영향을 미친다.	
토픽	저자가 말하는 주제는 무엇인가?	고등학교 체육
주장	토픽에 대해 어떻게 생각하는가?	고등학생들에게 긍정적 영향을 미친다.
근거	주장을 뒷받침하는 근거는 무엇인가?	사회 기술 교육, 시간 관리 기술 강화, 운동 제공

8) 주제문 공식

주제문은 토픽, 주장과 근거로 구성되는 문장이다. 즉, 주제문은 "S는 X 때문에 Y이다"의 주제문 공식을 취한다. 주제문 구성에서 S는 핵심 문제로 토픽이고, X는 근거, 이유, 원인이나 증거이고, Y는 주장이다. 일반적으로 토픽은 주어의 형식을, 주장은 동사와 목적어 또는 보어의 조합 형식을 취할 수 있다. 따라서 주제문은 SXY 공식으로 표현할 수 있다. 이처럼 주제문 공식을 사용하면 주제문을 구성하거나 파악하는 것이 훨씬 쉽다.

그림 3-10 SXY 주제문 공식

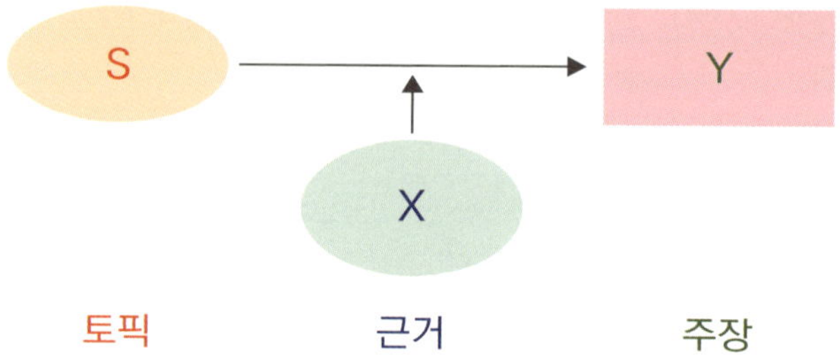

- **주제문 공식:** S는 X 때문에 Y이다.
- **토픽:** S
- **근거:** X
- **주장:** Y=O(C) + V

- 주제문: 컴퓨터(S)는 기술과 정보 교육에서(X) 어린이에게 이점이 있다(Y).
- 토픽: 컴퓨터(S)
- 근거: 기술과 정보 교육에서(X)
- 주장: 어린이에게 이점이 있다(Y)

9) 글쓴이의 입장

글쓴이의 주장은 자신의 입장이나 의견이다. 주장에는 의견이 있거나 논증의 여지가 있어야 한다. 강한 논증을 전개하려면 문제에 대한 입장을 취하고, 독자에게 자신의 입장이 합리적으로 보이는 방식으로 문제를 소개하고, 이유를 제시하고, 입장에 대한 증거를 제시한다.

때로는 논증의 여지가 있는 논증이 중복되어 2개 또는 3개의 다른 주장을 사용할 수 있다. 그러나 주장이 많을수록 논술이 길어진다. 글쓴이는 자신이 쓰고자 하는 논증의 목적에 가장 적합한 주제의 유형, 지식 및 권위를 선택한다. 이렇듯 입장을 주장하는 방법은 사실 입장, 인과 입장, 가치 입장과 정책·해결 입장 등이 있다.

그림 3-11 입장의 유형

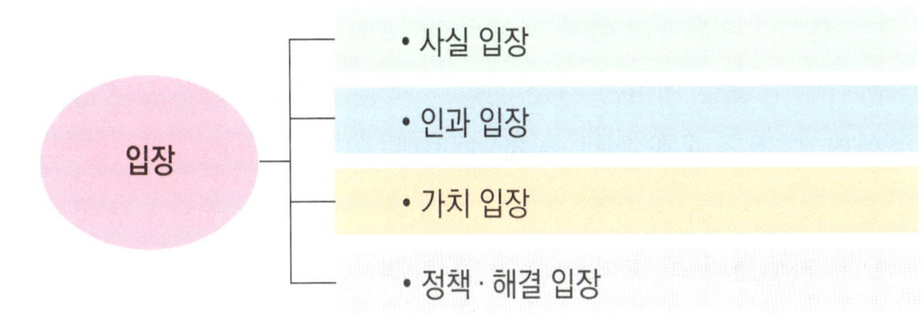

▣ 사실 입장

추론된 입장 진술을 뒷받침하는 근거로서 검증 가능한 형태의 증거를 제시한다. 즉, 실제 사실에 근거하는 입장이다. 예를 들어, "학점은 지능이나 성취도를 측정하지 않는다"는 입장 진술은 시험 점수, 연구결과 및 개인적인 증언과 같은 사실적 증거를 뒷받침한다. 그러나 이 진술은 사실의 주장에도 불구하고 실제로 입증될 수 없다. 지능과 성취도 측정은 정의하기 어려운 주관적인 용어이기 때문이다. 이처럼 추론된 입장은 논증을 구축하기 위한 근거가 부족할 수 있다.

▣ 인과 입장

인과 입장은 어떤 것이 다른 것에 영향을 미치거나 유발한다는 개념이다. 예를 들어, "트롯 음악은 범죄율을 감소시킨다"는 주장을 증명하기 위해서는 원인과 결과의 조건을 정의해야 한다. 이것은 트롯 음악과 범죄율 감소를 정의해야 한다. 또한 트롯과 관련된 범죄의 형태를 정의하고 인과관계를 입증해야 한다. 따라서 범죄 사건을 인용하고 트롯 음악이 중요한 역할을 했다는 것을 입증할 수 있는 특정 사건과 직접 연결해야 한다.

▣ 가치 입장

특정한 입장을 다른 입장과 비교 및 대조하고 가치를 좋거나 나쁘게 주장한다. 예를 들어, “나훈아는 한국 최고의 가수이다”. 이러한 주장에 대한 논증을 구축하려면 판단을 내리는 기준과 평가 대상인 사람, 노래 또는 상황을 설정해야 한다. 이것은 음반 판매 통계, 가창력, 인지도, 평판, 공연 및 수상 실적과 같은 사실 주장과 유사한 요소가 필요하다. 따라서 기준을 충족하고 동시대의 모든 가수보다 더 낫다는 것을 입증해야 한다.

▣ 정책·해결 입장

정책·해결 입장은 나쁜 상황을 설정하고 기존 정책의 변경이나 새로운 해결책의 제시를 기반으로 정책·해결을 제안한다. 예를 들어, 코로나 상황에서 스포츠 경기는 코로나 감염의 확산 우려가 크기 때문에 당분간 허용해서는 안 된다.

10) 주장, 증거 및 추론의 결합

질문은 자신의 관찰에서 온다. 이러한 질문으로부터 논증은 시작되고, 질문에 대한 대답은 주장이다. 질문의 답은 찾기 쉽지만 이를 입증할 수 있는 적절한 증거를 채택하고, 증거가 주장과 관련되어야 추론할 수 있다. 추론은 증거가 주장을 지지하는 이유이다. 증거가 주장을 어떻게 지지하는가? 따라서 추론은 증거가 주장을 어떻게 답변하는지 또는 문제를 어떻게 해결하는지를 보여 준다. [그림 3-12]는 질문으로부터 주장, 증거 및 추론을 찾을 때 이러한 사항들이 질문과 어떻게 관련되어 있는지를 확인하는 항목들이다.

그림 3-12 **주장, 증거 및 추론의 고려 사항**

☑ 주장, 추론 및 증거가 질문과 어떻게 관련이 있는가?

주장(대답)	추론(주장의 증거 이유)	증거(단서)
논증의 여지가 있는가?	논리적인가?	관련이 있는가?
명백한가?	관련되어 있는가?	확신하는가?
편견이 있는가?	독자가 이해할 수 있는가?	구체적인가?
특정한 의제가 있는가?	합리적인가?	합리적인가?
주장이 일반적인가?	주장을 뒷받침하는가?	주장과 연결되어 있는가?

대통령은 국가의 근간을 단기간에 붕괴시키거나 부흥시킬 수 있는 막중한 권한과 책임을 헌법으로부터 부여받은 직책이다. 이러한 권력 주변에는 위선괴 부패가 극심해 국민통합에도 위협적이다. 국부를 쌓는 데는 많은 노력과 시간이 필요하지만 붕괴는 단기간에도 이루어진다. 따라서 부패한 나무는 오래 버틸 수 없듯이 부패 권력은 반드시 망한다.

권력 주변에는 위선자와 기만자가 끼이기 마련이다. 권력을 등에 업고 거짓말하여 치부하거나 출세한 사람들이 많이 있지만 오래 가지 못하고 모두 망했다. 이들의 공통적인 특성은 거짓말로 사람들을 속여서 이권을 챙기는 것이다. 또 그들은 당초에 지킬 의사도 없이 약속을 잘하는 선한 사람으로 위장한다. 그들은 들키지 않으려고 발버둥 친다. 그래서 기세등등한 상황에서 "거짓말은 탄로가 나는가?"라고 질문을 할 수 있다. 그런데 거짓말은 모두 탄로가 난 것을 경험했기 때문에 "거짓말은 탄로가 난다"고 주장할 수 있다. 왜냐하면 거짓말쟁이는 자신이 거짓말한 것을 항상 기억할 수 없기 때문이다. 이것은 주장에 대한 이유이다. 따라서 주장과 이유를 결합하여 추론하면, "거짓말을 항상 기억할 수 없기 때문에 거짓말은 탄로가 난다"고 주제문을 작성할 수 있다.

그림 3-13 단일 증거의 추론 조직

☑ **질문:** 거짓말은 탄로가 나는가?	관찰
☑ **주장:** 거짓말은 탄로가 난다.	입장
☑ **이유:** 거짓말을 항상 기억할 수 없다.	단서
☑ **추론:** 거짓말을 항상 기억할 수 없기 때문에 거짓말은 탄로가 난다.	주제

그림 3-14 다수 증거의 추론 조직

☑ **질문:** 조시민은 누구인가?

☑ **주장:** 조시민은 위선자이다.

☑ **증거 1**	☑ **증거 2**	☑ **증거 3**
부패한 사람을 비난한다.	기밀을 이용하여 투기했다.	표창장을 많이 위조했다.
↓	↓	↓
☑ **추론 1**	☑ **추론 2**	☑ **추론 3**
조시민은 부패한 사람을 비난하므로 위선자이다.	조시민은 기밀을 이용하여 투기했으므로 위선자이다.	조시민은 표창장을 많이 위조해서 위선자이다.

☑ **추론:** 조시민은 부패한 사람을 비난하고, 기밀을 이용하여 투기하고, 표창장을 많이 위조해서 위선자이다.

11) 주제문의 유형

주제문은 명시적이거나 묵시적으로 언급될 수 있지만 항상 독자에게 분명해야 하고, 글의 유형(논증, 분석, 분류, 이야기 등)에 따라 다를 수 있다. 첫째, 명시적 주제문은 글쓴이의 주요 아이디어나 입장을 직접적으로 설명하고 논술의 명확한 방향을 제공한다. 예를 들어, 아프리카가 직면한 문제는 빈곤, 정치적 부패와 열악한 의료이다. 둘째, 묵시적 주제문은 직접 언급하는 것이 아니라 글쓴이의 아이디어와 입장을 통해 제안한다. 그럼에도 불구하고 주제문은 독자에게는 여전히 분명해야 한다. 예를 들어, 오늘날 아프리카가 직면하고 있는 많은 심각한 문제가 있다. 또 주제문은 주장의 유형에 따라서 논증, 설득, 제안, 정보, 해설, 비교·대조, 공통 근거, 과정, 내러티브, 중요 사건, 원인·결과, 예시, 정의, 개념, 프로필, 설명, 비평이나 문제해결 등 다양하게 구성할 수 있다.

- 논증 주제문: 논증 주제문은 논증의 여지가 있는 문제나 주제에 대한 명확한 입장을 취하고 주장을 지지하는 이유를 분명하게 제시한다.

표 3-5 논증 주제문

주제문	채식 식단은 육류 식단보다 더 건강하고, 비용이 적게 들고, 동물에게 더 인도적이기 때문에 더 낫다.
토픽	식단
주장	채식 식단이 육류 식단보다 더 낫다.
이유 1	더 건강하고
이유 2	비용이 적게 들고
이유 3	동물에 대해 더 인도적

• **설득·제안 주제문:** 논증의 여지가 있는 문제나 주제에 대해 명확한 입장을 취하고, 독자에게 변화를 일으키도록 설득하고, 주장을 지지하는 이유를 제시한다.

표 3-6 설득·제안 주제문

주제문	아동 권리 담당자의 수를 확대하고, 아동 학대 신고를 장려하고, 아동 인권 캠페인을 전개함으로써 국가는 어린이 보호 정책을 강화해야 한다.
토픽	아동
주장	국가는 아동 보호 정책을 강화해야 한다.
이유 1	아동 권리 담당자의 수를 확대하고
이유 2	아동 학대 신고를 장려하고
이유 3	아동 인권 캠페인을 전개함으로써

• **정보·해설 주제문:** 논술이 독자에게 정보를 제공하고 특정 요소를 설명한다. 글쓴이의 의견을 포함하지 않으며 논증을 일으키거나 독자를 설득해서는 안 된다.

표 3-7 정보·해설 주제문

주제문	요구르트는 뼈와 치아의 성장을 돕고, 몸의 면역력을 상승하고. 변비를 해소하는 성분을 갖고 있기 때문에 건강에 도움이 된다.
토픽	요구르트
주장	건강에 도움이 된다.
이유 1	뼈와 치아의 성장을 돕고
이유 2	몸의 면역력을 상승하고
이유 3	변비를 해소하고

• 비교·대조 주제문: 두 사물, 사람, 개념, 장소 등 유사점과 차이점을 논의하는 것이다. 비교·대조할 두 개 이상의 토픽을 소개하고, 비교할 특정 요점을 설명한다.

표 3-8 비교·대조 주제문

주제문	국민당원과 민주당원의 유사점과 차이점은 그들의 경제적 접근 방식, 국내 문제 및 외교 정책을 비교하여 확인할 수 있다.
토픽	국민당원과 민주당원의 특징
주장	유사점과 차이점이 있다.
이유 1	경제적 접근 방식
이유 2	국내 문제
이유 3	외교 정책

• 공통 근거 주제문: 두 가지 상반되는 관점을 소개한다. 이는 명백한 불일치에도 동의하는 공통 근거가 있으며 본론에서 논의할 특정 불일치·동의 사항을 진술한다.

표 3-9 공통 근거 주제문

주제문	국민당원과 민주당원은 많은 것에 동의하지 않지만 그들은 경제 강화, 인권 보호, 교육 시스템 개선이라는 공통된 가치를 공유하고 있다.
토픽	국민당원과 민주당원의 공유 가치
주장	공통된 가치를 공유하고 있다.
이유 1	경제 강화
이유 2	인권 보호
이유 3	교육 시스템 개선

- 과정 주제문: 특정한 과업이 진행되는 과정을 소개하고 논술 본론 전체에서 자세히 논의할 과정의 특정 단계나 부분을 제안하거나 설명한다.

표 3-10 과정 주제문

주제문	논술을 작성하는 과정에는 자료 조사, 초안 작성, 수정 및 편집을 포함하여 네 가지 중요한 단계가 있다.
토픽	논술 작성
주장	네 가지 중요한 단계가 있다.
과정 1	자료 조사
과정 2	초안 작성
과정 3	수정
과정 4	편집

- 이야기·중요 사건 주제문: 이야기는 실제 혹은 허구적인 사건을 설명하는 것이다. 이야기의 주제를 소개하고 논술에 설명된 사건의 전반적인 중요성을 강조한다.

표 3-11 내러티브·중요 사건 주제문

주제문	결혼한 날은 개인적인 책임에 대한 나의 관점을 크게 바꿔 놓아 내 인생에서 중요한 사건이었다.
토픽	결혼한 날
주장	내 인생에서 중요한 사건이었다.
근거	개인적인 책임에 대한 나의 관점을 크게 바꿔 놓았다.

- **원인·결과 주제문**: 이유나 원인을 확인하고 그것들이 유발한 결과가 무엇인지 제시한다. 또는 결과를 확인하고 해당 결과의 이유나 원인을 제안하거나 설명한다.

표 3-12 원인·결과 주제문

주제문	지구 온난화는 자연재해 증가, 농업 손실 및 종의 멸종을 포함하여 많은 부정적인 영향을 미친다.
토픽	지구 온난화
주장	많은 부정적인 영향을 미친다.
이유 1	자연재해 증가
이유 2	농업 손실
이유 3	종의 멸종

- **예시·정의·개념 주제문**: 예시, 정의, 개념을 소개하고, 이유, 증거, 속성, 요소나 기준 등 논술 본론 전체에서 자세히 논의할 다양한 측면을 제안하거나 설명한다.

표 3-13 예시·정의·개념 주제문

주제문	사랑의 개념은 에로스, 아가페, 플라토닉 사랑의 세 가지 다른 형태의 사랑으로 설명할 수 있다.
토픽	사랑의 개념
주장	세 가지 다른 형태의 사랑으로 설명할 수 있다.
요소 1	에로스
요소 2	아가페
요소 3	플라토닉 사랑

- **프로필·설명 주제문**: 인물, 장소, 대상과 글쓴이의 지배적인 인상을 소개한 다음 해당 주제의 특성을 제시하고, 이 특성을 입증하기 위해 본론에서 자세히 논의될 주제의 특성을 제안하거나 진술한다.

표 3-14 프로필·설명 주제문

주제문	논리학 연구 센터의 가장 큰 특징은 우수한 연구 성과, 활발한 연구 활동과 협력적인 분위기의 세 가지 다른 형태이다.
토픽	논리학 연구 센터
주장	세 가지 다른 형태이다.
특성 1	우수한 연구 성과
특성 2	활발한 연구 활동
특성 3	협력적인 분위기

- **비평 주제문**: 논술의 가치를 판단 또는 평가할 기준을 제안한다. 비평 논술은 긍정적 또는 부정적 측면에 초점을 맞출 수도 있고 둘 다 포함할 수도 있다.

표 3-15 비평 주제문

주제문	위대한 제국 영화는 구성 전개가 부족하지만 사실적인 연기와 방대한 소품으로 인해 전반적으로 매력적인 영화이다.
토픽	위대한 제국 영화
주장	전반적으로 매력적인 영화이다.
기준 1	구성 전개 부족
기준 2	사실적인 연기
기준 3	방대한 소품

• 문제해결 주제문: 토픽의 문제를 소개하고 가능한 해결책을 제안하여 논술 본론에서 추가로 논의할 해결책의 특정 부분을 제안하거나 설명한다.

표 3-16 문제해결 주제문

주제문	지구 온난화 문제에 대한 효과적인 해결책은 대체 연료 개발, 벌채 지역 식목 및 화석 에너지 소비 제한이다.
토픽	지구 온난화
주장	지구 온난화 문제에 대한 효과적인 해결책
해결 1	대체 연료 개발
해결 2	벌채 지역 식목
해결 3	화석 에너지 소비 제한

12) 토픽과 주장의 비교

토픽은 독자들이 대부분 동의하고, 동일하게 관찰할 수 있는 어떤 현상이다. 반면 주장은 토픽에 대한 글쓴이의 입장이기 때문에 독자마다 다르게 논증할 수 있다. 주장이 논증할 수 있는 다양성이 있을 때 독자는 호기심을 불러일으킬 수 있고, 좋은 주제문이 된다. 주장은 독자들이 동의하거나 하지 않을 수 있는 의견이다. 독자는 마음속으로 "어떻게?" "어떤 방식으로?" "의미가 무엇인가?" 이와 같이 질문할 수 있다. 주장은 독자가 질문을 하게 만드는 글쓴이의 아이디어이다. 예를 들면, 어제 광화문 광장에서 특이한 경험을 했다면 독자들은 "무슨 일이 있었나?" "왜 특이한가?" 등을 마음속으로 생각할 것이다. 강한 주장은 명확하고 구체적이다. 독자는 분명하고, 구체적이고, 협소하게 정의된 주제에 대해 더 잘 이해한다.

• 분명한 의견: 딸기는 좋다. 이것은 의견이지만 논증의 여지가 없다.

- 약한 주장: 딸기는 우울할 때 나를 행복하게 한다. 이러한 주장은 개인적인 의견이지만 사회적으로 관련이 거의 없다.
- 강한 주장: 딸기는 정신 건강을 지원한다. 이러한 주장은 사회적으로 관련된 논증의 여지가 있다.

그림 3-15 토픽과 주장의 비교

토픽	주장
• 핵심 문제	• 의견, 입장, 태도
• 동의	• 동의 또는 비동의
• 동일성	• 다양성
• 관찰	• 분석

13) 주제문의 분해

리얼리티 쇼가 요즘 매우 인기 있는 프로그램이다. 리얼리티 쇼의 인기에 대해서는 독자들은 대부분 동의할 것이고, 그렇다고 관찰할 것이다. 그러나 리얼리티 쇼의 인기는 나타난 현상이지만 인기의 원인에 대해서는 독자들은 다르게 분석할 수 있다. 관찰은 동일할 수 있더라도 원인에 대한 분석은 다를 수 있고, 그래서 다르게 주장할 수 있다. 이것은 논증 가능성을 한층 높여줄 수 있다. 이를 [그림 3-16]과 같이 핵심어와 주장으로 분해하고 주제문을 기술할 수 있다. 주장하는 원인에 따라서 본론의 단락이 결정될 수 있다. 예를 들면, 원인이 1개라면 본론의 단락 주제가 1개, 원인이 2개라면 본론의 단락 주제가 2개, 원인이 3개라면 본론의 단락 주제가 3개가 될 수 있다. 따라서 원인과 단락의 일대일 대응 원칙이 적용된다. 다음은 주제문에 제시된 핵심어와 주장으로 분해한 간단한 예이다.

그림 3-16 **주제문의 분해**

☑ 주제문: 리얼리티 쇼는 시청자들에게 인기가 있다.

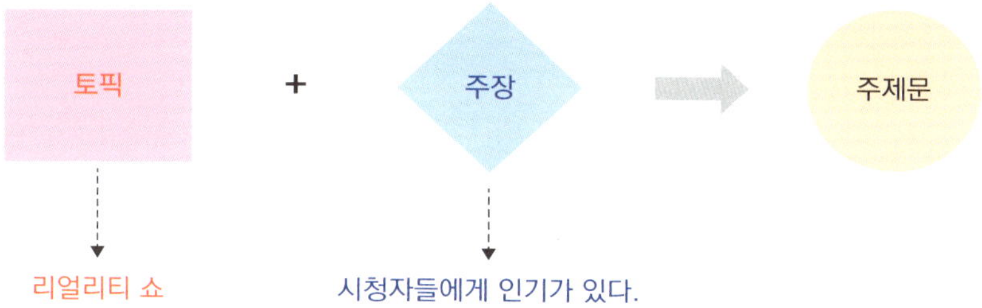

▣ **주제문:** 리얼리티 쇼는 친숙한 소재와 편안한 기대를 갖기 때문에 시청자들에게 인기가 있다.

- 토픽: 리얼리티 쇼
- 주장: 시청자들에게 인기가 있다.

※ 이유가 2개이므로 본론의 단락이 2개로 구성될 수 있다.

▣ **주제문:** 성공하는 리더에게는 리더의 특정한 특성이 필요하다.

- 토픽: 성공하는 리더
- 주장: 리더의 특정한 특성이 필요하다.

※ 성공하는 리더의 특성을 여러 개 제시할 수 있다.

▣ **주제문:** 지구 온난화를 유발할 수 있는 많은 요인이 있다.

- 토픽: 지구 온난화
- 주장: 유발할 수 있는 많은 요인이 있다.

※ 지구 온난화 유발 요인을 여러 개 제시할 수 있다.

▣ **주제문:** 개는 사람들에게 무료함을 달래주기 때문에 훌륭한 애완동물이다.

- 토픽: 개
- 주장: 훌륭한 애완동물이다.

※ 개가 사람의 무료함을 달래주는 이유를 여러 개 제시할 수 있다.

▣ **주제문:** 빈곤 지역의 범죄는 상대적 빈곤의 결과로 발생한다.

- 토픽: 도시의 대기오염
- 주장: 최악인 이유는 여러 가지가 있다.

※ 대기오염의 이유를 구체적으로 여러 개 제시할 수 있다.

▣ **주제문:** 사회복지사 자격증을 획득하려면 사전에 준비가 중요하다.

- 토픽: 사회복지사 자격증
- 주장: 사전에 준비가 중요하다.

※ 준비 방법을 여러 개 제시할 수 있다.

▣ **주제문:** 대학생의 장기간 수면 부족은 수면의 질과 인지 능력에 부정적 영향을 미칠 수 있다.

- 토픽: 대학생의 장기간 수면 부족
- 주장: 수면의 질과 인지 능력(이유)에 부정적 영향을 미칠 수 있다(입장).

※ 주장을 이유와 입장으로 구분할 수 있고, 본론의 주제가 2개로 구성될 수 있다.

심화학습 여러 개 이유가 있는 주제문

▣ **주제문:** 강화 고려산 철쭉 축제는 ① 강화 상인들의 수입을 늘리고 ② 상춘객들의 관광 욕구를 충족하며 ③ 강화의 역사와 문화에 중요하기 때문에 강화 문화제의 일부로 존속시켜야 한다.

- 토픽: 강화 고려산 철쭉 축제
- 주장: 강화 문화제의 일부로 존속시켜야 한다.
- **이유 ①:** 강화 상인들의 수입을 늘리고
- **이유 ②:** 상춘객들의 관광 욕구를 충족하며
- **이유 ③:** 강화의 역사와 문화에 중요하다.

※ 주장을 3개의 이유로 구분할 수 있고 본론의 주제가 3개로 구성될 수 있다.

14) 주장

논술의 핵심은 주제문이고, 주제문의 핵심은 주장이다. 주제문에 포함된 주장은 글의 목표, 방향 및 범위를 정의한다. 주장(claim)은 동의할 수도 있고, 그렇지 않을 수도 있는 독자에게 무언가를 설득, 확신, 증명 또는 제안하는 것을 뜻한다. 학문적 주장은 복잡하고 미묘하나 구체적이고 상세하다. 대부분의 학문적 주장은 논란의 여지가 있거나 학문 내에서 조사할 수 있는 것이다. 따라서 주제문의 복잡성, 효과 및 품질은 주장의 유형에 달려있다. 다음은 주장의 속성이다.

- 주장은 논술의 주요 논증이다.
- 주장은 논술에서 가장 중요한 부분이다.
- 주장은 논술의 목표, 방향, 범위 및 논증을 정의한다.
- 주장은 사실, 증거, 인용, 사례, 전문가 의견이나 통계에 의해 뒷받침된다.
- 주장은 논증적이어야 한다. 독자가 주장을 모두 동의하지 않을 수 있다.
- 좋은 주장은 구체적이고, 집중적인 논증을 만든다.

주제문은 주장을 포함한다. 주장은 조사와 증거로 논증의 여지가 있어야 하고, 사실로 명시되어야 하지만 개인적인 의견이나 감정이 아니다. 좋은 주장은 구체적이고 집중된 주장이다. 질문은 자신이 취하는 입장을 통해 답을 얻을 수 있다. 논증적이지 않은 주장은 독자의 관심을 끌기 어렵고, 독자들은 논증하지 않는 질문을 건너뛰거나 다른 입장을 취하는 질문으로 전환한다.

질문과 주장

- **막연한 질문:** 휴대폰이 나쁜가요?
- **명백히 논증의 여지가 있는 주장:** 유치원 아이에게 휴대폰을 허용해야 합니까?

주장은 논증의 여지가 있는 입장을 취함으로써 지속적인 토론을 유도해야 한다. 따라서 질문에 답하고(글쓴이의 입장), 이유를 제공하면(증거) 훌륭하고 명확한 주장(명백히 논증의 여지가 있는 주장)을 제시할 수 있다. 주제에 적합한 주장의 유형은 무엇인가? 논증에 사용하는 주장의 유형은 토픽, 독자 및 논술의 맥락에 대한 글쓴이의 입장과 지식에 따라 다르다. 논술은 여러 가지 주장의 유형을 사용할 수 있다. 주제에 대한 독자의 관점을 정확히 찾아내고, 논술 초반에 질문을 확인하고, 글쓴이의 입장을 정의한다.

15) 구체적인 주제문의 구성

일반적인 토픽을 찾으면 이를 더욱 좁혀서 협의의 토픽을 만들고, 여기에 주장과 근거를 추가하면 주제문이 된다. 예를 들면, 코로나 예방에 한국의 김치가 효과 있다는 연구가 발표되었고, 이를 근거로 주제문을 만들려고 한다. 일반적 토픽은 한국의 식품이 되고, 협의의 토픽은 한국의 김치가 된다. 그렇다면, 주제문은 "한국의 김치는 코로나 예방에 효과가 있다"로 할 수 있다. 이러한 주제문에는 정확한 근거를 제시할 수 있어야 한다. 근거로 학교나 연구소의 자료를 제시하면 주장을 뒷받침할 수 있다.

그림 3-17 구체적인 주제문의 구성 단계

일반적인 토픽 → 협의의 토픽 + 주장 + 근거 → 주제문

표 3-17 주제문 구성 목록

일반적인 토픽	협의의 토픽	주장	근거	주제문
논리학	논술	?	?	?
선거	지방선거	?	?	?
대학수업	원격수업	?	?	?
고위관료	부패	?	?	?
방송	교통방송	?	?	?
정치인	선동 정치인	?	?	?
자동차	승용차	?	?	?
말	정치인 말	?	?	?
시험	취업 시험	?	?	?
논평	시사 논평	?	?	?

6. 강한 주제문

1) 강한 주제문의 특성

강한 주제문은 거의 모든 논술에서 중요한 요소이며, 논술의 내용을 요약하고, 명확한 관점을 제공하고, 글쓴이의 의견을 뒷받침하는 증거를 제공하여 독자를 설득시킬 수 있는 주제문이다. 하지만 주제가 충분히 강하지 않으면 논술이 약하거나 혼란스러울 수 있다. 따라서 강한 주제문의 특성에는 5가지가 있다. 구체성, 정확성, 논증성, 증거성과 확신성이다.

그림 3-18 강한 주제문의 특성

- 구체성: 주제문은 토픽의 구체적 영역에 집중해야 한다. 광범위한 주제에서 점차로 구체적 주제를 찾을 때까지 범위를 좁힌다.
- 정확성: 주제문은 주장이 정확하고 일관적이고, 범위가 구체적이고 정확해야 한다. 논술의 내용을 정확히 보여 주고 다룰 수 있는 토픽을 고려한다.
- 논증성: 주제문은 모든 독자가 즉시 동의할 수 있는 사실이나 주장이 아니라 독자들이 논증할 수 있어야 한다. 그러나 사실 진술은 논증의 여

지가 없다.

- 증거성: 주제는 근거로 증명할 수 있고, 근거는 이유, 사례, 통계와 인용이다.
- 확신성: 글쓴이는 주장을 확신해야 한다. 글쓴이가 자신의 입장을 자신 있게 취하면 독자들이 글쓴이의 주장을 신뢰할 수 있다.

심화학습 논증을 나타내는 어귀

- 이유: 때문에, ~ 이므로, ~ 어서, ~ 로 인해, 감안할 때, ~ 에 비추어 보면, 제안된 대로
- 결과: 만약 ~ 그렇다면, 따라서, 결과적으로, 그러한 이유로 ~ 을 말할 수 있다, 이것은 ~에 이르게 된다, 이것은 ~을 암시한다, 포함한다, 나타낸다, 보여준다. 이러한 이유로 ~ 결론·추론할 수 있다, 그것은 ~ 과 같이 가정, 추론, 논의할 수 있다.

2) 주제문의 구체성

구체성이란 토픽이 명확하고 확실하거나 실제적이고 보거나 느낄 수 있는 형태이다. 토픽이 모호하면 이에 대한 주장도 모호할 수밖에 없다. 구체성은 매력적인 주제문을 작성하는 데 중요한 요소이다. 주제문은 토픽의 상세한 정보와 구체성을 포함해야 한다. 상세한 정보는 모호하고 일반적이며 포괄적인 진술을 없애고, 주제를 분명하고 명확하게 만든다. 주제문이 분명하고 명확하다면 독자들에게 다른 의미로 언급되지 않는다. 따라서 주제의 범위가 좁을수록 주제는 구체적이고 더 효과적이다.

넓은 주제문과 협소하고 집중된 주제문

- 넓은 주제문(①): 마약 사용은 사회에 해롭다.
- 협소하고 집중된 주제문(②): 불법 마약 사용은 폭력을 조장하기 때문에 해롭다.

넓은 주제문(①)은 논증하기 어려운 이유가 있다. 첫째, 마약 범주에는 무엇이 포함되는가? 글쓴이가 불법 약물 사용, 기분 전환용 약물 사용(술 및 담배) 또는 모든 약물 사용에 대해 이야기하고 있는가? 둘째, 마약은 어떤 면에서 해로운가? 마약 사용이 사망을 초래하는가? 글쓴이는 과다 복용으로 인한 사망과 마약 관련 폭력으로 인한 사망을 동일시하는가? 마약 사용이 도덕적 분위기를 바꾸거나 경제를 쇠퇴시키는가? 마지막으로 사회란 무엇을 의미하는가? 글쓴이는 한국, 미국, 영국, 러시아, 중국, 필리핀, 홍콩 등 어느 나라 국민을 언급하는가? 어린이와 성인에 미치는 영향을 구분하는가? 글쓴이는 범위가 너무 넓은 모든 주제를 다룰 수는 없지만 독자에게 논증의 여지를 준다.

협소하고 집중된 주제문(②)은 논증할 수 있는 주제문이다. 마약은 불법 마약으로 토픽의 범위가 좁혀졌고, 피해는 폭력으로 이 또한 범위가 좁혀졌다. 이것은 훨씬 더 관리하기 쉽고 논증할 수 있는 주제이다.

약한 구체성과 강한 구체성

- 약한 구체성(①): 지난달에 잠실 운동장에서 야구 경기를 했을 때 경기장에서 발생한 정전 사고의 원인을 조사해서는 안 된다.
- 강한 구체성(②): 지난달에 잠실 운동장에서 야구 경기를 했을 때 경기장에서 발생한 정전 사고는 구단들의 스포츠 활동에 심각한 영향을 미칠 수 있으므로 정전 사고의 원인을 조사해야 한다.

약한 구체성(①)의 예는 글쓴이가 정전 사고의 원인을 조사해서는 안 된다는 이유에 대한 상세 정보를 제공하지 않는다. 따라서 이 문장은 독자에게 어떤 논리도 제공하지 않는다. 그러나 강한 구체성(②)의 예는 글쓴이가 정전 사고의 원인을 조사해야 하는 이유에 대한 상세 정보를 제공한다. 그리고 이것은 주제를 충분히 논리적으로 만든다. 따라서 강한 주제문은 구체적이고 명확한 입장의 토픽을 가진다.

주제는 토픽(topic)의 범위가 좁아야 한다. 토픽의 범위가 처음에는 넓을 수 있지만 범위가 좁을수록 논증이 더 효과적이다. 토픽이 넓으면 독자들에게 글쓴이의 입장이 옳다는 것을 설득하는 데 많은 증거가 필요하다. 주장은 증거로 뒷받침되어야 한다. 따라서 강한 주제문은 범위가 좁고, 구체적이고, 다룰 수 있는 토픽이다.

약한 주제문과 강한 주제문

- 약한 주제문(①): 세계 기아에는 많은 원인이 있다.
- 강한 주제문(②): 노동력은 부족하고, 토양은 척박하기 때문에 아프리카 지역에서는 기아가 지속된다.

위의 초기 주제문인 약한 주제문(①)은 많은 원인이 모호하여 구체적이지 않다. 즉, 특정 원인을 확인할 수 없다. 초기 주제문을 수정한 강한 주제문(②)은 주제를 보다 구체적이고 다루기 쉬운 주제로 좁혔고, 기아의 존재에 대한 구체적인 원인을 제시하기 때문에 강한 주제문이다. 강한 주제문은 간결하고, 구체적이며, 논증할 수 있는(CSA: concise, specific, arguable) 주제이다.

간결은 주제문이 짧다는 것을 의미하며, 짧은 주제문은 한두 문장이고, 구체성이란 토픽이 좁고 집중된 주제를 의미한다. 논증성은 해당 분야의 학자가 글쓴이의 의견에 동의하지 않을 수 있거나 또는 동의할 수도 있다는 의미이다. 따라서 주제에 대한 글쓴이의 입장이 거의 아무도 이의를 제기하지 않는다면 논술을 위한 최선의 선택이 아닐 수도 있다.

- 간결성: 짧은 주제문
- 구체성: 토픽이 좁고 집중된 주제
- 논증성: 의견에 대한 동의 또는 비동의성

주장이 없는 주제문을 구체성이 있는 주제문으로 수정

- **초기 주제문(①)**: 이 논술은 유사점과 차이점을 찾기 위해 두 개의 학술지를 검토할 것이다.
- **수정 주제문(②)**: Bhatti(2012)의 독재적 관리 스타일[11]이 Bandura(2001)의 사회적 인지 이론[12]과 결합될 때 직원 이직과 관련된 비용을 줄일 수 있다.

초기 주제문(①)에는 특별한 주장이 없다. 이 진술은 간결하지만 구체적이거나 논증의 여지가 없다. 독자는 "어떤 학술 논술인가? 이 논술의 주제는 무엇인가? 글쓴이는 어떤 분야의 글을 쓰고 있는가?"라고 궁금해 할 것이다. 또한 이 논술의 목적인 "유사점과 차이점을 찾는 것, 검토할 것이다"는 학문적 수준이 아니다. 유사점과 차이점을 확인하는 것은 좋은 첫 번째 단계이지만, 강력한 학문적 주장은 이러한 유사점과 차이점이 의미하거나 의미하는 바를 분석하는 것이다.

수정 주제문(②)은 매우 간결하고 구체적이고 논증의 여지가 있다. 글쓴이가 구체적인 아이디어와 정확한 출처를 언급하고 있기 때문에 구체적이라는 것을 알 수 있다. 분야(경영)와 주제(관리 및 직원 이직률)도 수집할 수 있다. 글쓴이가 단순한 비교를 넘어서기 때문에 이 주제문은 논증의 여지가 있다. 글쓴이는 비교로부터 결론을 도출한다. 즉, 직원 이직과 관련된 비용을 줄일 수 있다.

---

11 Bhatti, N., Maitlo, G. M., Shaikh, N., Hashmi, M. A., & Shaikh, F. M. (2012). The impact of autocratic and democratic leadership style on job satisfaction. *International business research*, 5(2), 192.

12 Bandura, A. (2001). Social cognitive theory of mass communication. *Media psychology*, 3(3), 265-299.

3) 주제문의 논증 가능성

독자들의 관심을 불러일으키는 주제가 되기 위해서는 논증 가능한 주제문이 되어야 한다. 독자, 특히 선생님은 자신의 관심을 끄는 글을 읽고 싶어 한다. 즉, 글을 흥미롭게 만들기 위해서는 논증할 수 있는 주제문이어야 한다. 논증은 특정 문제나 아이디어를 제시하는 합리적인 방법이다. "논증의 여지가 있다는 것" 또는 "논증 가능성"은 "주제에 대해 무엇인가를 동의하거나 동의하지 않을 수 있다"는 의미이다. 또한 논증 가능성은 주제가 사실일 가능성이 있어야 한다. 그러나 사람들이 동의하지 않을 수도 있는 진술이다.

주제문은 사실 진술보다는 논증 가능한 주제문일 때 독자들의 관심을 더 끌 수 있다. 즉, 주제문은 전체 논술에 대한 방향을 설정하고, 논증 가능하고, 결론을 가리킬 때 독자는 관심이 더 크다. 주제문은 독자와 함께 추가적인 논의를 할 수 있어야 한다. 그러나 때때로 독자는 글쓴이의 방식대로 글을 읽고, 글쓴이는 독자를 설득하기 위해 글을 쓰고 의견이나 주장을 제시할 수 있다. 이렇게 하면 논증 가능성을 떨어뜨려 독자의 관심을 끌기 어렵다. 다음 사실 진술을 논증이 가능한 주제문으로 전환한 예이다.

사실 진술과 논증 가능진술(1)

- **사실 진술:** 소형차는 대형차보다 연비가 좋다.
- **논증 가능 진술:** 정부는 업무 관련 용도를 제외하고 대형차를 금지해야 한다.

사실 진술과 논증 가능진술(2)

- **사실 진술:** 드라마에서는 폭력이 흔하다.
- **논증 가능 진술:** 드라마 속 폭력의 양은 실생활에서의 폭력의 양과 비례하지 않는다.

표 3-18 사실, 주제와 제목

문장	구분
이웃 나라에는 유치원 교육이 의무 사항이 아니다.	사실
어린이는 유치원에서 읽기를 시작해야 한다.	주제
모든 일자리의 60%가 신문 광고를 통해 얻어진다.	사실
개인 면접은 취업 과정에서 가장 중요한 단계이다.	주제
제2 외국어 학습의 중요성	제목

일상생활에서 논증이라는 용어는 불쾌한 의견 차이를 의미할 수 있으나 대학에서 논증은 주제에 대한 입장을 취하고 논리와 증거로 독자를 글쓴이의 합리적인 관점으로 설득하는 것을 뜻한다. 학술적으로 논증은 문제에 대한 입장을 취하는 것을 말한다. 자신의 입장을 뒷받침하는 설득력 있는 증거를 제시할 때 강한 논증이 된다. 예를 들면, 변호사가 법정에서 소송을 제기하는 것과 거의 같은 방식으로 독자를 설득한다. 그러나 논증은 어떤 문제에 대한 글쓴이의 입장이지 설명이나 요약이 아니다. 주장은 논증의 여지와 글쓴이의 입장이 있어야 한다. 설득 논술은 논증의 여지가 있는 주장으로 시작한다. 따라서 주제는 독자가 합리적으로 다른 의견을 가질 수 있어야 한다. 글쓴이의 주제가 동의되거나 사실로 받아들여지는 것이라면 사람들을 설득할 이유가 없기 때문이다.

비논증문과 논증문

- **비논증문**: 이 글은 영화 불멸의 이순신에서 나오는 이순신 장군을 **묘사한다.**
- **논증문**: 이 글은 영화 불멸의 이순신에서 나오는 이순신 장군의 **묘사가 정확하다고 주장한다.**

합리적으로 다른 입장을 주장할 수 있을 때 비로소 논증의 여지가 있는 주제문이 된다. 주제문 또는 주요 주장은 논증의 여지가 있어야 한다. 주제는 사람들이 합리적으로 다른 의견을 가질 수 있는 것이어야 한다. 주제가 흥미롭기 위해서는 논증의 여지가 있고, 구체적이고, 방어할 수 있어야 한다. 그렇지 않다면 논술이 아니라 사실에 가까운 진술문이다. 논증의 여지가 없는 주제는 주장을 하지만 토론할 수 있는 주장은 아니다. 다음은 논증의 여지가 없는 주제문과 논증의 여지가 있는 주제문이다.

논증의 여지가 없는 주제문과 논증의 여지가 있는 주제문

- 논증의 여지가 없는 주제문(①): 휴대폰은 세계적으로 대화하는 효율적인 도구이다.
- 논증의 여지가 있는 주제문(②): 휴대폰을 과도하게 사용하면 가족의 친목을 방해하고, 사회에서 이혼 사례가 증가할 수 있다.

위의 두 주제문을 면밀히 살펴보면 첫 번째 주제문(①)은 논증할 수 없는 사실의 진술인 반면 두 번째 주제문(②)은 논증의 여지가 있는 진술이다. 많은 사람들이 휴대폰을 과도하게 사용하면 가족의 친목을 방해하고 사회에서 이혼 사례가 증가할 수 있다는 사실은 믿기 어려울 것이다. 이것은 뜨거운 논증의 무대가 될 수 있기 때문에 좋은 주제문이다.

논증의 여부 주제문

- 논증의 여지가 없는 주제문(①): 오염은 환경에 좋지 않다.
- 논증의 여지가 있는 주제문(②): 국가 예산의 최소 10%는 오염 방지에 지출되어야 한다.
- 논증의 여지가 있는 주제문(③): 한국의 공해 방지 노력은 경유 자동차에 초점을 맞춰야 한다.

- 논증의 여지가 없는 주제문((①)

이 주제문은 논증의 여지가 없다. 첫째, 오염이라는 단어는 어떤 면에서 나쁘거나 부정적인 의미이다. 둘째, 모든 연구는 오염이 문제라는 데 동의한다. 그러한 연구들은 단지 오염이 미칠 영향이나 문제의 범위에 동의하지 않는다. 어느 누구도 오염이 분명하게 좋다고 합리적으로 주장할 수 없다.

- 논증의 여지가 있는 주제문(②)

이 주제문은 합리적인 사람들이 동의하지 않을 수 있기 때문에 논증의 여지가 있는 주제문이다. 어떤 사람들은 국가가 국방에, 어떤 사람들은 국가가 과학에 더 많은 돈을 써야 한다고 주장할 수 있다. 또 어떤 사람들은 정부가 아닌 기업이 오염을 방지하기 위해 비용을 지불해야 한다고 제안할 수 있다.

- 논증의 여지가 있는 주제문(③)

이 주제문은 합리적인 개인들 사이에 불일치의 여지가 있다. 어떤 시민들은 모든 자동차에, 또는 어떤 사람들은 석탄 발전소에 집중하는 것이 효과적이라고 생각할 수 있다. 이처럼 개인들에 따라 생각이 다를 수 있기 때문에 논증성이 있는 주제문이다.

4) 주제문의 증거성

재판은 증거주의이므로 재판에서 변호사는 증거를 제시하여 의뢰인을 변호한다. 이와 같이 글쓴이는 증거를 효과적으로 사용하여 독자에게 주장의 타당성을 설득한다. 글쓴이로서 자신의 주장을 받아들이도록 독자를 설득하기 위해 증거를 사용한다. 증거는 추론을 통해 독자를 이끄는 것이다. 글쓴이가 사용하는 증거의 유형은 학문에 따라 다르다. 예를 들어, 문학 논술에서는 시나 문학 평론가의 인용문을 사용할 수 있고, 또 실험실 보고서에서는 실험 자료를 사용할 수 있다.

논술의 핵심은 주제이고, 주제는 토픽, 주장과 근거로 구성된다. 주장은 논술에 대한 주요 아이디어를 제공하며, 독창적이고, 단정적이며, 논증의 여지가 있어야 한다. 글쓴이가 무엇을 주장하려면 주장할 이유와 주장을 뒷받침할 수 있는 증거를 제시해야 한다. 증거는 모든 진술과 주장이 올바르기 위해 사용된다. 글쓴이는 좋은 증거로 독자가 믿도록 설득한다. 다음은 주제문을 구성할 때 주장에 증거를 적용하는 단계이다.

- 주장을 진술한다.
- 주장과 관련된 증거를 제시한다.
- 자신의 입장에 반하는 증거를 제시하고, 그 증거를 반박하여 입장을 강화한다.

논증은 증거로 뒷받침되는 주장이다. 논증은 둘 이상의 사람들이 논증하고, 단순히 동일한 주장과 이유를 다시 언급하는 것이 아니라 서로 응답하고 그에 따라 자신의 입장을 수정하거나 방어하는 사회적 과정이다. 이유는 주장을 뒷받침하는 진술이다. 주장은 무엇이 참되고 좋은지 또는 무엇을 행하거나 믿어야 하는지에 대한 진술로 강한 주장은 논증의 여지가 있다. 다음은 약한 증거와 강한 증거의 주제문의 예이다.

약한 증거(①)

오늘날 사람들은 너무 자기중심적이다. 가족들은 대부분 함께 식사하기 위해 앉아 있지 않고, 다음 약속을 위해 서두르며 이동 중에 식사하는 것을 선호한다. 모든 것은 사람들의 일과 관련이 있다.

이것은(①) 약한 증거의 예이다. 증거가 주장과 관련이 없기 때문이다. 자기중심적 주장은 가족이 함께 식사하는 것과 어떤 관련이 있는가? 글쓴이는 왜 연관성을 설명하지 않는가? 증거를 사용하여 주장을 뒷받침하고 주장과 증거 사이에 명확한 연관성이 있어야 강한 증거의 주제문이 될 수 있다.

강한 증거(②)

오늘날 도시인들은 너무 자기중심적이고, 가족조차도 예전만큼 중요하지 않다. 도시인들은 다른 사람들과 활동을 우선한다. 사실, 연구에 따르면 대부분의 도시인들은 가족과 함께 식사를 하지 않고 대신 다음 약속으로 서두르는 동안 이동 중에 식사하는 것을 선호한다. 앉아서 하는 식사는 다른 사람들과 정을 나누고 소통하는 시간이다. 그러나 가족이 개인 활동을 소중히 여기고, 집단 정체성보다 자기중심성을 휘둘려 연결의 가치가 낮아졌다.

이것은(②) 강한 증거의 예이다. 주장은 증거의 해석에 기초한 논증의 여지가 있는 진술이지만 단순한 사실 진술이 아니다. 증거가 주장과 관련되었다면 강한 증거이다. 따라서 증거가 주장을 지지하고, 주장과 증거 사이의 연결이 강하고, 증거 자체가 분석되어 주장을 뒷받침하는 것이 훨씬 더 좋은 주제문이다.

7. 주제문의 평가

주제문은 논술의 핵심 아이디어 또는 주요 주장을 표현하고 독자에게 논술의 요점을 알려주는 진술이다. 토픽에 대해 주장을 하고 주장이 사실인 이유를 제시한다. 좋은 주제문은 제시된 질문이 있고, 논증적이고, 구체적이다. 주제문은 항상 잠재적인 주장이나 다른 관점을 가져야 한다. 그렇지 않은 경우, 주제문은 요점보다 요약에 가깝기 때문에 적절하지 않다.

주제문은 논술에서 논의하고자 하는 문제만 언급한다. 논술의 내용과 주제문이 일치해야 한다. 주제문을 약하게 만드는 모호한 단어는 피한다. 주제문에 "다수" 또는 "흥미로운"과 같은 모호한 단어를 사용하지 않는다. 단어가 모호하거나 불명확하면 더 구체적인 단어로 변경한다. 문장을 명확하고 간결하게 유지한다. 또한 주제문의 길이가 짧은 문장을 사용한다.

1) 약한 주제문과 강한 주제문

약한 주제문은 범위가 너무 넓거나 모호하고 증거가 부족하여 독자가 글쓴이의 입장을 잘 이해하기 어렵다. 예를 들어, “기술이 도움이 된다”는 말은 어떤 종류의 기술을 언급하는지, 기술이 누구에게 도움이 되는지, 왜 도움이 되는지 명확하지 않기 때문에 약한 주제문이다. 한 가지 이상의 관점을 주장하려는 시도는 글을 약화시킨다. 예를 들어, “국경선 제거 또는 확장”은 약한 주제문이다. 또는 논증할 수 있는 의견이 아니라 사실을 제시하기 때문에 독자가 논술에 이의를 제기할 수 없는 경우이다.

강한 주제문은 범위가 명확하고 구체적인 관점을 제공한다. 글쓴이는 자신의 의견을 뒷받침할 몇 가지 증거를 제공해야 한다. 강한 주제문은 독자가 글쓴이의 입장에 반대하거나 이의를 제기할 수 있어 논증의 여지가 있다. 이러한 요소들은 독자에게 글쓴이의 의견이 무엇인지, 왜 그리고 독자가 논술에서 무엇을 기대할 수 있는지 정확하게 알려준다. [그림 3-19]는 강한 주제문을 추론하는 방법이다.

그림 3-19 강한 주제문의 추론

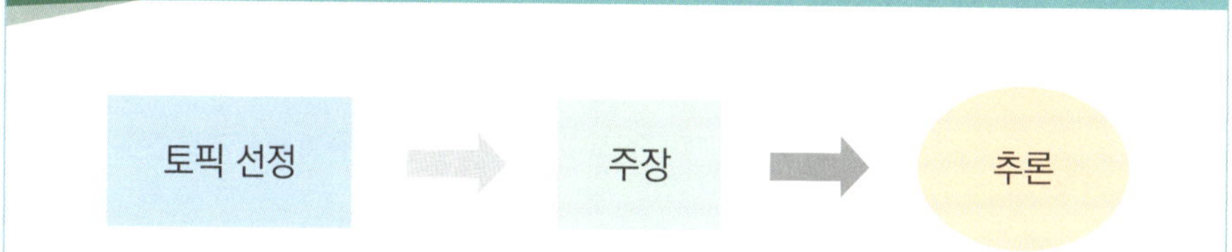

- 토픽: 가장 먼저 토픽을 선정한다. 토픽의 범위가 구체적이고, 협소하고, 분명하고, 집중적이고, 논증의 여지가 있는지를 고려한다.

- 주장: 특정 토픽에 답한다. 주제문을 중요한 질문에 대한 답으로 생각한다. 글쓴이의 입장을 지키기 위해 사용할 증거를 제시한다.
- 추론: 토픽, 주장과 근거를 결합하여 간결하게 문장으로 구성한다. 추론하여 하나의 완전한 문장으로 표현한다.

그림 3-20 약한 주제문과 강한 주제문의 특성

☑ 약한 주제문	☑ 강한 주제문
• 모호하고, 구체적이지 않다. • 논증 대신 요약, 사실 또는 진실을 제공한다. • 의견이나 추측을 제공한다(증거 입증 불가). • 토픽이 너무 넓거나 복잡하다	• 구체적 질문에 대한 답변 • 토픽에 대해 분명한 입장을 취함 • 논증의 여지가 있음 • 독자가 논술의 구성을 예상 가능함

표 3-19 약한 주제문과 강한 주제문

▣ 주제는 제목이 아니다.	
약한 주제	가정과 학교
강한 주제	부모가 자녀에게 우수한 교육을 원한다면 가정과 학교에 시간을 할애해야 한다.
▣ 주제는 발표가 아니다.	
약한 주제	우리는 보편적 복지에 대해 몇 가지 생각을 공유하고 싶다.
강한 주제	보편적 복지는 국민에게 실질적 소득을 주지 않아 선별적 복지로 전환해야 한다.

▣ 주제는 절대적인 사실의 진술이 아니다.	
약한 주제	윌리엄 셰익스피어는 『리어 왕』을 썼다.
강한 주제	『리어 왕』은 셰익스피어의 극적인 재능의 가장 훌륭한 발전을 보여준다.
▣ 좋은 주제는 다룰 수 있는 주장이다.	
약한 주제	범죄율을 감소시켜야 한다.
강한 주제	매년 폭력 범죄의 대폭적인 증가를 막기 위해 법원은 더 강력한 형을 선고해야 한다.
▣ 좋은 주제는 일관성이 있다. 한 주제에 대해 하나의 아이디어로 표현한다.	
약한 주제	탐정 소설은 높은 수준의 문학은 아니지만, 독자들은 항상 그것에 매료되었고, 많은 훌륭한 글쓴이들이 그것을 실험한다.
강한 주제	탐정 소설은 스릴에 대한 인간의 기본적인 욕구에 호소한다.
▣ 좋은 주제는 구체적이다.	
약한 주제	헤밍웨이의 전쟁 이야기는 아주 좋다.
강한 주제	헤밍웨이의 전쟁 이야기는 새로운 산문 스타일을 만드는 데 도움이 되었다.

2) 주제문의 적절한 단어 선택

주제문의 강점 또는 약점을 평가하는 한 가지 방법은 주제의 모든 단어를 검토하여 더 명확하거나 더 구체적일 수 있는지 확인하는 것이다. 예를 들어, "국경선을 제거해야 한다"라는 주제는 특정 국경선을 설명하면 더 명확해질 수 있다. 주제에 포함된 증거를 검토하여 "어떻게" 또는 "왜"를 다루고 있는지 확인한다. 예를 들어, "미국과 캐나다 간의 국경선을 제거해야 한다"라고 쓴 경우 이러한 국경선을 제거하는 방법 또는 이유에 대한 질문에 답할 수 있는 근거를 포함한다. 독자가 "어떻게" 또는 "왜"를 판단할 수 없다면 그것은 약한 주제문이다. 따라서 강한 주제문은 "방법" 또는 "이유"를 제시한다.

적절한 단어 선택

- **초기 주제문(①)**: 학자들은 훈련 기반 네트워크를 활용하여 협업 인프라를 강화함으로써 메타인지[13] 결과를 포착하기 위해 노력해야 한다.
- **수정 주제문(②)**: 생태학자는 지역 및 국가의 녹색 조직을 활용하여 광범위한 커뮤니케이션 계획을 수립함으로써 보존 방법에 대해 대중을 교육하기 위해 노력해야 한다.

초기 주제문(①)은 실제 내용이 없는 크고 학술적으로 들리는 단어이다. 이 문장은 학생들의 유행어이거나 다른 글에서 가져온 용어일 수 있지만, 명확하고 구체적인 의미를 전달하지는 않는다. 때때로 학생들은 학문적 글쓰기가 특별한 언어를 사용하여 복잡한 문장을 구성하는 것을 의미한다고 생각할 수 있지만, 실제로는 명확하고 간단한 문장을 쓰는 것이 더 강한 주제문이다. 즉, 강한 주제문은 문장 구조가 아니라 아이디어가 다양해야 한다.

수정 주제문(②)에서 해당 분야가 명확하고(생태학), 언어가 훨씬 더 구체적인 분야(녹색 조직과 보존 방법)로 만들어졌으므로 독자가 아이디어를 구체적으로 볼 수 있다.

3) 주제문의 수정

논술의 목적은 주제가 참으로 타당한 논증이라는 것을 독자에게 확신시키는 것이다. 논술의 내용을 요약한 것이 바로 주제이다. 주제문은 글쓴이의 주장을 선언한 단일 문장으로 논술이 설명할 주요 아이디어를 요약한 것이다. 약한 주제문은 대상의 범위가 지나치게 넓거나 구체적이지 못하다. 그래서 약한 주제문을 강한 주제문으로 수정해 주는 과정이 필요하다. 다음은 약한 주제문을 강한 주제문으로 수정하고 평가한 예제이다.

13 메타인지(metacognition): 자신의 인지능력을 알고 이를 조절할 수 있는 능력

그림 3-21 주제문의 수정

약한 주제문의 특성	→	강한 주제문의 특성

▣ 음주 예제

	약한 주제문	강한 주제문
문장	과도한 음주는 사람들에게 좋지 않다.	과도한 음주는 체중 증가, 심장 질환과 간합병증과 같은 개인 건강에 해로운 영향을 미친다.
평가	대상과 피해의 범위가 너무 넓다. 과도한 음주의 구체적 해로움은 무엇인가?	부정적 이유와 대상이 매우 구체적이다. 모든 피해를 언급한 것이 아니라 특정 영역만 거론했다.

▣ 허브 보충제 예제

	약한 주제문	강한 주제문
문장	허브 보충제에는 부정적인 면과 긍정적인 면이 있다.	허브 보충제는 빠른 체중 감소를 촉진하여 근육과 지방을 감소시켜 사용자에게 잠재적인 위험을 초래한다.
평가	입장을 취하지 않고, 모호하고, 구체적이지 않기 때문에 약한 주제문이다.	입장을 취하고, 주장이 구체적이기 때문에 강한 주제문이다.

▣ 인터넷 예제

	약한 주제문	강한 주제문
문장	인터넷은 많은 사람들의 삶을 향상시켰다.	인터넷은 사람들을 편리하게 연결하여 상품과 금융을 거래하고 이전에는 없었던 아이디어나 정보 교환의 수단으로 사용된다.

평가	독자들이 이에 동의하고 이 진술이 사실일 수 있지만, 인터넷이 사람들의 삶을 어떻게 향상시켰는가? 독자가 관심을 가져야 하는 이유는 무엇인가?	인터넷이 많은 이점을 제공하는 예가 구체적이다. 즉, 사람 간 연결, 상품과 금융 거래, 아이디어나 정보 교환 등이다. 인터넷이 시작되기 전에 어떻게 이런 일이 일어나지 않았는지 증명해야 할 것이다. 초점이 집중될수록 주제문은 더 강하다.

▣ 운동 예제

	약한 주제문	강한 주제문
문장	모든 사람은 운동을 해야 한다.	운동은 건강한 체중을 유지하고, 고혈압 위험도 감소시키기 때문에 한국인은 매일 아침 운동을 해야 한다.
평가	왜 그래야 하는가? 운동하면 좋은 점이 무엇인가?	한국인(모든 사람이 아님), 아침(규칙적), 체중 유지, 고혈압 예방 등은 매우 구체적이다. 구체적인 목표와 대상이 있을 때 실제로 연구가 더 쉬워진다.

▣ 독서 예제

	약한 주제문	강한 주제문
문장	독서는 어린이의 분석적 사고를 개발할 수 있다.	독서는 이해력을 키우고 어휘를 늘리며 직접 경험하기 어려운 새로운 세계에 어린이를 노출시킴으로써 어린이의 두뇌를 발전시킨다.
평가	이 주제는 독서의 방법에 대한 질문을 회피했다. 주제에 대해 여러 단락을 작성하려는 경우 모든 요점을 자신 있게 방어할 수 있는지 의문이다.	이 주제는 독서가 좋다고 말한 것이 아니라 논술에서 밝혀낼 독서의 이점에 대한 영역을 구체적으로 제시했다.

8. 주제문의 개발

1) 주제문의 개발 과정

서론의 주제문은 글쓴이가 취하는 기본 입장, 표현하는 의견이나 말하고 싶은 요점이다. 그것은 단락 주제문과 관련되고, 논술의 모든 개별 요소에 방향과 통일성을 제공한다. 주제문으로 질문에 직접 답변하고, 주제의 중요성을 독자에게 알려준다. 또한 주제문은 다른 사람들이 이의를 제기할 수 있는 논증 가능한 주장으로 독자가 논증할 수 있어야 한다. 따라서 간결하고, 구체적이며, 논증할 수 있는(CSA: concise, specific, arguable) 강한 주제문을 개발해야 한다.

독자에게 글쓴이의 주장을 제시하는 주제문의 작성은 질문으로부터 시작된다. 예를 들면, 학생들이 설탕을 많이 소비하는 것에 대해 주제를 선정하려고 한다. 토픽은 설탕 소비가 되지만, 토픽의 대상이 너무 넓다. 그래서 초등학생의 설탕 소비로 토픽을 압축하였다. 설탕 소비가 많다고 주장하려면 관련된 증거를 적용한다. 글쓴이는 전문가의 연구결과를 인용하고, 학생들이 이용할 수 있는 음료에 학교가 주의를 기울여야 한다는 입장을 취한다. 주제문 개발 과정은 토픽 선택, 토픽 압축, 증거 적용, 입장 선택 및 주제 작성의 과정을 거친다.

그림 3-22 주제문 개발 과정

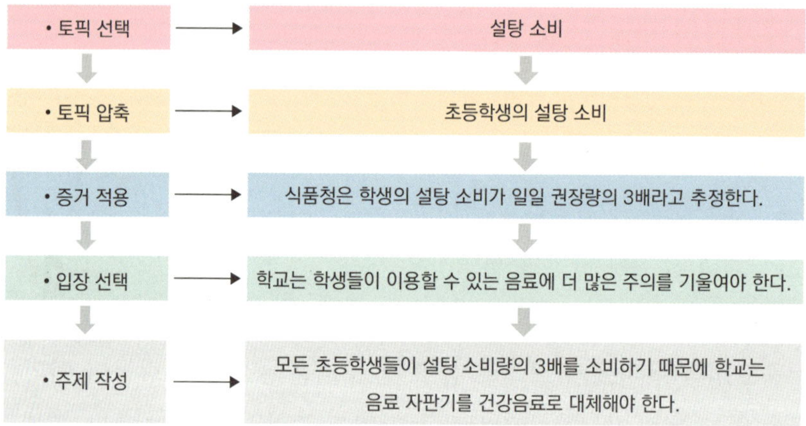

2) 토픽 선택

글쓴이는 자신의 경험을 바탕으로 특정한 주제에 대해 글을 쓴다. 글을 쓰려면 글의 재료인 토픽이 있어야 한다. 토픽은 논술의 핵심 문제로 독자에게 전달할 주제문의 재료이다. 논술 작문의 첫 단계는 범위가 너무 넓거나 좁지 않은 토픽을 개발하는 것이다. 처음부터 구체적인 토픽을 개발하는 것은 쉽지 않기 때문이다. 주제문에 사용할 토픽을 선정하려면 글쓴이의 경험, 조사와 질문이 선행되어야 독자의 관심을 끌 수 있는 참신한 토픽을 선정할 수 있다. 다음은 토픽을 선택할 때 유용한 질문이다.

- 질문으로부터 무엇을 찾고 싶은가?
- 관심 있는 토픽은 무엇인가?
- 독자들이 관심을 가질 만한 토픽은 무엇인가?
- 주제와 관련된 정보를 찾을 수 있는가?

- **글쓴이의 관심사:** 주제의 어떤 측면이 가장 흥미로운가? 글쓴이는 주제에 대해 강하게 관심을 가질 때 열정적으로 글을 쓸 수 있다. 다양한 관점에서 주제를 보고 가장 관심 있는 관점을 찾는다. 독자가 토픽에 관심이 있을 때 긍정적으로 반응한다.
- **독자의 지식:** 독자를 알면 논술의 목적과 방향에 대한 명확한 감각을 키울 수 있다. 독자에게 무엇을 말하고 싶은가? 독자가 모를 수 있는 지식을 공유하고 싶은가? 독자에게 배경 지식을 제공할 것인가? 이 질문에 답하면 글의 초점이 결정된다.
- **토픽 정보:** 자신의 경험과 이해로 글을 시작하지만 토픽의 개발은 신뢰할 수 있는 정확한 정보의 조사에 달려 있다. 토픽에 대한 기사가 있는가? 출처를 신뢰할 수 있는가? 독자가 출처의 정보를 받아들일 수 있는가? 충분한 정보가 있는 토픽을 선택한다.
- **아이디어 수집:** 학생들은 글쓰기에 대한 아이디어를 수집하는 데 어려움을 겪는다. 브레인스토밍, 읽기 및 인터뷰를 활용하여 글쓰기에 대한 아이디어를 수집할 수 있다.

심화학습 아이디어 수집 기술

- **브레인스토밍:** 글쓰기를 위한 아이디어와 단어 목록을 개발하고, 글의 종류와 독자를 선정하고, 글의 목적을 결정한다. 브레인스토밍으로 새로운 아이디어를 생각하면서 토픽을 작성한다. 또한 종이에 나열된 아이디어를 보면 아이디어 간의 연결을 만들고, 새로운 관점에서 토픽을 다시 볼 수 있다.
- **읽기:** 읽기는 쓸 주제에 익숙하지 않은 학생들에게 매우 유용하다. 독서는 학생들이 주제에 대한 충분한 정보와 흥미로운 어휘를 수집하는 데 도움이 된다. 인터넷, 대학이나 공공 도서관에서 주제에 대한 책이나 기타 출처를 검색할 수 있다. 따라서 읽은 내용에서 아이디어를 적고 주제에 대해 원하는 가장 흥미로운 아이디어 목록을 작성한다.
- **인터뷰:** 쓰기 주제에 대해 전문가와 이야기할 수 있다. 이는 종종 읽기보다 더 흥미롭다. 전문가란 학습자가 쓸 주제에 대한 경험이 있는 사람이다.

3) 토픽 압축

초기 토픽은 아직까지 매우 막연하고 범위가 너무 넓다. 답변을 개발할 때는 토픽의 대상이나 범위가 구체적이고 명확해야 한다. 효과적인 글쓰기는 토픽의 범위를 제한할 수 있는 글쓴이의 능력에 달려 있다. 글쓴이가 토픽에 대해 말할 수 있는 것을 모두 다 쓸 수는 없다. 대부분의 쓰기는 지정된 분량의 제한이 있다. 또한 논술, 사업 보고서, 과학 기사, 연구 보고서 및 논문에는 길이 제한이 있다.

제한된 시간과 주어진 공간에 중요한 정보를 제공하려면 토픽의 압축이 필요하다. 토픽을 압축하는 방법은 매우 일반적인 관심 분야에서 시작한 다음 더 구체적인 문제로 범위를 좁히는 것이다. 예를 들면, 미국 내에서 인종 증오에 대한 토픽을 찾는다면 최근의 아시아계 인종 증오 사태를 도입하면 범위가 더욱 압축되어 주제문을 개발하기 쉽다.

- 초기 토픽: 미국의 아시아계 인종
- 수정 토픽: 미국의 아시아계 인종에 대한 증오

그림 3-23 토픽의 압축

질문은 논술이나 논문의 시작점이다. 토픽은 특정 질문에 답하는 것으로 시작된다. 좋은 토픽은 중요하고 복잡하며 독창적인 질문에서 비롯된다. 뿐만 아니라 질문은 사고의 폭을 깊게 하고 새로운 아이디어를 창출하는 데 유익하다. 주제문은 토픽에 대한 결론이므로 토픽 개발은 답해야 할 명확한 질문에서 시작된다. 따라서 글쓴이는 질문에 답함으로써 독창적인 토픽을 구성할 수 있다.

그렇다면 어떻게 질문하고, 답하고, 토픽을 선정하고, 주제문을 쓰는가? 그것은 바로 질문에 대한 답을 찾는 것인데 과제에 이미 질문이 있을 수도 있지만 그렇지 않은 경우도 있다. 다음은 논증 질문과 설명 질문의 예이다.

- 논증 질문: 인터넷이 교육에 긍정적이거나 부정적인 영향을 미쳤는가?
- 설명 질문: 인쇄기의 발명이 유럽 사회를 어떻게 변화시켰는가?

토픽을 선정하고 주장을 개발하려면 알려진 사실 간의 가능한 관계(예: 대비, 대조, 인과관계)를 찾고, 이러한 관계의 중요성에 대해 고려한다. 이렇게 하면 주요 아이디어를 제시하고 증거로 뒷받침할 수 있는 주장이 있을 것이다. 주장에 증거를 연결할 때는 "왜", "어떻게"라고 질문하고 답변한다. 그리고 조사 후 질문에 대한 답을 만든다. 따라서 질문으로 시작한 다음 그 질문에 대해 답변하면 주제문을 작성할 수 있다.

토픽이 복잡하더라도 질문에 답함으로써 거의 모든 주제문을 구성할 수 있다. 주제문은 결론과 전제를 모두 기술해야 한다. 종종 이것들은 "X 때문에 Y"의 주제문 공식을 취한다. 주제문은 명사와 수식어의 문자열이 아니라 주어와 동사가 있는 문장을 만드는 것이다.

그림 3-24 토픽 추출 과정

표 3-20 질문과 답변

- 질문: 유아들이 대화 놀이 기구를 사용하면 어떤 이점이 있는가?
- 답변: 대화 놀이 기구를 사용하면 유아들이 언어와 사회 교육에서 조기 이점을 얻을 수 있다.

- 질문: 정부는 청년을 지원해야 하는가?
- 답변: 정부는 청년 사업가들에게 자금을 지원해야 한다.

- 질문: 직장에서 두 가지 언어를 말할 수 있다는 것의 가치는 무엇인가?
- 답변: 두 가지 언어를 사용하는 직장인은 중요한 일자리를 얻는다.

- 질문: 정부는 사람들이 음주 운전을 못하게 하는 방법은 무엇인가?
- 답변: 정부는 단속을 통해 음주 운전을 억제할 수 있다.

- 질문: 어떤 형태의 드라마가 유해한가? 그렇다면 유해한 드라마를 금지해야 하는가?
- 답변: 모든 형태의 드라마를 금지해서는 안 된다.

4) 증거 적용

질문으로부터 답변을 찾을 때 적합한 주장의 유형을 선택한다. 예를 들면, 논증 논술인 경우 질문에 대해 주장할 수 있는 아이디어를 찾아내고, 자신의 입장을 결정한다. 그런 다음 주장을 뒷받침할 이유나 증거를 제시한다. 마지막으로 주제문의 방식을 선정하여 논술의 유형을 선택한다. 예를 들면, 논증 논술인 경우 인터넷이 교육에 부정적 영향보다 긍정적 영향이 더 크다고 주장하고, 설명 논술인 경우 인쇄기의 발명으로 사람들이 정보에 접근할 수 있는 구체적인 사실을 찾아낸다.

- 논증 논술 답변: 인터넷은 교육에 부정적 영향보다 긍정적 영향이 더 크다.
- 설명 논술 답변: 인쇄기의 발명은 많은 사람들이 정보에 접근할 수 있음을 의미한다.

논증 논술이나 논문에서 글쓴이는 토픽에 대해 주장하고, 이유나 증거로 주장을 정당화한다. 이 주장은 의견, 정책 제안, 평가, 인과관계 또는 해석 주장일 수 있다. 그러나 이러한 주장은 모든 사람들이 동의하지 않을 수 있는 진술이어야 한다. 논술의 목표는 글쓴이의 이유나 증거를 기반으로 주장이 사실임을 독자에게 확신시키는 것이다. 설명 논술은 독자에게 무언가를 설명하는 것이다. 주제에 대한 세부 사항, 설명 또는 해설을 독자에게 알려준다. 설명 논술을 작성하는 경우 주제문은 독자에게 논술의 내용을 설명한다.

분석 논술이나 논문에서는 문제 또는 아이디어를 구성 요소로 나누고, 문제나 아이디어를 평가하고, 이 분석 및 평가를 독자에게 제시한다. 따라서 분석 논술은 주제를 하나씩 관찰하고 분석하기 위해 토픽, 과정 또는 대상을 세분화한다.

표 3-21 주제문의 유형별 질문

유형	질문
논증 주제문	• 글쓴이의 주장은 무엇인가? • 주장을 뒷받침해야 하는 이유는 무엇인가? • 이유를 어떤 순서로 제시하는가?
설명 주제문	• 무엇을 설명하려고 하는가? • 설명을 어떻게 분류하는가? • 설명을 어떤 순서로 제시하는가?
분석 주제문	• 무엇을 분석했는가? • 분석에서 무엇을 발견했는가? • 발견을 어떻게 분류할 수 있는가? • 발견한 내용을 어떤 순서로 제시하는가?

표 3-22 토픽의 주제문 전환

토픽	주제문
음악 불법 복제	음반 업계는 음반 불법 복제가 수익을 줄이고 시장을 파괴할 것이라고 우려한다.
미디어 장비에서 사용할 수 있는 소비자 선택의 수	모두가 최신의 디지털 기술을 원하지만 선택의 폭이 넓고 사양이 종종 혼란스럽다.
전자책과 온라인 신문의 시장점유율	전자책과 온라인 신문은 우리가 알고 있는 인쇄 매체의 종말을 가져올 것이다.
온라인 교육과 뉴미디어	언젠가 학생과 교사는 온라인 교실에서 아바타를 볼 것이다.

5) 입장 선택과 주제 작성

논술은 특정한 입장을 취하고 주장하는 주제문을 가지고 있다. 이것이 바로 논술의 유형이다. 주제가 결정되면 작성중인 논술의 유형을 결정한다. 논증, 설득, 정보, 분석, 인과관계 등 여러 유형 중에서 주제에 맞는 유형을 찾는다. 다양한 유형의 논술이 있는 것처럼 다양한 유형의 주제문이 있다. 논술의 주제문은 논술과 일치해야 한다. 예를 들어, 정보 논술을 사용하는 경우 정보 주제문을 작성한다.

글쓴이는 논술에서 글쓴이의 입장를 선언하고 제시한 결론으로 독자를 인도한다. 예를 들면, 김치에 관한 논술은 독자에게 토픽(김치의 종류)과 논술이 취할 입장(김치가 어떻게 만들어지는지 설명)을 보여준다. 김치의 종류와 김치 제조 과정을 설명하는 주제문은 토픽과 입장이 결합된 주제문이다.

그림 3-25 **토픽과 입장**

토픽		입장
김치의 종류	+	김치가 어떻게 만들어지는지 설명

▣ 논증 주제문

논술은 대부분 설득을 목적으로 한다. 설득은 논증 논술로 글쓴이의 의견과 그것이 사실인 이유가 포함된다. 논증 논술은 논란이 되는 문제에 대한 입장을 취하고, 그 입장에 찬성하여 증거를 제시하는 글이다. 논증 논술은 핵심 문제에 대해 주장하고, 이 주장을 구체적인 증거로 정당화한다. 주장은 의견, 제안, 평가, 인과관계 진술 또는 해석일 수 있다.

논술의 목적은 제공된 증거를 바탕으로 주장이 사실이라는 것을 설득하는 것이다. 이 설득 주제문에서 글쓴이의 의견(최고의 김치 유형)이 있는데, 이는 글쓴이가 입장을 선택했음을 뜻한다. 따라서 글쓴이는 자신의 의견이 옳다고 주장한다.

논증 주제문

- 배추김치는 발효성분이 있고, 만들기 쉽고, 맛이 좋기 때문에 최고의 건강식품이다.

▣ 정보 주제문

정보 논술은 가장 일반적인 학술 논술 중 하나이다. 그것은 당면한 문제 또는 현상에 대해 독자에게 알리는 것을 전제로 한다. 정보 논술의 목적은 특정 주제에 대해 독자를 교육하는 것이다. 따라서 이러한 논술은 독자에게 주제에 대한 포괄적인 세부 정보를 제공한다.

글쓴이가 논술을 논리적으로 개발하려면 논의된 문제에 정통하고, 논의된 문제를 다른 관점에서 제시하고, 명확한 언어를 사용하여 문제를 설명해야 한다.

정보 주제문

- 배추김치를 만들기 위해서는 재료를 구하고, 배추를 절인 후 씻고, 양념을 뿌린다.

정보 논술은 특정 주제, 과정 또는 아이디어에 대해 명확하고 집중된 설명을 제공하는 글이다. 특정한 주제(예: 논술, 청년 실업률, 지구 온난화, 증오범죄, 차별 등)에 초점을 맞추고 정보를 제공할 수 있는 방법을 검토한다. 즉, 누가, 무엇을, 어디서, 언제, 왜 등에 답한다. 물론 어떤 일을 하는 방법을 나타내는 "어떻게"라고 대답할 수도 있다. 정보 논술은 글쓴이의 의견을 표현하거나 다른 사람이 특정한 행동이나 입장을 취하도록 강요해서는 안 된다. 따라서 글쓴이가 제시하는 풍부한 흥미로운 정보 덕분에 독자들은 스스로 설득 정보를 찾을 수 있다.

정보 주제문

- 역사상 가장 훌륭한 리더의 공통된 특성은 정직, 공감과 포용이다.

▣ 분석 주제문

분석 논술은 문제 또는 아이디어를 구성 요소로 분류하고, 문제 또는 아이디어를 평가하고, 이러한 분류와 평가를 독자에게 제시한다. 즉, 분석 논술은 주요 문제를 여러 영역으로 나누고 하나씩 설명한다. 분석 논술은 주제에 대한 독자의 지식과 이해를 높이는 데 목적이 있다.

분석 논술은 특정한 주제, 논픽션 작업 또는 모든 형태의 예술에 대해 작성할 수 있다. 글쓴이는 문장을 뒷받침하는 증거를 사용하여 주제에 대한 자신의 관점을 제시한다. 학교 수업에 가장 적합한 논술을 작성하려면 분석 논술 작성 방법을 배우는 것이 필수적이다.

분석 주제문

- 그 영화는 정의와 평화를 위해 싸우는 영웅의 이야기였다.

▣ 인과관계 주제문

원인과 결과 논술은 무엇인가? 원인과 결과 논술은 한 사건(원인)이 어떻게 다른 사건(결과)으로 이어지는지 알려준다. 예를 들면, 특정한 날에 사건이 발생하는 이유와 어떤 행동 또는 현상의 결과에 관한 학술 논술이 있다. 논술은 원인에 더 초점을 맞추거나 결과에 더 집중할 수 있으나 두 방법 모두 유용하다. 특히 여러 원인과 여러 결과를 혼합하는 것은 초점이 명확하지 않을 수 있으므로 좋은 방식이 아니다.

원인과 결과 논술에서 한 사건이 다른 사건에 선행했기 때문에 전자가 후자를 일으켰다고 제안할 수 있다. 그러나 하나의 사건이 다른 사건을 선행했다고 해서 두 사건이 관련되어 있다는 것은 아니다. 예를 들어, "사람들은 종종 세차를 하면 비가 내리기 시작한다"고 불평한다. 분명히 세차는 비를 일으키지 않는다. 이와 같이 글쓴이는 그들이 설명하는 원인과 결과가 논리적으로 연결되어 있는지 아닌지 확인해야 한다.

인과관계 주제문

- 기업의 공헌 활동은 기업의 이미지를 강화한다.

▣ 논증과 설명 주제문

글쓴이는 자신의 답변이나 의견에 독자가 동의하도록 설득하는 방법을 고려한다. 논증 주제문은 단지 입장을 진술하는 것이 아니라 주장과 이를 뒷받침하는 이유나 증거를 제시하는 것이다. 예로 든 인터넷과 교육에 관한 논술에서 주제문은 자신의 입장을 밝히고 이를 뒷받침하는 데 사용할 이유나 증거를 제시한다. 인쇄기에 관한 설명 주제문은 설명할 주요 역사적 발전을 요약한다. 따라서 설명 논술은 독자에게 무언가를 설명하는 글이다.

논증 주제문과 설명 주제문

- **논증 주제문**: 인터넷 사용 교육의 많은 이점은 단점보다 더 크다. 인터넷은 정보에 대한 쉬운 접근, 다양한 환경 경험, 학생과 교사에게 유연한 학습 환경을 제공한다.
- **설명 주제문**: 15세기 인쇄기의 발명은 유럽에서 활발한 정보 유통을 가능하게 하여 종교개혁의 길을 열었다.

심화학습 인쇄술과 종교개혁

독일의 성직자였던 루터가 1517년 95개 항목을 제시하며 가톨릭 및 교황청을 비판했다. 교황이 루터 및 종교 개혁가들에게 파면을 선언했으나 급진적인 개혁의 불길은 순식간에 전파되었다. 이러한 개혁의 급격한 전파 및 궁극적 성공은 인쇄술 때문이었다. 루터의 저서는 3년여 기간 동안 30판 넘게 인쇄되어 유럽 각국에 배포되었다. 역사가들은 만일 루터가 인쇄술이 발명된 시기가 아닌 시기에 교황청을 부정하는 주장을 했다면 성공한 개혁가가 아니라 이상한 주장을 한 이단자였을 것이라고 평가한다.

심화학습 주제문 테스트

- 주장과 논증이 있는가?
- 토픽이 충분히 좁고 구체적인가?
- 주제가 간결하고, 구체적이고, 논증할 수 있는가?
- 증거와 반례를 충분히 논증할 수 있는가?
- 주장에 사용할 수 있는 충분한 증거 자료가 있는가?
- 추가적인 수정이 필요한가?

9. 주제문의 고려 사항

주제문은 일반적으로 하나의 간결한 문장으로 토픽과 주장이 포함되어 있다. 독자에게 관심을 주는 주제문을 개발할 때 고려해야 할 요소가 있다. 주제문을 작성하는 것은 논술의 다른 부분보다 더 많은 생각이 필요하다. 논술을 작성할 때는 형식뿐만 아니라 길이, 논술의 위치, 논증의 강도와 같은 특성을 고려해야 한다. 특히 주제문이 강해지려면 논증의 여지가 있어야 한다. 이것은 모든 사람이 사실에 동의한다는 것을 의미하지 않는다.

주제문을 개발할 때는 먼저 토픽을 찾아야 한다. 토픽은 지정된 경우가 있을 수 있으나 글쓴이 관심이 있는 데서 찾는 경우가 더 많다. 따라서 주제 개발은 사고와 창조 과정이라고 할 수 있다. 많은 아이디어를 창안할 수 있는 방법 중의 하나가 바로 브레인스토밍이다. 브레인스토밍을 통해서 토픽을 도출한다. 창안된 토픽을 근거로 하여 주제를 구성하는 간단한 방법은 "나는 ~ 라는 것을 믿는다"를 작성하고, 논술에서 논의할 핵심 주제를 포함하는 간단한 주장을 추가하는 것이다.

① 한국의 문화적 정체성은 예술, 문학과 영화로 정의될 수 있다고 나는 믿는다.

이 주제문(①)은 초기 형태로 논의해야 할 점이 나타나 정교화 작업이 필요하다. 이러한 정교화 작업은 발전의 토대가 된다. 문화적 정체성과 관련하여 예술, 문학, 영화의 세 가지 주요 아이디어를 논의한다. 또한 현재로서 이 주제문은 글쓴이가 자신의 의견이나 생각이라고 주장하기에는 다소 약하다. 논증이나 주장으로 만들려면 "글쓴이 1인칭"이 문장에서 제외되어야 한다. 주제를 강력하고 독립적인 주장으로 바꾸는 첫 번째 단계는 문장에서 "나는 믿는

다"를 삭제하는 것이다.

> ② 한국의 문화적 정체성은 예술, 문학과 영화로 정의될 수 있다.

초기 주제문(①)을 약간 수정한 주제문(②)은 아직도 약간 약한 부분이 존재한다. 글쓴이는 비로소 진술문에서 배제되었지만 이 주장에는 여전히 어색한 곳이 있다. 이것은 용어 선택이 중요하다는 의미이다. 용어 선택의 핵심은 주장을 더욱 강력하고 단호하게 만드는 단어를 사용하는 것이다. 그래서 이 진술문을 토픽과 주장 형식으로 수정한다. 즉, SXY 주제문 공식을 적용한다. 또한 진술문에서 수동적인 목소리를 제거하면 진술문에 힘을 더할 것이다. 따라서 주제문 공식을 적용하고 수동적인 목소리를 제거하면 최종으로 수정된 주제문(③)이 된다.

> ③ 예술, 문학과 영화는 한국의 문화적 정체성을 정의한다.

최종 수정한 주제문(③)은 토픽이 "예술, 문학과 영화"이며 "한국의 문화적 정체성을 정의한다"는 주장이 된다. 이제 주제문 공식에 맞게 수정되어 논증이 시작될 수 있다. 이것은 최고의 주제문은 아니지만, 주제문을 작성하고 수정하는 방법을 보여주기 위한 것이다. 만약 이 주제문이 사용된다면 더 구체적으로 만들기 위해 수정할 필요가 있다. 즉, 예술, 문학 및 영화의 유형에 대한 설명이 필요할 것이다.

그림 3-26 토픽과 주장

토픽	주장
예술, 문학과 영화는김치의 종류	한국의 문화적 정체성을 정의한다.

주제문은 부정문이 아니라 긍정문으로 만든다. 이것은 누군가가 하지 않은 일이 아니라 한 일, 문제가 발생하지 않은 것이 아니라 발생한 것, 글쓴이가 모르는 것이 아니라 아는 것을 말하는 진술문을 의미한다. 주제문에서 부정문은 주의해야 한다. 주제문을 부정적인 주장으로 만드는 문제를 해결할 유일한 방법은 긍정적인 주장을 하는 것이다. 주제문이 부정적으로 표현된 경우, 아직 말해야 할 내용을 아직 말하지 않았다는 것이다. 따라서 주제문은 긍정적 주장으로 표현하는 것이 바람직하다.

심화학습 주제문 브레인스토밍

브레인스토밍(brainstorming)은 특정한 문제의 해결책을 찾기 위해 여러 사람이 생각나는 대로 자유롭게 아이디어를 창안하는 방법이다. 또한 창안한 아이디어들을 개선하거나, 결합하거나, 변경하면 더 많은 아이디어를 창안할 수 있다. 이 기법은 생각한 아이디어에 꼬리를 무는 식으로 아이디어를 개발할 수 있다. 따라서 주제문을 개발할 때에도 브레인스토밍 기법을 효과적으로 활용할 수 있다. 다음은 브레인스토밍을 활용하여 드라마를 시청하면서 스스로 질문하고, 아이디어를 창안하여 주제문으로 전환하는 예이다.

▣ 드라마 시청 중 질문

- 드라마에는 흥미로운 토픽이 있는가?
- 놀라게 하는 토픽이 있는가?
- 궁금해 하는 토픽이 있는가?
- 문제가 되는 토픽이 있는가?
- 비교, 대조 또는 패턴이 있는가?
- 토픽을 결합할 수 있는가?
- 토픽을 수정할 수 있는가?

▣ 질문을 주제로 전환할 수 있는가?

- 질문을 주제문으로 전환
- **주제 선택**: 드라마 폭력과 청소년
- **질문**: 드라마 폭력이 청소년에게 미치는 영향은 무엇인가?
- **주제 전환**: 드라마 폭력은 청소년의 공격적인 행동을 증가시킨다.

논술의 본론

Chapter 04

기회는 어둠속에 머물러 있다.
눈을 크게 뜨면 기회를 발견할 수 있다.

1. 본론의 구조

서론에서 언급했던 대주제문을 독자들이 자세하게 알게 하는 것이 본론의 역할이다. 본론은 대주제문에 제시된 근거의 수에 해당하는 단락으로 구성된다. 또한 단락에는 하나의 분명한 단락 주제문이 있어야 한다. 단락도 하나의 논술 구조로 간주하여 대주제문과 연관된 단락 주제문을 구성한다. 논술의 본론은 논증을 전달하고 주제문을 뒷받침하는 증거를 제공하는 곳이다. **본론 단락은 단락 주제문, 설명과 증거, 연결의 네 가지 주요 영역으로 구성된다.** 이러한 구조는 명확하고 간결한 정보를 제공하고 단락이 주제문에 초점을 맞출 수 있다.

논술, 논문, 기사, 보고서에는 글쓴이가 설정한 단락 주제문만큼 단락이 필요하다. 단락이 적절하게 연결되면 독자는 자연스럽게 논술의 결론에 이른다. 본론은 토픽의 주제문에 따라 여러 단락으로 구성된다. 각 단락은 그 자체로 작은 논증이며, 단락이 합쳐지면 독자는 명확한 결론에 이르게 된다. 논술은 일련의 단락으로 작성되며 본론은 전체 단어 수의 약 80%를 차지한다. 먼저 본론을 작성하고, 그런 다음 결론 및 마지막으로 서론을 작성하는 것이 논술 작성에 바람직하다.

그림 4-1 본론의 구성

본론

단락 1의 주제문
설명
증거
연결

단락 2의 주제문
설명
증거
연결

단락 3의 주제문
설명
증거
연결

2. 단락의 작성

1) 단락의 의미

새로운 이야기가 시작되면 행을 바꾸어 문장을 쓰는데, 새로운 행이 시작되어 다음 새로운 행이 시작되기 직전까지의 글을 단락 또는 문단이라고 한다. 문장은 그 자체로 완전한 단어 집합으로 주어와 술어를 포함하고, 단락은

몇 개의 문장이 모여서 하나의 중심 생각을 나타낸다. 이러한 단락은 논술이나 논문의 핵심 구성 요소이다. 논술은 3~5개의 본론 단락으로 구성되고, 한 단락은 논술에서 최소한 4개의 문장이 필요하다.

단락을 구성하는 것은 문장의 수가 아니라 문장들 사이 아이디어의 통일성과 일관성이다. 강력한 단락에는 하나의 주장을 중심으로 통합된 문장이 포함된다. 문단이 완성되면 독자를 논술로 끌어들이고, 읽은 내용을 이해하도록 안내한다. 작성하는 모든 내용은 단락 주제문에 표현된 중심 아이디어와 관련되어야 한다. 단락은 시간, 장소나 내용에 변화가 있거나 강조할 때 변경하고, 단락과 단락을 접속사로 연결하지 않는다. 다음은 새로운 단락을 시작하는 이유이다.

- 새로운 아이디어로 전환하고 있음을 보여주기 위해
- 시간이나 장소의 변화를 보여주기 위해
- 대비를 강조하기 위해
- 대화에서 화자 변경을 나타내기 위해
- 독자들에게 잠시 멈출 기회를 주기 위해

2) 단락의 배치 방법

전체의 주제문인 대주제문처럼 단락 주제문은 소주제문이다. 몇 개의 문장이 모여서 하나의 소주제를 설명하거나 기술하는 단락은 주제문이 단락에 배치되는 위치에 따라서 두괄식, 미괄식과 양괄식으로 구분한다.

두괄식 단락은 단락의 앞부분에 소주제문이 먼저 배치되지만 미괄식 단락은 소주제문이 단락이 마지막 부분에 배치된다. 양괄식 단락은 소주제문이 단락의 앞과 끝에 두 번 배열된다. 일반적으로 논술이나 논문에서 대주제문은 서론 단락의 끝 부분에 배치되는 미괄식을, 소주제문은 본론 단락의 앞부분에 배치되는 두괄식을 사용한다. 양괄식은 본론 단락의 앞부분과 끝부분에 소주제문을 제시하는 방식인데 주제를 강조할 때 사용한다.

그림 4-2 단락의 배치 방법

두괄식	=	주제문	+	지지문장		
미괄식	=	지지문장	+	주제문		
양괄식	=	주제문	+	지지문장	+	주제문

3) 단락의 구조

글쓴이가 독자에게 전달하려는 요점은 무엇인가? 단락을 구성하는 정보는 항상 주제문과 관계가 있어야 한다. 주제문이 무엇인지 결정한 후에는 전체 논술에서 해당 아이디어를 지원하고 유지하는 데 도움이 되는 지지 정보를 선택한다. 이 지지 정보는 논술의 단락을 구성하는 문장의 형태를 취한다. 단락 개발은 아이디어로 시작된다. 아이디어가 있어야 단락이 전개될 수 있다. 단락의 아이디어는 주제문에 포함되고, 단락은 전체 주제와 연결된 새로운 단일 아이디어이다. 아이디어에 대한 모든 진술은 증거나 예로 강화된다. 단락을 구성하는 좋은 방법은 단락의 TEEL 구조를 따르는 것이다. TEEL 구조는 단락 주제문, 설명, 증거와 연결 문장 등으로 구성된다. 따라서 단락의 TEEL 구조는 아이디어를 탐구하고 주장과 증거를 제공하는 곳으로 단락의 핵심 구조이다.

그림 4-3 **단락의 TEEL 구조**

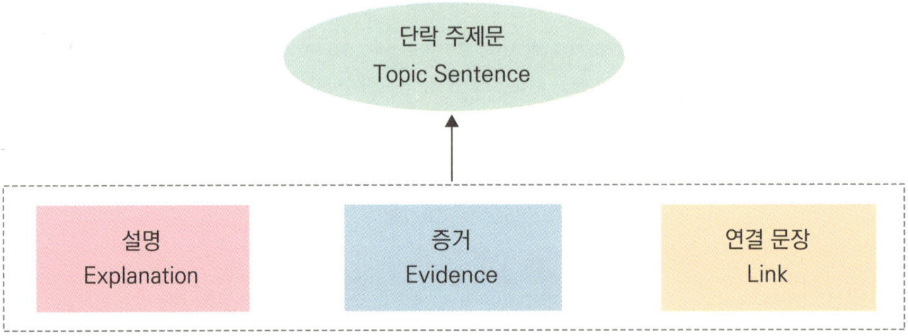

그림 4-4 **그림 TEEL 구조와 의미**

단락 주제문 (Topic Sentence)	독자에게 단락의 주요 아이디어를 설명한다. 단락 주제문은 대주제문과 연결된다.
설명 (Explanation)	단락 주제문이 의미하는 바를 설명한다. 독자가 주제를 이해할 수 있도록 주제에 대해 자세히 설명한다.
증거 (Evidence)	주장을 뒷받침하는 증거를 제공한다. 사실, 인용, 통계, 증언 등 증거를 사용한다.
연결 문장 (Link)	아이디어를 단락 주제문과 연결하여 단락을 요약한다. 단락의 결론이 얼마나 중요한지를 독자에게 설명한다.

4) 관련 용어

논술을 잘하려면 우선 논술 관련 개념의 이해가 필요하다. 사실 진술은 참 또는 거짓으로 확인할 수 있는 진술이다. 예를 들면, “나는 월요일에 학교에 갔다”. 이러한 사실 진술은 참인 진술이나 논란의 여지가 없는 요점이므로 주제문이 아니다. 의견은 증거로 입증되지 않은 신념이나 논증의 여지가 있다.

주장은 논증이 될 수 있는 의견이나 입장으로 무엇이 참이고 좋은지 또는 무엇을 행하거나 믿어야 하는지에 대한 진술이다. 주장은 글의 목표, 방향 및 범위를 정의한다.

논증은 증거에 의해 뒷받침되는 주장이다. 따라서 논증은 명백히 사실도 거짓도 아니지만, 합리적으로 반대할 수 있고, 증거를 통해 입증되거나 반증될 수 있는 진술이다. 논증은 글쓴이의 입장을 주장하는 글이다. 그러나 질문, 모호한 진술 또는 인용문은 글쓴이의 관점을 주장하지 않기 때문에 논증 논술이 아니다. 이처럼 논증 진술은 사실을 제공하고 특정 관점을 입증하는 글이다.

심 화 학 습 **주제문과 관련된 용어 정리**

- **논거**: 논리적 근거
- **논의**: 여럿이 모여 서로의 의견을 말하고 의논함
- **논설**: 이치를 들어 주장을 논하고 설명함
- **논술**: 이치를 따져 논리적으로 의견을 서술함
- **논점**: 논의에서 견해나 의견의 요점
- **논제**: 논의해야 할 문제
- **논증**: 증거로 주장을 증명한다.
- **논지**: 논의의 핵심적인 취지
- **논평**: 옳고 그름에 대해 논하고 평가함
- **사실**: 실제로 이루어진 일이나 일어난 일
- **의견**: 어떤 대상에 대하여 가지는 생각
- **주장**: 논증이 될 수 있는 의견이나 입장
- **증거**: 주장을 입증하는 데 사용되는 근거
- **추론**: 어떠한 판단을 근거로 삼아 다른 판단을 이끌어 냄
- **추리**: 알고 있는 것을 바탕으로 알지 못하는 것을 미루어 짐작함

표 4-1 사실, 의견과 논증의 예

사실	고양이는 동물이다.
의견	고양이는 영리하다고 생각한다.
주장	고양이가 다른 고양이를 할퀴는 것은 서열을 무시당했기 때문이다.
논증	고양이는 영리하기 때문에 어린이에게 지적 발달을 촉진시킨다.

표 4-2 의견과 주장

의견	논증 가능한 주장
배는 맛있다.	배는 식감과 과즙이 다른 과일보다 맛이 좋다.
나는 트롯 음악을 좋아한다.	트롯 음악은 애절한 감성 표현으로 인기를 얻었다.
나는 등산이 수영보다 낫다고 생각한다.	등산은 수영보다 더 효과적인 운동이다.
의원은 나쁜 사람이다.	의원은 가짜 뉴스를 퍼뜨려 사회에 해를 끼쳤다.

표 4-3 사실 진술과 주장

사실 진술	주장
유학자는 논술 교재를 쓰고 있다.	유학자는 논술 교재를 쓰는 데 열정적이다.
설연은 미스 트롯에서 우승했다.	미스 트롯은 가장 인기 있는 음악 방송이다.
중학교는 학생들이 공상 과학 소설을 읽도록 권장한다.	중학생이 공상 과학을 읽는 것은 창의적이고 비판적인 능력을 발전할 수 있는 좋은 방법이다.

5) 단락 주제문의 역할

단락 주제문은 소주제문이며 이것은 항상 단락의 첫 번째 문장이다. 또한 단순히 사실 진술이 아니다. 사실은 실제로 있거나 이루어진 일이다. 주제문은 사실에 대한 진술이 아니다. "논증"이라는 단어는 다른 사람을 설득하기 위해 증거를 제시하는 것이다. 논증에는 다른 사람들과 말다툼하는 것처럼 부정적인 의미가 있지만 모든 논증이 부정적이지는 않다. 글쓴이는 단락이 무엇에 관한 것인지, 즉 주제를 독자에게 제시한다. 독자가 그 주제문을 읽었을 때 논의할 내용을 정확히 알 수 있어야 한다. 단락 주제문은 논증을 제공하며 논술 주제와 관련이 있어야 한다.

대주제문(thesis statement)은 논술의 전체 주제문으로 논술의 주요 아이디어를 전달하고 구조와 방향을 제공하는 반면, 단락 주제문(topic sentence)인 소주제문은 토픽(주요 아이디어)과 주장(글쓴이의 특정 입장)을 포함한다. 주제문이 좋은 주장일 때 독자는 호기심을 불러일으킬 수 있다. 따라서 독자들은 마음속으로 어떻게? 어떤 방식으로? 무엇을 의미하는가? 이와 같이 질문할 것이다. 예를 들면, "어제 서울역에서 특이한 경험을 했다"고 한다면 독자들은 무슨 일이 있었나? 왜 특이한가? 등을 마음속으로 생각할 것이다.

- 대주제문(thesis statement): 논술의 전체 주제문
- 단락 주제문(topic sentence): 소주제문

단락 주제문은 단락의 첫 번째 문장으로 소주제문이며 독자에게 해당 단락에서 읽을 내용을 알려준다. 단락 주제문은 증거와 분석을 통해 중요한 내용에 대해 명확하고 간결한 주장을 제공하는 단락의 핵심 문장이다. 단락은 단락 주제문이 필요하고, 단락 주제문은 단락의 주요 아이디어이고, 이 아이디어는 논증(argument)이다. 단락 주제문으로 표현된 아이디어는 논술의 전체적인 주요 목적(서론의 주제문)과 관련이 있어야 한다. 따라서 단락 주제문은 대주제문과 관련이 있어야 하고, 단락의 핵심 아이디어를 간결하게 요약해야 한다.

단락 주제문은 대주제문처럼 단락에서는 가장 중요한 문장이다. 단락 주제문을 작성할 때는 자신의 말로 해야 한다. 단락 주제문은 중심이 되는 단락의 토픽(핵심 문제, 핵심어)과 이 토픽에 대한 주장으로 구성된다. 단락 주제문은 [그림 4-5] 주제문의 구성 공식으로 표시할 수 있다. 예를 들면, 단락 구조(토픽)

는 독자가 글을 이해하는 데 도움이 되기 때문에(근거) 학술 작문에서 매우 중요하다 (주장).

그림 4-5 주제문의 구성 공식

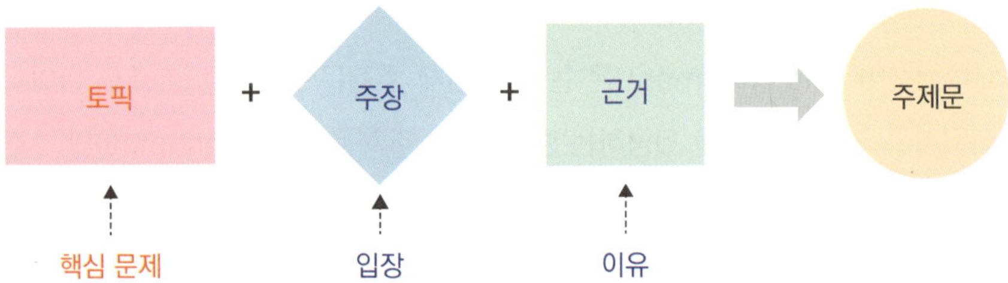

- **토픽**: 단락 구조
- **주장**: 학술 작문에서 매우 중요하다.
- **근거**: 독자가 글을 이해하는 데 도움이 되기 때문에
- **주제문**: 단락 구조(토픽)는 독자가 글을 이해하는 데 도움이 되기 때문에(근거) 학술 작문에서 매우 중요하다(주장).

표 4-4 대주제문과 단락 주제문 비교

유형	대주제문(thesis statement)	단락 주제문(topic sentence)
의미	• 전체 논술이 말하는 내용 • 전체 논술의 내용을 요약한 문장	• 해당 단락이 말하는 내용 • 단락의 내용을 요약한 문장
명칭	대주제문(전체 주제문)	단락 주제문(소주제문)
범위	전체 주제	단락 주제
위치	서론의 마지막 문장	각 단락의 첫 번째 문장
구성	전체의 토픽 + 주장 + 근거	단락의 토픽 + 주장 + 근거

6) 좋은 단락 주제문

단락 주제문은 문단의 중심이다. 단락마다 단락의 주제문을 전개한 하나의 고유한 주요 아이디어가 있고, 주요 아이디어는 한 단락으로 통합된다. 단락 주제문은 단락의 후속 아이디어에 대해 독자를 준비시키기 때문에 독자가 글의 내용을 기억하는 데 도움이 되도록 표현한다. 좋은 단락 주제문은 논술의 가독성을 향상시킬 수 있다. 따라서 단락의 모든 내용은 단락 주제문과 관련이 있어야 하고, 단락 주제문은 서론에 있는 대주제문과 관련이 있어야 한다. 다음은 좋은 단락 주제문이 되는 내용이다.

- 단락의 첫 문장: 단락 주제문은 단락의 첫 문장이다.
- 대주제문과 연결: 단락 주제문은 대주제문에서 논의한 핵심어를 사용한다.
- 단락의 주제 소개: 독자에게 어떤 개념이 논의될 것인지 소개한다.
- 이전 단락과 연결: 현재 단락의 주제를 이전 단락의 주제와 연결한다.
- 논술의 진행 상황 표시: "첫 번째", "두 번째" 또는 "마지막"과 같은 이정표 단어를 통해 논술이 어디에 있고 어디로 향하는지를 독자에게 알린다.

논술은 초등, 중등, 고등, 대학 및 성인들 모두에게 인기 있고 필수적인 과목이다. 또한 대학, 회사, 교사, 공무원 등 시험에서도 주요 과목 중의 하나이다. 논술을 혼자 공부하는 학생이 있는가 하면 학원에서 배우는 학생도 있다. 본서에서는 학생들이 논술 학습에 전념하고 교사의 강의를 잘 듣기 위해 학원에서 자리다툼이 일어나는 경우를 가정하고 간단하게 논술을 분석해 본다. "수강생들의 다툼"이라는 예제를 통해서 단락의 구성 요소를 살펴본다. 예제는 단락 주제문, 설명, 증거와 연결 문장이 있는 논술이다.

심 화 학 습 **논술 수강생들의 다툼 예제**

[단락 주제문] 한 논술 학원에서 벌어지는 "수강생들의 다툼"이라는 소설에서 지은은 점잖게 중립적이었으나 결국 용기와 친절이 부족했다. [설명] 지은은 해성에게 점잖았고, 지은은 학원 주변에서 그를 만나서 논술 학원에 그와 함께 갔지만, 그녀는 친절하거나 다정하게 보이려고 손을 흔들지 않았다. 지은은 그에게 인사할 수도 있었지만, 그녀는 학원에서 그와 함께 앉거나 기꺼이 대화하지 않았다. [증거] 지은이 교실의 맨 앞 책상에 앉기 전에 해성에게 손을 조금 가볍게 흔든 때는 논술 수업의 첫날이었다. 해성과 정숙이가 교실의 자리를 두고 싸웠다. 그때 지은은 교실의 여기저기를 보면서 해성이가 다투는 것을 관망했다. 이것을 아는 해성은 지은이가 자신과 함께 있고 싶지 않았기 때문이라는 결론을 내렸다. [설명] 지은이가 진정으로 해성을 돕고 싶다면, 그녀는 그에게 용감하거나 친절하게 그의 편을 드는 방식으로 그를 도울 수 있었다. [연결 문장] 따라서 아무리 지은이가 교실의 여기저기를 보더라도 해성을 향한 행동은 궁극적으로 용기와 친절이 부족했다.

논술 수강생들의 다툼 단락 주제문

한 논술 학원에서 벌어지는 "수강생들의 다툼"이라는 소설에서 지은은 점잖게 중립적이었으나 결국 용기와 친절이 부족했다.

7) 설명

설명은 주장, 입장이나 증거에 대한 글쓴이의 생각을 독자에게 알려주는 것이다. 증거는 그 자체로 어떤 말을 하지 않는다. 분석과 해석이 없는 증거는 사실이나 사건의 목록에 불과하다. 독자에게 증거가 어떤 의미를 주는지를 설명한다. 증거에 대한 설명은 독자에게 특정 인용문이 왜 중요한지, 그리고 그것이 글쓴이의 주제문을 어떻게 뒷받침하는지 알려준다. 다음은 사건에 대한 단순한 설명이 아니라 충분히 주제를 뒷받침하는 증거가 되는 방법이다.

- 예와 사실을 설명하고 분석한다.
- 예와 사실은 무엇을 알려주는가?
- 예와 사실이 왜 글쓴이의 주장을 뒷받침하는지 설명한다.
- 예와 주제문·논증 사이의 연관성을 설명한다.

글쓴이는 글의 의미를 전달하기 위해 주제문을 설명하고 구체적인 초점을 제공한다. 이때 증거, 예 또는 논증으로 주제문에 제시된 아이디어를 설명하거나 확장할 수 있다. 단락의 주제, 아이디어 또는 입장에 대한 글쓴이의 생각을 설명한다. 이렇게 하면 독자가 단락의 아이디어나 주제문에 제시된 정보를 더 잘 이해할 수 있다. 글쓴이가 말하거나 논증하려는 것이 무엇인가? 글쓴이의 생각은 무엇인가? 예를 들면, 영국인과 전화 통화하고 있다고 가정하면, 영국인은 지금 한국에서 일어나는 일에 대해서 잘 알지 못할 것이다. 그래서 중요하다고 생각하는 것과 논증하려는 것을 더 자세하게 설명하는 한두 문장을 써야 한다. '논술 학원에서 생긴 일' 예제에는 설명이 두 곳 있다.

논술 수강생들의 다툼 설명

- 설명 1: 지은은 해성에게 점잖았고, 지은은 학원 주변에서 그를 만나서 논술 학원에 그와 함께 갔지만, 그녀는 친절하거나 다정하게 보이려고 손을 흔들지 않았다. 지은은 그에게 인사할 수도 있었지만, 그녀는 학원에서 그와 함께 앉거나 기꺼이 대화하지 않았다.
- 설명 2: 지은이가 진정으로 해성을 돕고 싶다면, 그녀는 그에게 용감하거나 친절하게 그의 편을 드는 방식으로 그를 도울 수 있었다.

설명은 글쓴이가 독자에게 주제를 뒷받침하는 이유와 그 주제가 글쓴이의 전반적인 주장과 관련된 이유를 설명하는 단락의 일부이다. 즉, '그래서 뭐?(So what?)'라는 질문에 답하는 곳이다. 이것은 독자에게 단락의 정보가 어떻게 도움이 되며 어떻게 결론을 내릴 수 있는지 설명한다. 글쓴이는 자신의 결론이 옳다고 독자를 설득한다. 또한 글쓴이는 제공된 증거에 대한 분석을 제공한다. 분석은 증거가 단락의 주요 아이디어 또는 주제를 어떻게 뒷받침하는지에 대한 글쓴이의 평가, 해석, 판단 또는 결론이다. 글쓴이는 독자가 증거를 해석하기를 기대해서는 안 되며 오히려 증거를 해석하는 방법을 설명해야 한다. 이러한 설명은 독자가 증거의 맥락에서 주제문이 신뢰할 수 있는 주장이라는 결론을 내리는 데 도움이 된다.

8) 증거

증거는 주제문을 뒷받침하는 근거나 이유이다. 주제문에서 작성한 내용을 왜 믿는가? 주장을 제시했다면 이러한 주장을 뒷받침하고 글쓴이가 옳다는 것을 보여줄 몇 가지 증거나 근거를 제공해야 한다. 글쓴이의 주장이 옳다는 것을 보여주는 어떤 증거가 있는가? 본론에서 글쓴이의 주장을 뒷받침하는 것은 무엇인가? 이것이 사실이라고 생각하게 만드는 것은 무엇인가?

주장을 증명하고자 증거를 사용한 후에 증거를 분석하는 것이 중요하다. 즉, 글쓴이는 제시한 증거를 설명, 확장, 해석 또는 논평하고, 또는 반론을 하고 싶다면 제시한 증거가 틀렸음을 밝힌다. 자신의 중심적인 주장이나 반대하는 주장에 대해 토론하고 그것이 잘못된 이유를 설명하는 것은 주장을 더 강하게 만든다. 다음과 같이 증거를 작성할 수 있다.

논술 수강생들의 다툼 증거

- 증거: 지은이 교실의 맨 앞 책상에 앉기 전에 해싱에게 손을 조금 가볍게 흔든 때는 논술 수업의 첫날이었다. 해성과 정숙이가 교실의 자리를 갖고 싸웠다. 그때 지은은 교실의 여기저기를 보면서 해성이가 다투는 것을 관망했다. 이것을 아는 해성은 지은이가 자신과 함께 있고 싶지 않았기 때문이라는 결론을 내렸다.

증거는 주장의 근거 또는 그것이 옳다는 것을 증명하는 추론이다. 증거는 주제문에 명시된 글의 해석을 뒷받침하기 위해 근거를 통해 주장을 입증하는 것이다. 이처럼 지지 증거는 단락의 주장에 대한 사실, 인용, 예나 통계와 같은 세부 정보이다. 따라서 증거가 요점을 어떻게 뒷받침하는지 설명, 분석 또는 해석하는 문장을 적어도 한두 개 작성해야 한다. 지지 증거를 구성하는 방법은 다음과 같다.

그림 4-6 증거 구성 방법

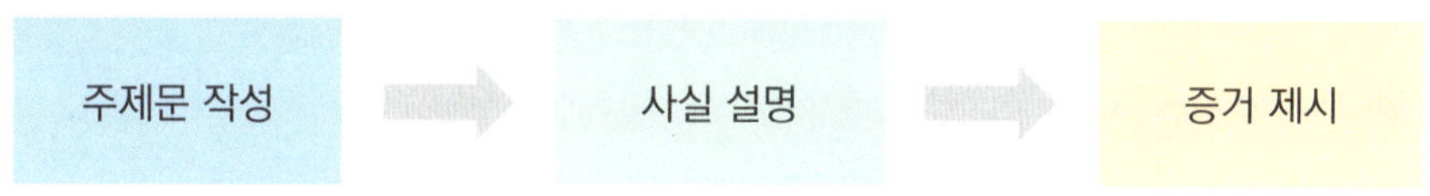

- 먼저 단락 주제문을 작성한다. 이것은 단락의 첫 번째 문장이다.
- 다음으로 논증 또는 주제문이 사실이라고 것을 설명한다.
- 마지막으로 주장을 뒷받침하는 증거(사실, 인용, 예 및 통계)를 제시한다.

지지 문장

- 지지 문장이란 무엇인가? 주제문 뒤에 와서 단락의 본론을 구성한다.
- 지지 문장은 무엇을 하는가? 주요 아이디어를 지원하기 위한 세부 정보를 제공한다.
- 지지 문장을 어떻게 작성하는가? 뒷받침하는 사실, 인용, 예나 통계를 제시한다.

심화학습 **지지 문장의 분석**

자동차에는 중요한 단점이 있는데 그것은 자동차가 만들어내는 오염이다. 내연기관 자동차는 휘발유 또는 디젤 연료로 작동하며, 둘 다 화석 연료이다. 이러한 연료를 태우면 자동차는 이산화탄소, 일산화탄소 및 아산화질소와 같은 심각한 오염 물질을 배출한다. 이러한 가스는 건강에 해로운 호흡기 질환 및 기타 질병을 유발할 뿐만 아니라 지구 온난화에 영향을 준다. 미국 교통안전청(2025)에 따르면 미국의 교통수단은 미국 전체 이산화탄소 생산량의 30%를 차지하며, 이러한 배출량의 60%는 자동차와 트럭에서 발생한다. 요컨대, 오염은 자동차의 주요 단점이다.

단락 유형의 분석

- 사실: 자동차 엔진의 연소 연료(휘발유 및 디젤)는 오염 물질을 배출한다.
- 사례: 자동차는 이산화탄소, 일산화탄소, 아산화질소를 배출한다.
- 사실: 오염 물질은 건강에 해롭다.
- 사례: 오염 물질은 호흡기 질환을 유발한다.
- 사실: 오염 물질은 지구 온난화에 영향을 준다.
- 통계: 미국에서 이산화탄소의 30%는 운송에서 발생한다.
- 통계: 이러한 배출량의 60%는 자동차와 트럭에서 발생한다.
- 인용: 이 정보는 미국 교통안전청(2025)에서 가져온 것이다.

결론 문장

- 요컨대, 우리의 건강과 환경에 대한 해악은 자동차로 인한 오염이다.

9) 연결 문장

연결 문장은 선택 사항이지만 포함하면 논증의 흐름을 좋게 하는데, 이것은 단락과 단락을 연결하는 단락의 결론 문장이다. 단락을 문장으로 요약하고, 이 문장을 단락 주제문과 다시 연결한다. 이것은 주장을 설명하고 증거를 제공한 후에 이루어진다. 연결 문장은 단락의 끝에 나오지만 다음 단락의 시작 부분에서도 똑같이 효과적일 수 있다. 또한 연결 문장은 단락의 아이디어 완성 또는 다음 단락으로의 전환에 필요하다. 예를 들어, "이것은 ~라는 것을 보여준다"라고 작성하여 연결 문장을 시작할 수 있다. 이와 같이 연결 문장은 주제문과 매우 유사하다. 따라서 연결 문장은 주제문과 연결하고 해당 단락에서 제공한 증거에 대한 간단한 결론을 제공하는 단락의 결론 문장이다. 다음은 연결 문장의 예이다.

논술 수강생들의 다툼 연결 문장

따라서 아무리 지은이가 교실의 여기저기를 보더라도 해성을 향한 행동은 궁극적으로 용기와 친절이 부족했다.

각 단락은 단락에서 제기된 아이디어를 모으는 최종 연결 문장으로 끝나고, 단락에서 언급한 정보를 요약하고, 때로는 다음 단락으로의 전환 역할을 한다. 다음 단락이 시작하기 전에 특정 아이디어나 생각의 결과를 마무리한다.

단락의 분석은 증거가 주장을 어떻게 뒷받침하는지 설명한다. 그것은 서로 간의 직접적인 연결을 확장함으로써 증거와 주장을 발전시킨 것으로 단순한 줄거리 요약이 아니다. 따라서 독자는 연결 문장을 통해 해석과 분석에 집중할 수 있다. 다음은 연결 문장의 기능이다.

- 단락의 요점을 요약한다.
- 단락에 제시된 정보를 기반으로 결론을 도출한다.
- 단락 내용의 관계를 강화한다.
- 다음 단락으로 전환한다.

10) 단락 작성의 비결

단락은 단일 주제를 다루는 관련 문장의 집합이다. 하나의 단락도 하나의 논술로 간주하고 단락 안에 서론, 본론과 결론이 들어있다고 가정하고 글을 쓴다면 우수한 단락이 될 수 있다. 우수한 단락은 또한 독자가 글을 따라가는 데 큰 도움이 된다. 따라서 환상적인 아이디어를 가질 수 있지만 이러한 아이디어가 체계적으로 제시되지 않으면 독자의 집중을 잃게 된다. 글을 이해하기 쉽게 만드는 우수한 단락 작성의 요소가 있다.

그림 4-7 **우수한 단락 작성의 요소**

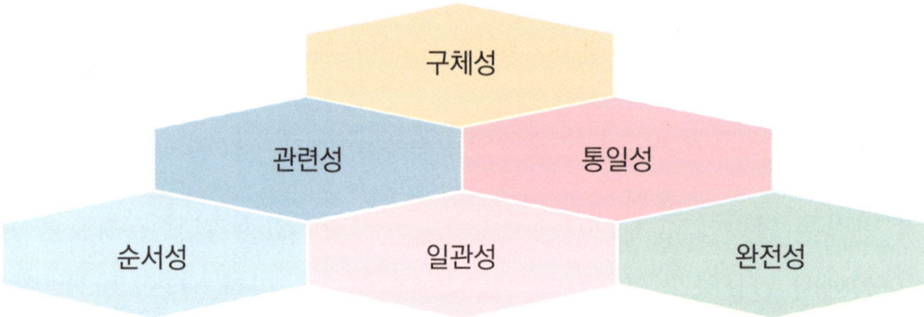

- 구체성: 주장과 증거를 확장하기 위해 사용하는 사례는 구체적이어야 한다. 이것은 토픽의 범위를 좁히고, 글쓴이의 주장에 대해 의심의 여지를 없게 한다.
- 관련성: 주제와 관련이 있어야 한다. 지지는 주장을 설명 또는 증명한다. 주장을 증명하려면 단락에서 가장 적합한 근거를 선택한다.
- 통일성: 단락의 통일성은 단락 주제문으로 시작된다. 단락은 주제문을 중심으로 통일되고, 세부 사항과 논증을 제공하는 지지 문장이 있어야 한다.
- 순서성: 순서성은 지지 문장을 구성하는 방법인데 시간순, 중요도 또는 논리성이 있다. 독자는 글쓴이가 정한 패턴을 따라간다. 순서는 독자가 작가의 의미를 이해하고 혼란을 피하는 데 도움이 된다.
- 일관성: 단락 내의 문장은 서로 연결된다. 일관성을 유지하기 위해 전환 단어를 사용한다. 이 단어들은 한 문장에서 다음 문장으로의 다리를 만

든다. 순서(첫째, 둘째, 셋째), 공간적 관계(위, 아래) 또는 논리(더욱이, 사실상, 추가로)를 나타내는 전환단어를 사용할 수 있다.

- 완전성: 모든 문장은 주제문을 뒷받침한다. 주제를 증명하는 문장이나 정보가 충분하지 않으면 단락이 불완전하다. 단락은 단락 주제문, 설명 문장, 증거 문장과 연결 문장이 필요하다.

한 단락은 하나의 토픽을 다루는 "1단락 1토픽 원칙"이 적용된다. 그래야 특정 아이디어에 초점을 맞춘 정의된 단락은 논술의 흐름을 유지하고 독자에게 핵심적인 주장을 명확하게 제시한다. 따라서 논술에서 단락은 논술의 주제문을 뒷받침하는 한 가지 아이디어를 자세히 설명한다. 본론의 각 단락에는 단락 주제문, 단락 주제문을 뒷받침하는 증거 문장, 설명 문장 및 연결 문장이 포함된다. 단락의 연결 문장은 주요 아이디어를 요약하는 문장이다.

11) 전환단어

주제를 끝내고 독자를 다음 주제로 이끌 때 전환단어로 시작한다. 모든 단락은 이전 단락과 관계가 있어야 하고, 그래서 연결단어가 필요한 것이다. 전환단어 또는 연결단어는 단어, 구 또는 문장을 연결해주는 연결어구이다. 연결어구를 사용하면 독자가 하나의 아이디어에서 다음 아이디어로 진행하는 데 도움이 된다. 전환단어나 구를 사용하면 두 문장이 하나의 문장이 된다. 전환단어, 주제문, 구성 및 관계를 사용하여 단락 전환을 개선하면, 독자는 처음부터 끝까지 생각 과정을 계속 따라갈 수 있다. 따라서 전환단어는 아이디어의 순서를 알리고, 관계를 강조하고, 개념을 통합하고, 독자에게 다음에 올 내용을 알리거나 이미 다룬 내용을 상기시킨다.

심화학습 전환단어의 유형

- 강조: 아이디어나 특정 사실을 강조한다.
- 사례: 글에서 예와 삽화를 소개한다.
- 첨가: 다른 아이디어, 개념 및 항목에 정보를 추가한다.
- 대조: 대조적이거나 반대되는 아이디어, 개념 또는 이론을 소개한다.
- 유사점: 서로 유사한 아이디어, 이론 및 개념을 소개한다.
- 인과관계: 원인과 결과 사이의 관계를 나타낸다.
- 중요도: 중요도 측면에서 정보를 평가한다.
- 도입: 추가적인 설명을 위해서 사례나 이론을 도입한다.
- 논리 추론: 아이디어, 개념, 이론 및 사실 간의 논리적 관계를 나타낸다.
- 가능 관계: 아이디어, 이론 또는 개념 간의 가능한 연관성을 강조한다.
- 시간: 시간에 따라 달라지는 아이디어, 이론 또는 개념 간의 연관성을 나타낸다.
- 요약: 아이디어, 개념 또는 이론을 요약한다.

표 4-5 전환단어의 종류와 예

종류	단어/예제
강조	무엇보다도, 특히, 실제로, 사실은, 분명히, 중요하게, 절대적으로, 결코, 전혀, 조금도, 확실히, 긍정적으로, 진정으로, 심지어, 물론, 당연히, 도대체, 도무지, 오히려
	예) 논술은 비판적 사고에 필요하다. 특히, 논술은 대입이나 취업 시험에 필수적이다.
사례	예를 들어, 와 같이, 처럼, 즉
	예) 시험 전에는 긴장을 풀어줘야 한다. 예를 들어, 주먹을 쥐고 긴장을 푼다.
첨가	추가로, 다시, 또한, 그런데, 과연, 우선, 또는, 더욱이, 게다가, 이외에도, 뿐만 아니라, 마지막으로, 첫째, 둘째, 부수적으로, 마찬가지로, 더 나아가, 유사하게
	예) 우울증으로 고통을 받는 환자를 치료하는 방법에는 여러 가지가 있다. 첫째, 약리학적 치료법이 있다. 둘째, 심리 치료법이 있다. 마지막으로, 전기 경련법이 있다.

대조	사실, 어쨌든, 교대로, 그러나, 반대로, 불구하고, 대조적으로, 여전히
	예) 전기 경련 요법을 사용하여 우울증을 치료할 수 있다. 그러나 이 방법에는 단기 기억 상실 및 치료 자체와 관련된 많은 어려움이 있다.
유사	또한, 유사하게, 동등하게, 같은 방식으로, 똑같이, 비슷하게, 마찬가지로
	예) 긴장과 이완을 동시에 할 수 없는 원칙에 따라 작동하는 이완 기법으로 스트레스 수준을 줄일 수 있다. 마찬가지로 운동은 스트레스 수준에 비슷한 영향을 미친다.
인과관계	결과적으로, 결국, 결과로서, 따라서, 그러므로, 조건에, 그 경우에, 이러한 이유로, 많은 경우에, 당연히, 이러한 방식으로
	예) 스트레스는 특히 어깨와 목 주위의 근육에서 근육 긴장을 증가시킬 수 있다. 결과적으로 개인은 두통을 경험할 수 있다.
중요도	최소, 최대한, 가장 중요한
	예) 스트레스를 해소하는 방법은 여러 가지가 있지만 가장 중요한 것은 환자가 스트레스를 지속할 수 있어야 한다는 것이다.
소개	예를 들면, 결과적으로, 추가로, 한편, 게다가
	예) 예를 들면, 논술 교육에는 유치원, 초등, 중고등, 대학과 성인 교육이 있다.
논리 추론	따라서, 결과적으로, 이로 인해, 때문에, 이와 같이
	예) 그는 논술 공부를 열심히 했다. 따라서 취업 시험에 당당히 합격했다.
가능 관계	나타난다, 포함한다, 암시한다, 한 것 같다, 제안한다.
	예) 코로나 치료 연구는 전 세계적인 문제이므로 치료 물질을 찾을 것 같다.
시간	처음에, 일찍이, 최근에, 지금까지, 먼저, 전에, 후에, 그때까지, 동시에, 즉시, 가끔, 곧, 점차적으로, 앞으로, 그동안에, 전혀, 한 번, 결국, 마지막으로, 언급했듯이,
	예) 코로나가 처음으로 발생하여 초기에는 치료가 매우 힘들었다. 지금까지 코로나 치료약을 개발한 적이 없었기 때문이다.
요약	마지막으로, 요약하면, 전체적으로, 간단히, 즉, 결론적으로
	예) 요약하면, 이 논술은 코로나 치료에는 여러 치료법이 있다는 것을 보여주었다.

12) 이정표

독자들은 안내를 좋아한다. 안내는 논술이 전개되는 방향을 알려주는 것인데, 이때 전환단어를 사용한다. 한 문장 내에서 아이디어를 연결하거나 두 문장 또는 두 단락을 함께 연결할 수 있다. 전환단어는 이정표(signposting) 역할을 한다. 이정표는 도로상에서 거리 및 방향을 알려 주는 표지이다. 도로의 이정표가 지금 어디로 가고 있는지를 표시해 주듯이 단락의 이정표는 앞으로 어떤 이야기를 할 것인지를 안내한다. 예를 들어, 유사한 아이디어인지, 대조되는 아이디어인지, 더 자세한 내용을 추가하는지 또는 다른 예를 추가하는지 여부 등이다. 이들은 하나의 아이디어가 다른 아이디어의 결과 또는 결론임을 보여 주거나 아이디어를 순서대로 보여줄 수 있다. 따라서 이정표는 글과 단어를 사용하여 독자에게 논술 내용을 안내하는 것을 의미한다. 다음은 독자에게 방향을 안내하는 전환단어의 역할이다.

- 단락에서 논증의 방향을 설명한다.
- 독자들은 아이디어, 문장 및 단락을 관련시켜 논증을 진행할 수 있다.

연결은 독자에게 아이디어가 논리적 순서를 따르고 아이디어나 요점 간의 흐름을 보여준다. 단락이 한 지점에서 다른 지점으로 잘 흐르면 독자에게 내용의 전달이 분명하여 독자가 글쓴이의 아이디어를 쉽게 이해할 수 있다. 연결을 사용하면 문장 간의 관계를 보다 정확하게 파악할 수 있다. 이것은 특정 구와 단어가 아이디어와 주장을 연결하는 데 서로 다른 기능을 할 수 있다. 예를 들어, 다른 절이나 단어는 추가 또는 유사한 정보, 반대 또는 대조, 양보, 원인 또는 결과, 강조, 설명 또는 시간이나 순서의 관계를 이정표로 나타낼 수 있다. 전환단어가 독자가 다양한 방식으로 글을 이해하는 데 도움이 된다. 따라서 글쓴이는 다양한 기능을 수행하기 위해 다양한 전환 신호를 사용한다. 다음은 전환 신호의 유형이다.

- 방향 지정: 목적, 위치, 요점 및 결론과 같은 중요한 요소를 나타낸다.
- 전환 문장: 아이디어 사이를 이동하는 방법과 이유를 설명한다.
- 연결 단어: 아이디어들을 연결한다.
- 상기 문장: 이미 다룬 내용을 독자에게 상기시킨다.

심화학습 **서론 전환단어**

- 이 논술은 첫째, ~을 개요, 검토, 설명, 주장, 논증, 시연할 것이다.
- 이 논술은 그런 다음에 ~ 확인, 설정, 분명, 판단, 증명, 제시할 것이다.
- 이 논술은 마지막으로 ~에 초점을 맞춘다.
- 이 논술에서는 ~에 대한 논의를 제공한다.
- 이 논술은 ~와 관련하여, ~의 영향을 조사, 평가, 검토, 설명, 토론한다.
- 이 논술의 목적은 ~
- 이 논술의 주장은 ~
- 해결해야 할 주요 문제는 ~
- ~의 역할을 이해하기 위해
- 이 백서에서 다루는 주요 질문은 ~
- 이 논술은 다음과 같은 방식으로 구성된다.
- 논술은 ~으로 나뉜다.

심화학습 본론 전환단어

본론에서 새로운 아이디어를 도입할 때

- ~을 설명하는 한 가지 측면은
- ~에 대한 현재 토론은 ~에 대한 흥미로운 관점을 확인한다.
- 첫 번째, 다음, 마지막 부분에서는 ~에 관한 전체적인 토론을 제공한다.

본론에서 새로운 아이디어 연결 또는 개발할 때

- ~을 확립한 후, 이 논술은 지금, ~ 다음에 고려할 것이다.
- ~아이디어를 바탕으로 이 부분에서는
- ~의 역할을 더 이해하기 위해 이 부분에서는
- ~에 대한 또 다른 생각은
- ~외에도, X뿐만 아니라 Y도 필요하다.
- ~는 고려해야 할 중요한 문제 중 하나이다.
- ~아이디어, 이론은 ~에 의해 확장, 개발되었다.

본론에서 대조적인 관점을 도입할 때

- 그러나 이 논증에 대한 또 다른 관점은
- 견해를 제시하는 증거와는 대조적으로, 대안적 관점은
- 그러나 모든 연구결과에 따르면, 일부 증거에 따르면
- 이 모순, 대조는 ~의 견해와 상반된다.

본론에서 단락을 요약할 때

- ~인 증거는 분명하다.
- ~라는 사실은 분명하다.
- ~는 이러한 접근 방법의 강점이다.

심화학습 결론의 전환단어

- 분명히 이 논술은 ~에 영향을 미치는 주요 요인을 밝혔다.
- 위에서 볼 때, ~라는 것은 분명하다.
- 제시된 증거는 ~라는 것을 보여준다.
- 이 분석에서 몇 가지 결론이 도출되었다.
- 이 논술은 ~에 영향을 미치는 요인들에 집중되었다.
- ~라는 것이 확립되었다.

3. 본론의 작성

1) 단락 작성의 5단계

본론은 논술의 대부분을 구성하는 글쓴이의 기본적 주장이다. 또한 본론은 서론에 제시된 논술의 주제를 입증하는 역할을 한다. 각 본론 단락은 바로 앞과 뒤의 단락과 논리적으로 관련되어야 한다. 따라서 본론 단락은 실증 자료, 논리적 추론, 신중한 설득 또는 일화 증거를 통해 논술이나 논문을 뒷받침하고 주요 주제에 대한 새로운 조명을 제공한다. 각 단락은 단일 주제나 아이디어에 초점을 맞춰야 하고, 단락은 단락의 TEEL 구조를 따르고, 본론은 단락의 TEEL 구조를 확장한다. 매력적인 본론 단락을 만드는 데는 5단계가 있다.

그림 4-8 단락 작성의 5단계

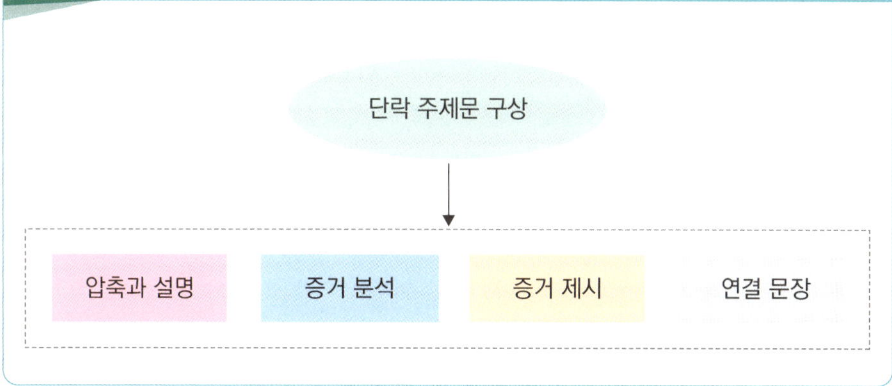

2) 단락 주제문 구상

단락의 요점은 단락 주제문이다. 단락 주제문(topic sentence)은 본론 단락의 첫 번째 문장이다. 토픽을 찾으면 이에 대한 주장을 구상하여 초기 단락 주제문을 만든다. 단락 주제문은 문단의 요점을 설정하고 가장 중요한 논술의 주제문과 관계가 있어야 한다. 모든 단락 주제문만 읽음으로써 독자는 아이디어의 개요를 이해할 수 있어야 한다. 그러나 주제문이 너무 복잡하거나 길면 독자를 혼란스럽게 할 수 있다.

3) 주제문 압축과 설명

초기 주제문은 범위가 너무 넓고 분명하지 않고 막연할 수 있다. 주제문의 구체성을 높이기 위해 토픽의 범위를 줄인다. 구성 요소가 너무 많으면 각각에 대해 추가적인 단락을 작성한다. 잘 맞는 몇 가지 문장을 작성하는 것이 좋다. 따라서 단락 주제문은 명확하고 간결하게 하고, 단락당 하나의 주제문으로 구성한다.

주제문에 추가적인 설명이 필요하다면 주제문을 설명하는 1-2개 문장을 추가한다. 이 문장들은 문맥을 제공하고, 주제문의 의미를 명확히 하거나 더 자세히 설명하는 것이다. 주제문에 대한 설명은 주어진 주제문에 대한 글쓴이의 분석, 정교화, 평가 또는 해석이다. 이 단계가 없으면 단락이 다른 사람의 글로만 구성될 수 있다.

4) 증거 제시

글쓴이가 무엇을 주장하려면 이를 뒷받침하는 증거가 있어야 한다. 주제문을 뒷받침하는 특정 증거는 무엇인가? 신뢰할 수 있는 증거를 제시하여 주제문의 주장을 증명하는 것이다. 증거를 지지하는 세부 사항은 사실, 통계, 사례, 증언, 경험, 인용, 전문가 의견이다. 책, 저널 기사, 연구 및 개인적인 경험을 참조하면서 지지할 수 있는 아이디어를 제시한다. 단락에 일화를 포함하는 경우 일화가 주제문과 어떻게 관련되는지에 대해 충분한 설명이 있어야 한다. 이러한 증거는 독자에게 주장을 증명하는 데 도움이 된다.

5) 증거 분석

뒷받침하는 증거를 분석한다. 증거가 주제문을 어떻게 뒷받침하는지 설명한다. 증거 분석은 아이디어를 뒷받침하는 증거를 한두 문장으로 설명하는 것이다. 설명을 전개할 때 사용하는 질문이 있다. 제공된 정보는 무엇을 의미하는가? 왜 중요한가? 증거가 의미하는 바가 무엇이며 단락 또는 주장과 어떻게 연결되는지 설명한다. 증거 분석은 증거가 단락의 주요 아이디어 또는 주제를 어떻게 뒷받침하는지에 대해 설명, 확장, 평가, 해석, 논평하는 것이다. 글쓴이는 독자가 증거를 해석하는 방식을 설명해야 한다. 반론하고 싶다면 제시한 증거가 틀렸음을 밝혀낸다. 증거를 제시한 후에 해당 증거에서 취해야 할 정확한 의미를 설명한다.

사실, 통계, 사례, 증언, 경험, 인용, 전문가 의견은 구체적으로 무엇을 보여주는가? 독자가 이해할 수 있도록 의미를 글쓴이의 말로 작성한다. 독자가 증거를 잘못 해석하지 않도록 의미를 분명하게 설명한다. 증거가 의미하는 바가 무엇이며 주장과 어떻게 연결되는지 설명한다. 독자는 단락의 증거를 분석하고 주장과 나머지 논술에 중요한 이유를 이해하기 위해 글쓴이에게 의존하기 때문이다. 또한 주장에서 증거와 그 중요성을 보여줌으로써 신뢰성을 확립할 수 있다. 따라서 주장에 대한 증거를 제시하고 분석한다.

심화학습 **본론 전환단어**

반론 예상

- 이 입장에 대한 반대, 비평은 다음과 같이 주장한다.
- X에 대한 또 다른 주장은 ~
- 이의를 제기할 수 있다.
- 한 가지 가능한 이의 제기는 ~
- 몇 가지 질문이 떠오른다.
- ~에 대해 질문, 궁금할 수 있다.
- 물론 ~ 같이 이의를 제기할 수 있다.
- X가 최근에 ~ 이유로 반대했다.
- ~라는 것은 사실이다.

반론 제기

- 그러나 ~
- 반면에 ~
- 하지만 ~
- 그렇지만 ~
- 이것은 단지 ~
- 다음과 같은 경우에 해당 될 수 있지만 ~에는 적용되지 않는다.

6) 연결 문장

단락의 내용을 마지막으로 정리하고 요약하는 것이 연결 문장이다. 연결 문장은 단락의 주요 아이디어를 다시 말하고, 의견을 진술한다. 그러나 연결 문장에 새로운 아이디어를 제시해서는 안 된다. 또한 다음 단락으로 넘어가기 전에 단락의 주요 아이디어를 종결하는 결론 진술로 끝나야 한다.

한 주제에서 다른 주제로 또는 일반적인 토론에서 자세한 토론으로 전환하려는 경우가 전환 문장을 사용하여 다음 자료를 요약하고 암시할 수 있다. 즉, 전환 문장은 독자를 논술의 다음 부분으로 안내하는 이정표 역할을 한다. 본론 단락의 끝에 배치하여 다음을 미리 보거나 다음 본론 단락의 시작 부분에 배치하여 이전과 연결하기 위해 전환 문장을 사용할 수 있다.

심화학습 본론 전환단어

본론 단락의 예 1

[토픽 주제문] 많은 생물학적, 유전적 및 환경적 요인이 어린이에게 영향을 줄 수 있기 때문에 아동 주의력 결핍 장애의 근본 원인을 파악하기가 어렵다.

[증거] 유전학은 어린이와 가족에서 주의력 결핍 장애의 유병률을 설명하는 데 도움이 될 수 있지만 반드시 그 원인을 설명하지는 않는다(Beljan, Bree, Reuter, & Wingers, 2014).[14]

[증거] Satterstrom et al.(2019)[15]에 따르면 사회적 상호작용, 애착 및 기타 요인과 같은 환경적 요인도 주의력 결핍 장애 발달에 큰 역할을 할 수 있지만 반드시 그 원인은 아니다. 연구에 따르면 유전적 및 환경적 상호작용은 주의력 결핍 장애의 위험과 심각도 및 진행을 조절하는 데 모두 중요할 수 있다.

[연결 문장] "자연 대 양육"이라는 고전적인 질문에서 이 경우 대답은 둘 다 해당된다.

본론 단락의 예 2

[토픽 주제문] 청소년 흡연에 영향을 미치는 요인은 복잡하고 다양하다.

[설명] 여기에는 사회 인구학적 특성, 가족 배경, 학교 성적 및 기타 사회적 및 환경적 요인이 포함된다. 이러한 요소 중 연령, 성별 및 민족과 같은 요인은 미리 결정된다. 어떤 사람들은 미성년자에 대한 담배 판매 금지 또는 흡연의 영향에 대한 교육과 같은 프로그램 실행 또는 정책 이니셔티브를 통해 영향을 받을 수 있다.

[증거] 2010년 '청소년 담배 설문조사'에서는 학교 성적, 흡연, 청소년의 금연 시도 사이의 관계를 조사했다. 학생의 학교 성적이 흡연 상태와 반비례한다는 사실을 받아들였다. 즉, 학교 성적이 더 좋을수록 학생들이 흡연자가 될 가능성이 적다.

[증거의 평가] 학교 성적은 일반적인 교육 헌신, 동기, 학습 능력 및 가치 판단, 학업 성공과 같은 특성을 반영하는 광범위한 지표로 볼 수 있다.

[연결 문장] 따라서 흡연 상태와 관련하여 학교 성적 문제를 자세히 조사하는 것이 중요하다.

---

14 Beljan, P., Bree, K. D., Reuter, A. E., Reuter, S. D., & Wingers, L. (2014). Private Pediatric Neuropsychology Practice Multimodal Treatment of ADHD: *An Applied Approach. Applied Neuropsychology: Child*, 3(3), 188-196.

15 Satterstrom, F. K., Walters, R. K., Singh, T., Wigdor, E. M., Lescai, F., Demontis, D.,& Daly, M. J. (2019). Autism spectrum disorder and attention deficit hyperactivity disorder have a similar burden of rare protein-truncating variants. *Nature neuroscience*, 22(12), 1961-1965.

Chapter 05

논술의 결론

기회의 창이 나타나면
창을 닫지 않는다(Tom Peters).

1. 결론의 구조

논술을 평가하려면 결국은 결론이다. 결론에서 요점을 흐리면 독자에게 깊은 인상을 주지 못한다. 서론이 초두효과라면 결론은 최신효과이다. 최신효과(recency effect)는 가장 최근에 제시된 정보를 더 잘 기억하는 현상이다. 그래서 결론이 중요하다. 결론은 논술의 모든 요점을 한데 모아 글쓴이가 연구한 결과의 중요성에 대해 자세히 설명할 수 있는 기회이다. 그것은 논술의 주제문을 다시 참조하고 독자들에게 최종적인 생각과 종결을 남긴다. 서론이 독자에게 첫인상을 주는 것처럼 결론은 독자에게 깊은 인상을 줄 마지막 기회이다.

글쓴이는 결론에서 주장의 가장 중요한 측면을 기술해야 하며, 대답을 통해 문제에 대한 보다 정교한 이해를 발전시켰음을 보여줄 수 있어야 한다. 끝이 좋으면 다 좋다는 말처럼 최종적으로 결론에서 정교한 인상을 주는 것이 중요하다. 글쓴이의 생각을 요약하고 연구의 의미를 전달한다. 따라서 결론은 "그래서 무엇?"에 간결하게 대답할 수 있는 기회이다. 아이디어의 중요성을 보여준다. 또한 결론은 1~ 2개의 단락이어야 하며, 논술 전체 분량의 10%를 넘지 않아야 한다. 다음은 효과적인 결론의 구조이다.

그림 5-1 결론의 구조

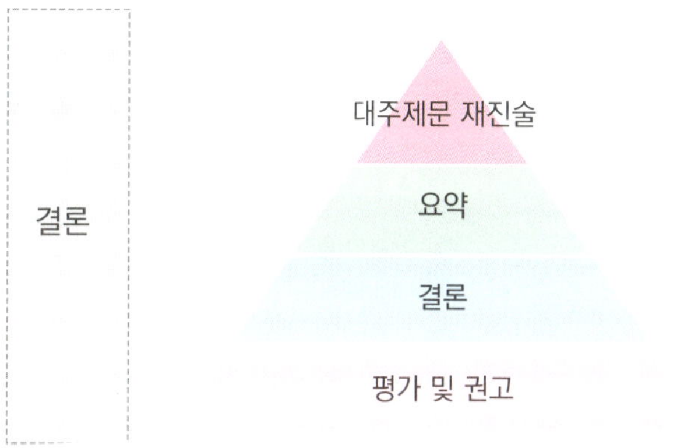

- **재진술:** 서론에 명시된 주제문 또는 글쓴이의 입장을 다시 설명한다.
- **요약:** 연구를 요약하지만 반복하지 않는다.
- **결론:** 글쓴이의 입장이나 생각을 보여주는 진술로 결론을 내린다.
- **평가:** 제시한 증거가 아이디어를 뒷받침하는 방법과 정도를 평가한다.
- **권고:** 논술에서 심도 있게 논의하는 것이 불가능하거나 관련성이 있을 수 있는 경우 권고를 포함할 수 있다. 연구의 한계나 시사점을 제시할 수 있다.

대주제문의 재진술

- **서론:** "사용자가 콘텐츠를 만들고 공유하거나 소셜 네트워킹에 참여할 수 있는 웹 사이트 및 애플리케이션"으로 정의할 수 있는 소셜 미디어의 보급으로 인해 학생들의 경험은 변화되었다.
- **결론:** 결론적으로 다양한 소셜 미디어 사이트의 인기는 학생들의 경험에 결정적인 변화를 가져왔다.

결론을 구성하는 방법은 그림과 같이 대주제문의 재진술부터 시작한다. 그런 다음에 논술을 요약하고, 결론을 기술하고, 결론으로부터 평가하고, 한계, 시사점이나 권고 사항을 제시함으로써 결론의 구성이 완성된다. [그림 5-2]를 효과적으로 활용하면 결론의 구성이 효과적이고 어렵지 않다. 아래의 예제를 사용하여 결론을 작성하는 방법을 설명한다.

그림 5-2 결론의 구성 요소

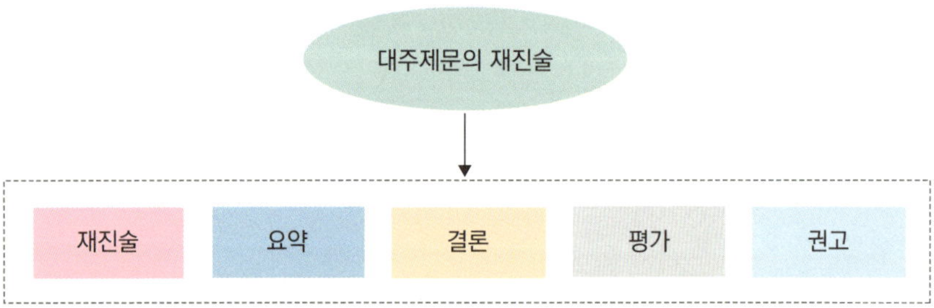

심화학습 결론의 구성 예제

[대주제문의 재진술] 깨끗한 물은 생태계를 보존하고 시민의 건강을 보호하는 데 기여한다.

[요약] 강 배후 지역의 공장의 성장과 함께 오염 물질이 강으로 유입되고 있으며, 이러한 오염물질의 증가는 수생 생물의 막대한 감소, 어류 감소, 인근 지역 주민의 호흡기 질환 증가의 원인이 되었으며 깨끗한 식수 부족의 원인이 되었다.

[결론] 오염 물질의 증가는 수생 어류의 감소와 안전하지 않은 식수의 증가로 이어졌다.

[평가] 공장에서 배출되는 오염 물질을 근절하지 하지 않는다면 취수원 생태계와 식수 공급은 확실히 줄어들 것이다.

[한계] 생태학자와 수상 생물학자들은 계속해서 수질을 측정하고 있으며 연구자들은 공장에서 배출되는 오염을 방지할 수 있는 방법을 계속 찾고 있다. 미래에 학자들은 취수원의 오염 물질 농도를 감소시킬 것으로 기대한다.

[권고] 공장의 요구를 지원하면서 깨끗한 물을 유지하기 위해서는 더 많은 연구와 혁신이 필요하다.

2. 재진술

글쓴이가 일목요연하게 논술의 중요한 내용을 정리하는 것은 독자가 논술의 전체를 이해하고 논증하는 데 중요한 과정이다. 이러한 과정은 글쓴이와 독자 간의 의사소통을 돕고, 독자에게 깊은 인상을 남길 수 있다. 따라서 글쓴이는 핵심적인 내용을 정리하여 독자가 기억을 회상하도록 한다.

결론을 작성할 때 첫 번째 단계는 대주제문을 다시 언급하는 것이다. 즉, 서론에서 제시한 원래 주제문을 환언하여 진술한다. 특히, 중요한 것은 결론의 주제문은 서론에서 쓴 것과 다르게 표현하는 것이다. 즉, 대주제문의 재진술은 대주제문을 동일한 의미로 다르게 표현하는 것이다. 주제문의 재진술은 한 문장으로 효과적으로 작성할 수도 있다. 다음은 주제문의 재진술 예이다.

대주제문의 재진술

깨끗한 물은 생태계를 보존하고 시민의 건강을 보호하는 데 기여한다.

3. 요점 요약

논술의 요점을 간결하게 뽑아내는 것이 요점 요약이다. 여기에는 글쓴이가 논술의 주요 아이디어를 뒷받침하기 위해 사용하는 이유와 증거도 포함된다. 요약은 글쓴이가 독자에게 글쓴이의 아이디어를 설명해야 할 때 사용된다. 원본의 문장을 복사하지 않고 핵심 사항을 누락하지 않고, 가장 중요한 정보

와 아이디어에 대한 명확하고 객관적이며 정확한 설명을 제공하는 것이 중요하다. 그러나 요약 작성에는 출처를 비판하거나 분석하는 것이 포함되지 않으며, 또한 세부 사항을 생략하고 원본에 대한 해석을 포함하지 않는다. 다음은 요점 요약을 작성할 때 세 가지 주요 사항이다.

- 요약은 원본 전체를 포함해야 한다.
- 자료는 중립적인 방식으로 제시되어야 한다.
- 요약은 글쓴이가 직접 제시한 자료의 요약이어야 한다.

재진술을 한 다음으로 논술의 요점을 요약한다. 가장 관련성이 높은 사실과 주장만 골라내기 위해 논술을 다시 읽는다. 논술에 제시한 주요 주장이나 사실보다 더 많은 정보를 포함할 필요가 없다. 요점을 요약하는 목적은 독자에게 논술 주제의 중요성을 상기시키는 것이다. 그러나 독자에게 주요 요점을 상기시키되 본론과 **동일한 표현을 사용하지 않는 것**이 중요하다.

요점 요약

강 배후 지역 공장의 성장과 함께 오염 물질이 강으로 유입되고 있으며, 이러한 오염물질의 증가는 수생 생물의 막대한 감소, 어류 감소, 인근 지역 주민의 호흡기 질환 증가의 원인이 되었으며 깨끗한 식수 부족의 원인이 되었다.

4. 결론 제시

결론은 독자에게 깊은 인상을 남길 마지막 기회이다. 결론은 논술을 마무리하는 중요한 방법으로 논술에서 제시한 것을 다시 강조한다. 결론이 없으면 글이 완성되지 않은 것처럼 보이거나 전반적인 목표가 명확하지 않을 수 있다. 서론은 일반적으로 시작하여 구체적으로 끝나지만, 결론은 구체적으로 시작하여 일반적으로 이동한다. **'결론적으로', '전반적으로', '요약하면'** 등을 사용하여 독자에게 에세이를 마무리한다는 신호를 보낼 수 있다.

논술에서 발견한 것을 다시 강조한다. 시작과 끝 문장을 연결하기 위해 서론의 주제로 돌아가 독자에게 강한 결론을 내리는 것이 효과적이다. 논증의 요점을 논의한 후 요점의 중요성 또는 결론을 제시한다. 결론은 명확하고 간결해야 하며 가장 중요한 정보만 기술한다. 예를 들어, 논증에서 제시한 요점을 언급한 후 토픽의 영향이 특정 결과에 어떤 영향을 미치는지 논의할 수 있다. 마찬가지로 정보의 중요성을 표현하는 방법을 강조하는 데 도움이 될 수 있는 연구결과를 제시한다.

결론 제시

오염 물질의 증가는 수생 어류의 감소와 안전하지 않은 식수의 증가로 이어졌다.

5. 평가, 권고 및 한계

결론에서 행동을 촉구하거나 독자가 글쓴이의 주장에 대해 더 깊이 생각하게 하는 아이디어를 제시할 수 있다. 결론에서 결과 및 분석의 의미를 설명한다. 결론을 바탕으로 평가나 권고 등을 진술한다. 해결책을 추천하고 주제에 대한 최종 진술을 하고 독자에게 생각할 내용을 남긴다. 여기에는 가치에 대한 주장, 서론에 대한 언급, 인용 또는 추가 조사방법에 대한 제안이 포함될 수 있다. 자신의 논술이 다루고 있는 몇 가지 문제를 지적한다. 논술의 한계나 향후 추가적인 조사를 제안한다. 종결문은 독자에게 주제에 적용되는 최종 생각을 남기는 한 문장이다. 이것은 주목을 끄는 진술문이며 기억에 남는 방식으로 논술을 종결한다. 그러나 새로운 주제나 논술의 핵심 주제에 접하는 문제를 소개해서는 안 된다.

평가, 권고, 한계

- 평가: 공장에서 배출되는 오염 물질을 근절하지 하지 않는다면 취수원 생태계와 식수 공급은 확실히 줄어들 것이다.
- 권고: 공장의 요구를 지원하면서 깨끗한 물을 유지하기 위해서는 더 많은 연구와 혁신이 필요하다.
- 한계: 생태학자와 수상 생물학자들은 계속해서 수질을 측정하고 있으며 연구자들은 공장에서 배출되는 오염을 막을 방법을 계속 찾고 있다. 미래에 학자들은 취수원의 오염 물질 농도를 감소시키기를 기대한다.

심화학습 논증 논술의 예

목적의 재진술

- 이 연구의 목적은 ~
- 이 연구는 ~을 위해 계획되었다.
- 이 연구의 목적 중에는 ~와 같은 조사가 있었다.
- 이 연구는 ~ 여부를 조사, 탐구했다.

결과 요약

- 결과에 따르면 ~이다.
- ~할 때 ~가 증가, 감소한다는 것을 발견했다.
- 결과는 ~ 가설을 지지, 거절되었다.
- 이러한 결과는 이전 연구와 일치하지 않았다.
- 이번 발견은 기존의 견해와 일치하였다.

가능한 설명 및 추측

- 결과가 영향을 받았을 수 있다.
- 원인은 ~일 것이다.
- 그것은 ~일 것이다.
- 이러한 결과가 다른 연구에서 확인되면 다음을 더 의미가 있을 것이다.

한계

- 이러한 발견에 대해 주의해야 한다. 왜냐하면 ~
- ~에 대한 통제집단이 없었다.
- 연구는 제한된 수에 근거했다.
- 이 설문조사는 사용 경험이 없는 학생들에게만 실시되었다.
- 연구가 탐색적이라는 것을 인정해야 한다.

시사점

- 현재 연구는 ~에 대한 명확한 증거를 제공한다.
- 이 연구는 ~ 같은 견해, 주장을 뒷받침한다.
- 따라서 다음과 같은 몇 가지 증거가 있다.
- ~로 인해 신뢰할 수 있게 되었다.
- 이것은 X가 Y에서 중요한 요인일 수 있음을 시사한다.
- 본 연구는 ~ 여부를 조사, 연구, 탐구했다.

PART 02

학위 논문편

Chapter 06

연구주제

창의력은 사물을 다른 방식으로 보기 위해 예상되는 패턴에서 벗어나는 것이다(Edward de Bono).

1. 연구주제

제2편에서는 논문을 작성하는 데 필요한 과정을 설명한다. 논문은 논술보다 더 정교한 작업이다. 문헌연구, 연구주제, 연구문제, 가설설정, 개념적 틀, 연구방법, 연구결과, 논의, 결론, 참고문헌 및 교정까지 논문 작성의 전 과정을 설명한다. 여기에 제시되는 방법과 기술을 잘 활용하면 목표로 하는 석사 및 박사 학위 논문뿐만 아니라 학회 투고 논문도 모두 통과할 것이다. 따라서 논술이나 논증 부분을 충실히 학습하는 것도 통과되는 논문 작성에 이르게 한다.

그림 6-1 논문 진행 과정

1 →	문헌연구	연구주제	가설설정	개념적 틀
2 →	연구방법	연구결과	논의	결론
3 →	서론	초록	참고문헌	교정

글을 쓰려면 글의 주제가 있어야 하듯이 논문도 마찬가지이다. 연구주제(research topic)는 논문의 일반적인 소재이다. 학술적 발견을 주장하려면 주장 이유와 대상이 있어야 한다. 예를 들면, "고위 관료의 부패는 평등 기회를 박탈하기 때문에 사회적 공분을 야기한다"고 주장할 때 연구주제는 "고위 관료의 부패"이고 이유는 "평등기회 박탈"이며 주장은 "사회적 공분을 야기한다"이다.

표 6-1 주제문의 분해

연구주제	고위 관료의 부패
이유	평등기회 박탈
주장	사회적 공분을 야기한다.
주제문	고위 관료의 부패는 평등 기회를 박탈하기 때문에 사회적 공분을 야기한다.

연구주제는 주장하는 대상이 되며 개념에 대한 정의가 필요하다. 이처럼 주제가 바로 논문의 시작점이 된다. 예를 들어, 주제가 고위 관료라고 하면 범위가 너무 넓다. 그래서 고위 관료의 정직성, 전문성, 정치성, 부패성, 영향력, 재산, 학력, 현재, 과거, 미래 자질 등 너무 많아 범위를 구체적으로 좁혀야 실질적인 연구가 가능하다. 따라서 연구주제를 광범위한 연구 분야에서 연구의 특정 부분으로 좁힌다.

심화학습 질문으로 해답을 찾은 여인 플로렌스 나이팅게일

간호사로 알려진 플로렌스 나이팅게일(Florence Nightingale: 1820~1910)은 통계학자로서 선구적이고 용감한 일을 한 여성이기도 했다. "램프를 든 여인"으로 알려진 플로렌스 나이팅게일은 현대 간호의 창시자로 잘 알려진 영국 간호사, 사회 개혁가 및 통계학자였다. 역사상 가장 저명한 통계학자 중 한 명인 플로렌스 나이팅게일은 통계에 대한 열정을 사용하여 크림 전쟁 중 군인의 생명을 구하고 오늘날까지 계속해서 영향력을 행사하는 데이터 시각화 분야에서 획기적인 작업을 수행했다. **"전투보다 병원에서 왜 더 많은 군인이 사망할까?"**라는 질문으로부터 해답을 찾는 나이팅게일이 사용한 연구 방법이 연구주제와 연구문제를 찾는 데 활용될 수 있다.

그녀가 1856년 터키의 영국군 병원에 도착했을 때 병원의 장면은 매우 암울했다. 사망률은 매우 높았고 병원은 혼란스러웠다. 심지어 사망자 수도 정확하게 기록되지 않았다. 그녀는 병원의 통계 기록에 필요한 순서와 방법을 확립하기 위해 크리미아에서 통계자료를 수집했다. 그녀는 생물학자들이 현장 학습에서 나비와 화석 표본을 수집한 것과 같은 방식으로 사망, 부상 또는 병에 걸린 군인 수를 확인했다. 위생위원회의 주요 통계학자인 William Farr와 John Sutherland는 방대한 양의 복잡한 군대 자료를 분석하는 데 도움을 주었다. 그녀의 가장 중요한 혁신 중 하나는 크리미아에서 연속 2년 동안 군인의 사망 원인을 보여주는 다이어그램이었다. 그녀가 밝혀낸 진실은 충격적이었다. 18,000명의 사망자 중 16,000명은 전투의 상처 때문이 아니라 열악한 위생 시설로 퍼진 예방 가능한 질병 때문이었다. 그녀는 열악한 위생 관행이 병원에서 높은 사망률의 주범이라는 것을 알게 되었다. 그녀는 그러한 피할 수 있는 죽음을 억제하기로 결심했다. 통계방법을 사용하여 그녀는 안전하지 않고 건강에 해로운 환경에 기여한 관행을 제거하는 사례를 만들었다. 그녀의 통계 작업은 생명을 구했다. 결국 그녀는 38명의 간호사와 함께 스쿠타리에 있는 병원을 청소하고 개조하고 사망률을 40%에서 2%로 줄였다.

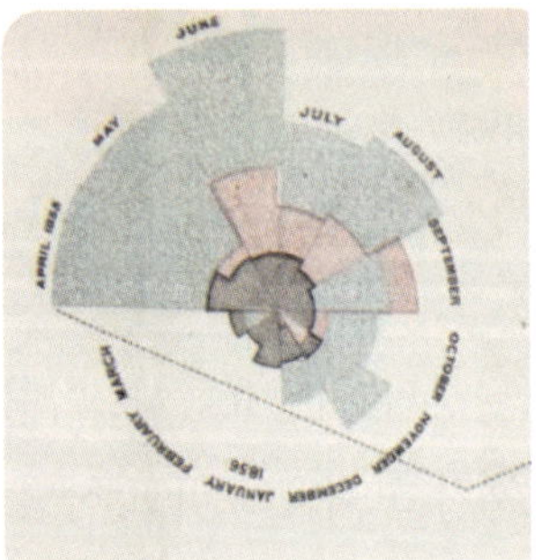

2. 연구수행 과정

연구는 창조 과정이기 때문에 연구 과정마다 수행해야 할 과업이 있다. 본서에서 제시하는 연구수행 과정을 단계별로 착실히 진행한다면 논문 연구가 순조롭게 완료되어 학위를 취득하거나 학회지에 논문을 게재하는 것이 그리 어렵지 않을 것이다. 연구 과정은 때로는 겹치기도 하고 때로는 전 단계를 다시 실행할 수도 있다. 연구주제는 가장 가까운 곳에 있을 수 있다. 가장 관심이 있는 곳이 가장 가까운 곳이다. 가장 먼저 관심이 있는 곳에서 논문의 주제를 찾는다. 논문의 주제 탐색은 연구의 시작이며, 이것은 스스로 실눈을 통해서 얻게 된다.

연구주제가 있어야 연구문제를 만들 수 있다. 연구문제가 있어야 연구가설을 설정할 수 있다. 가설을 설정하면 연구 모형인 개념적 틀을 완성할 수 있다. 이렇게 작업하면 논문은 물 흐르듯 매우 순조로울 수 있다.

그림 6-2 연구수행 과정

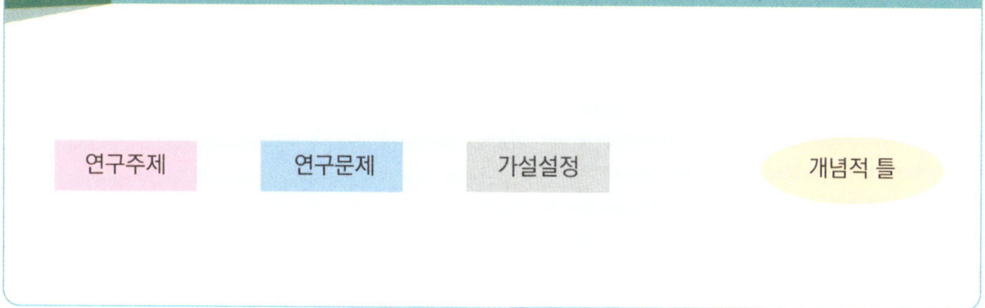

3 연구주제의 선정

송곳도 끝부터 들어간다는 속담처럼 논문도 끝이 있는데 그 끝이 바로 연구주제이다. 즉, 논문의 시작은 바로 연구주제의 조사이다. 연구주제(research topic)는 논문에서 답할 연구문제의 아이디어이다. 즉, 연구주제는 연구를 수행할 때 연구자가 관심을 갖는 주제 또는 문제이다. 잘 정의된 연구주제는 모든 성공적인 연구의 시작점이다. 따라서 연구주제의 선정은 연구자들이 자신의 아이디어를 탐색, 정의 및 개선하는 지속적인 과정이다.

연구주제는 어떻게 선택하는가? 먼저 관심 주제를 선택한다. 관심 주제를 어떻게 선택하는가? 첫째, 우선 주제에 대해 알고 있는 것에 대해 자유롭게 적는다. 그리고 이러한 주제에 대해 질문한다. 이것을 어떻게 아는가? 정말로 아는가? 주제에 대해 어떤 문제가 있는가? 둘째, 어떻게 아이디어를 정교화하는가? 주제와 유사하거나 다른 것에 대해 자유스럽게 글을 쓴다. 그런 다음 쓴 것을 읽는다. 셋째, 어떤 아이디어가 떠올랐는가? 이 시점에서 문헌을 조사하고 검색을 시작할 수 있는 일련의 질문이 있을 것이다. 마지막으로, 질문을 찾았는가? 그것이 바로 연구주제가 될 수 있다.

더 알고 싶은 연구주제에 대한 매우 광범위하게 아이디어를 조사한다. 연구는 문제해결의 한 형태이며 문제해결의 첫 번째 단계는 항상 문제를 확인하는 것이다. 즉, 연구를 통해 어떤 질문에 답하고 싶은가? 질문이 있으면 다음 단계는 이를 주제문으로 구성하는 것이다. 연구주제를 선정하면 연구문제를 개발하고, 연구가설을 설정하고, 연구설계를 하여 아이디어와 계획을 요약한 연구제안으로 이어진다.

심화학습 연구주제를 찾는 질문

- 전투보다 병원에서 왜 더 많은 군인이 사망할까?
- 사회주의는 왜 실패하는가?
- 정치가는 사회를 왜 분열시키는가?
- 세계화는 정치에 어떤 영향을 미치는가?
- 코로나 시대에 근로자의 조직몰입도가 변화되었는가?
- 현대 기업에서 요구하는 리더는 무엇인가?
- 사회 문제는 경영에 어떠한 영향을 주는가?
- 사회에서 여성의 역할은 어떻게 변화되고 있는가?
- 소셜 네트워크가 개인의 사회성에 어떠한 영향을 주는가?
- 온라인에서 어린이를 보호하는 방법은 무엇인가?
- 사이버 괴롭힘을 막는 방법은 무엇인가?
- 젊은 세대가 "팔로워"와 "좋아요"의 수에 집착하는 이유는 무엇인가?

그림 6-3 연구주제의 개발 과정

1	논문 심사 기준 이해
2	대학의 학위 논문 검토
3	관심 분야 선택
4	연구주제 확인
5	연구주제의 범위 축소
6	연구주제의 선정

1) 논문 심사 기준 이해

논문 작성을 위해서는 가장 먼저 학교 학위 논문 지침, 논문 심사 과정과 교수님의 요구 사항을 이해해야 한다. 학생들이 이것을 간과하면 추후에 헛수고의 대가를 크게 치를 수 있다. 학생들은 논문에서 요구하는 내용과 관련 지침을 반드시 확인해야 한다. 각 학교마다 논문에 대해 주제 독창성, 단어 수, 논문 형식, 방법론, 그리고 윤리적 준수 등과 같은 연구에 대한 특정 요구 사항이 있다. 처음부터 이러한 요구 사항을 확인하지 못하면 관련 없는 아이디어나 주제를 연구하는 데 많은 시간과 노력을 낭비하기 일쑤다. 따라서 가장 중요한 첫 단계는 연구의 기본, 특히 방법론과 논문에 대한 학교의 요구 사항을 모두 파악하는 것이다.

2) 대학의 학위 논문 검토

논문 심사 기준을 파악한 후 대학의 기존 학위 논문을 검토한다. 동일한 전공 분야에서 관심 분야의 논문을 최소 3개 이상을 읽는다. 특히 지도교수의 학생 논문을 검토하면 지도교수의 학문적 성향과 최근 논문의 흐름을 파악할 수 있다. 대학에는 성공적으로 논문을 작성하여 학위를 취득한 선배들이 있다. 이들의 논문을 읽는 것은 논문의 형식과 주제를 파악하는 데 매우 유익하다.

최근의 논문은 대학의 온라인 도서관에서 찾을 수 있고, 도서관은 논문의 구조, 방법론, 주제의 추세와 참고문헌에 이르기까지 학생들에게 연구주제를 찾고 논문을 작성하는 길잡이 역할을 충분히 할 수 있다. 따라서 논문을 숙독하면서 [표 6-2]와 같이 스스로에게 질문을 할 수 있다.

표 6-2 연구주제를 찾는 질문 목록

체크 리스트	체크 결과
• 어떤 종류의 주제를 다루었는가?	
• 어떻게 주제를 질문으로 바꾸었는가?	
• 주제가 얼마나 넓거나 좁았는가?	
• 주제는 얼마나 독창적인가?	
• 잘 확립된 이론을 변형한 것인가?	
• 이론적 근거로 얼마나 많은 문헌을 참고했는가?	
• 어떤 종류의 연구방법을 사용했는가?	
• 어떤 자료를 사용했는가?	
• 자료를 어떻게 분석했는가?	
• 이 논문이 왜 성공했는지 알 수 있는가?	

3) 관심 분야 선택

논문을 계획할 때 어디서부터 시작해야 하는가? 어떤 분야의 문헌검토를 시작하는가? 관심 있는 분야에서 이미 알고 있는 주제를 선택하는 것이 좋다. 어떤 부분이 특히 흥미로운가? 예를 들어, 최근에 기업들의 허위나 과장 뉴스가 문제가 되고 있으므로 기업의 허위나 과장 뉴스가 흥미롭다는 것을 발견했을 수 있다. 이와 같이 관심이 많고 학문적으로 강한 분야를 선택한다. 관심이 없는 부분을 선택하는 것은 가급적 피한다. 주제에 흥미를 느끼지 않으면 주제를 찾는 동기가 사라지기 때문이다.

처음에는 주제를 매우 광범위하게 탐색할 수 있다. 주제를 좁히기 위해 해당 분야의 최고 저널을 찾고, 최근 호를 보고, 관심 있는 내용이 있으면 참고문헌을 확인하여 관련 출처를 찾는다. 읽으면서 문제, 질문, 논증, 모순, 한계, 권고 및 공백을 확인한다. 이것은 광범위한 관심 영역에서 특정 틈새로 범위를 좁히는 것이다.

연구는 백과사전 항목을 작성하는 것이 아니라 논증 중이거나 반드시 있어야 하는 인정된 문제를 조명하는 것이다. 최근의 논문을 파악하였다면 연구의 공백을 찾아 아이디어를 연결한다. 이것은 현재의 문헌을 검토하고 학문적 대화에 독창적인 것을 추가할 기회를 찾는 것이다.

4) 연구주제 확인

문헌은 연구 공백에 대한 아이디어를 제공한다. 문헌에서 연구자가 남긴 공백을 언급하는 범위, 한계, 제안과 같은 주제에서 찾을 수 있다. 기존의 연구자들이 아직 연구하지 않은 부분, 즉 연구 공백이나 연구 틈새에서 연구주제를 찾는다.

연구 공백(research gap)이나 연구 틈새(research niche)는 추가 연구를 할 수 있는 미개척 영역을 의미한다. 즉, **연구 공백은 연구에서 답변하지 않은 질문 또는 문제이다.** 이전에 해결되지 않은 연구 분야를 찾는 것은 지식을 확장할 수 있는 기회이다. 때로는 전혀 연구되지 않은 개념이나 새로운 아이디어가 있을 때 연구 격차가 존재한다. 또는 특정 모집단에 대한 연구가 제대로 이루어지지 않았을 수 있다.

연구 공백은 이론적 공백, 개념적 공백, 경험적 공백, 방법론적 공백, 실무-지식 공백, 증거 공백이나 모집단 공백 등이 있다.[16] 문헌검토를 통해 연구문제를 찾는

16 Müller-Bloch, C., & Kranz, J.(2015). A framework for rigorously identifying research gaps in qualitative literature reviews.

연구 공백은 연구에서 중요성이 매우 크다. 기존 지식의 공백이나 틈새를 찾기 위해서는 호기심, 창의성, 상상력 및 판단력이 필요하다.

연구자는 흥미롭고 관련성이 높고 실행 가능하며 시간을 할애할 만한 연구주제를 찾는 데 노력해야 한다. 자신이 진정으로 호기심이 많고, 열정적인 문제나 자신이 공부하는 분야에서 연구주제를 찾는 것이 좋다. 연구자는 대부분 관심 분야의 문헌을 찾아 가능한 연구주제 목록을 개발하는데, 이러한 연구주제 확인 기법을 활용하여 풍부한 아이디어 목록을 만들 수 있다.

그림 6-4 연구주제 확인 기법

1. 연구 공백 탐색
2. 추가 연구나 한계 활용
3. 기존 이론의 적용 가능성
4. 브레인스토밍

▣ 연구 공백 탐색

이미 많은 연구와 주제에 대해 연구의 일치된 견해가 많다면 연구의 공백이 거의 없기 때문에 주제를 발견하기가 어려울 것이다. 그러나 많은 연구자들이 조사하지 않은 특정 틈새, 아직 논증 중인 질문 또는 매우 최근의 실제 문제를 찾을 수도 있다. 이러한 영역은 독창성과 중요성이 큰 주제가 될 수도 있다.

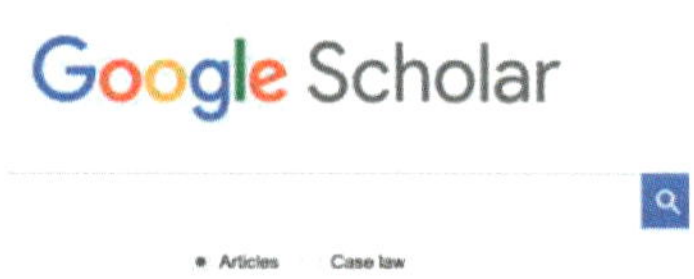

관심 분야에 대한 문헌을 탐색한다. 아직 답이 없는 질문은 무엇인가? 이러한 답이 없는 질문은 독특하고 의미 있는 연구의 중요한 기회이다. 주어진 분야에서 지식의 현재 상태를 빠르게 이해할 수 있는 훌륭한 도구가 있다. 질문의 키워드나 주제를 Google Scholar나 대학 온라인 도서관 논문 검색에서 찾는다. 논문의 인용 횟수가 5개 이상이고 최근 5년 이내의 논문 5~10개를 찾는다. 모든 논문의 끝에 있는 참고문헌 목록을 찾는다. 참고문헌을 읽은 다음 관심 영역에서 20~30개의 논문을 읽으면서 연구자들이 어떤 종류의 질문을 하고, 어떻게 대답하는지 찾는다. 연구자들이 어떤 문제에 동의하는가? 어떤 문제에는 동의하지 않는가? 연구자들 간의 의견 불일치는 주요 연구 영역이다.

- 관심이 있고 조사하고 싶은 영역은 무엇인가?
- 어떤 문제에 동의하는가?
- 어떤 문제에는 동의하지 않는가?
- 다른 사고방식이나 다른 접근법을 확인할 수 있는가?

대화는 연결망을 확대하는 효과가 있다. 특히 논문논답(論問論答)은 학문적 지식을 정교화하게 하고 확대하는 대화의 하나이다. 즉, 논문에서 묻고 논문에서 답을 찾는다. 학문적 지식이 대화라는 근본적인 사실을 이해하면 일이 쉬워진다. 읽은 논문의 내용에 대해 질문하고 대답하는 대화를 시작한다. 이제 관심이 있다고 느끼는 것과 연구하고 싶은 부분에 대해 논의하는 몇 개의 질문을 압축한다. 논문은 해당 질문을 설정한 다음 그 질문에 대한 부분적 답변을 찾으려고 노력하는 과정이다. 지금 어떤 대화가 진행되고 있는지, 어떤 대화가 관련되어 있는지, 어떤 대화가 겹치는지 파악한다. 다음과 같은 질문을 통해서 답변을 찾는다.

- 어떤 영역과 대화하고 싶은가?
- 연구의 주류인가? 틈새인가?
- 어느 것이 더 가깝고 더 매력적이라고 느끼는가?

▣ 추가 연구나 한계 활용

대부분 우수한 논문의 끝 부분에는 "추가 연구" 또는 "연구 한계"로 표시된 것이 있다. 연구자는 자신의 연구에 이어 추가 연구가 필요한 곳을 명확하게 설명한다. 이와 같이 추가 연구나 연구 한계는 잠재적인 연구 기회가 된다. 물론 이들 중 몇몇은 연구하기 어려울 수 있으므로 연구주제를 찾는 빠른 해결책은 반드시 아니다. 그러나 이 경로를 이용하면 독창적이고 의미 있는 연구주제를 찾을 수 있다. 이러한 방식의 장점은 구체성과 신속성이지만, 실제로 관심 있는 것을 찾지 못하거나 실행할 수단이 없을 수 있다는 것은 단점이다. 이러한 경로를 사용하는 경우 저널 발행 일자에 특히 주의를 기울인다. 저널 발행이 오래된 경우 다른 연구자들에 의해 이미 연구되었을 수 있기 때문이다. 문헌에서 저자들이 "아직 명확히 밝혀지지 않았다"라고 하는 것은 연구 공백의 신호이다. 다음은 문헌검토에서 공백을 확인하는 데 도움이 되는 문구이다.

- ~해본 적이 없다.
- ~이 다루어지지 않았다.
- ~이 연구, 보고, 해명되지 않았다.
- ~이 아직 명확히 밝혀지지 않았다
- ~이 필요하다.
- ~핵심 질문이다.
- ~으로 남아있다.
- ~을 설명하는 것이 중요하다.

▣ 기존 이론의 적용 가능성

기존 문헌이 특정한 산업이나 국가에서 관련성이 있는지 고려한다. 예를 들어, 조직 신뢰의 선행요인에 대한 이론은 매우 잘 확립되어 있지만 특정 산업이나 국가에서 다루지 않을 수 있다. 또는 특정 국가나 산업에서 아직 연구되지 않았고 의미 있는 차이가 있을 수 있다면 연구할 수 있는 기회가 있다. 그러나 이것은 관련성이 있고, 의미 있는 주제가 될 수 있으나 독창성이 부족할 수 있다.

▣ **브레인스토밍**

이론에 대한 새로운 지식을 활용하여 잠재적인 연구 아이디어를 창안하여 자유 형식 브레인스토밍 또는 마인드맵[17]을 시도하는 것이 좋다. 여기서 중요한 것은 자신의 아이디어를 비난하지 않는 것이다. 주제가 이상하거나 실현 불가능하거나 어리석은 것처럼 보이더라도 이러한 아이디어를 종이에 기록한다. 종이에 몇 가지 주제와 질문이 있는 경우 문헌을 다시 확인하여 기존 연구에 포함된 것이 있는지 확인한다. 이러한 내용을 기존 문헌에서 다루지 않았을 가능성이 있으므로 다시 문헌에서 확인하고, 없다면 아이디어를 구축할 수 있다. 중요한 것은 다량의 아이디어를 산출하는 것이다. 이렇게 하여 창안한 주제를 질문이나 문제로 바꾼다. 주제 또는 문제 목록을 질문 목록으로 바꾼다. 이 단계에서 하나의 연구주제가 여러 개의 질문을 만들고, 그런 다음 하위 주제가 되고, 그것이 새로운 주제가 된다. 다음은 아이디어를 확대하는 방법의 예이다.

- X, Y, Z의 관계는 무엇인가?
- X의 동기 또는 선행요인은 무엇인가?
- Y의 결과는 무엇인가?
- Z의 주요 성공요인은 무엇인가?

5) 연구주제의 범위 축소

연구주제를 탐색할 때 처음에는 범위를 다소 넓게 시작하는 경향이 있다. 그런데 범위가 너무 넓으면 논문을 작성하기 어렵다. 따라서 연구주제의 범위를 축소해야 한다. 축소할 때 사용할 수 있는 몇 가지 평가 기준에 따라 연

17 유순근(2019), *신제품개발론*, 박영사.

구주제의 범위를 좁힐 수 있다. 주제의 범위가 너무 넓으면 답변하거나 방어하기 어렵기 때문에 범위를 줄이는 것이 필요하다.

양극단은 좋지 않은 경우가 많아 중용을 택하는 것이 바람직한데 논문의 주제에서도 마찬가지이다. 너무 광범위하거나 너무 좁은 주제를 조사하는 것은 매우 실망스러운 경험이 될 수 있다. 주제가 너무 넓으면 엄청난 양의 정보를 발견해야 하고, 너무 좁으면 자료를 구하기 어려울 수 있다. 문헌을 검토하고 관리 가능한 상태로 주제의 범위를 조절한다. 주제의 범위가 너무 넓으면 범위를 줄이고, 너무 좁으면 범위를 확장한다. 따라서 주제는 좁고 구체적이며, 자료의 접근성이 있고, 관리 가능해야 한다. [표 6-3]은 광범위한 주제에서 구체적인 주제로 좁힌 예이다.

그림 6-5 주제 범위의 축소

표 6-3 연구주제의 범위 축소 예

광의(대범위)	중의(중범위)	협의(소범위)
철학	논리학	논증의 타당성 원리
과학 정책	정보통신 정책	6G 정책
산업역사	한국 산업역사	한국 자동차 역사
공중 보건 정책	전염병 정책	코로나 19 정책
온라인 마케팅	소셜 미디어 마케팅	소셜 미디어 참여 전략

6) 연구주제의 선정

▣ 사전 평가

개인적인 판단은 우물 안의 개구리처럼 때때로 본질을 간과하고 이상에 치우칠 가능성이 있고, 특히 개선하거나 발전하는 데 한계가 있을 수 있다. 연구주제를 정교화하고 개선하기 위해 연구에 본격적으로 착수하기 전에 동료나 전문가에게 그동안 생각했던 연구주제의 목록을 상의하고, 사전 평가를 받는 것이 좋다. 연구주제에 관한 조사할 내용, 독창성과 중요한 이유, 그리고 연구방법을 그들에게 간단히 설명하고 피드백을 받는다. 다음은 동료나 전문가에게 연구주제에 관하여 상의할 때 사용할 수 있는 질문이다.

- 연구주제가 참신한가?
- 연구주제가 가치가 있는가?
- 연구주제를 개선할 점은 무엇인가?
- 흥미롭고 호소력 있는 것은 무엇인가?
- 연구를 진행하는 데 문제가 있는가?

▣ 연구주제의 선정

자신의 의견과 다른 사람의 피드백을 모두 고려하여 가장 자신감이 있고 독창적인 것을 연구주제로 고려한다. 의미 있고 독창적인 연구주제 목록을 객관적인 관점에서 검토한다. 동료나 전문가를 통해 받은 사전 평가를 참고하여 연구주제를 개선한다. 하나의 간결한 주제로 통합하고 범위를 좁히고, 주제의 독창성이나 중요성을 평가하고, 이렇게 하여 선정된 연구주제를 수행하기 위해 참고문헌이나 자료를 이용할 수 있는지도 평가하여 최종적으로 연구주제를 선정할 수 있다. 다음은 연구주제의 평가기준이다.

그림 6-6 연구주제의 평가 기준

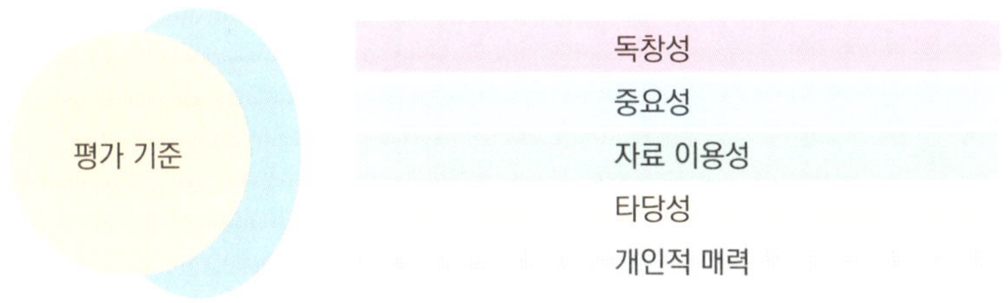

- **독창성:** 주제가 충분히 독창적인가? 기존 주제에 새로움을 추가할 수 있는가? 독창성은 완전히 새로운 주제만을 의미하는 것은 아니다.
- **중요성:** 정말 중요한 주제인가? 중요하다면 그 이유는 무엇인가? 원하는 질문에 대한 답을 찾을 수 있는가? 설득력 있는 주장을 개발할 수 있는가?
- **자료 이용성:** 현재 학술 문헌이 있는가? 문헌을 검색할 수 있는가? 필요한 자료에 접근할 수 있는가? 정량적, 정성적, 혼합 방법을 적용할 수 있는가?
- **타당성:** 예정된 시간 안에 필요한 자료를 수집할 수 있는가? 계획, 구성 및 실시한 다음 분석할 시간이 있는가?
- **개인적 매력:** 이 주제에 대해 얼마나 흥분되는가?

연구주제를 선정한 후에는 자신의 판단을 의심하지 말고 동요하지 않는다. 연구를 계획하고 자신을 신뢰하고 연구제안을 작성한다. 그러나 글을 쓰는 동안에도 더 좋은 아이디어가 나타난다면 연구주제를 바꿀 수 있다.

글쓰기는 주제를 통해 생각하는 방법이다. 글을 쓰고 생각할 때 연구주제의 내용을 더 잘 반영하기 위해 주제를 구체화하거나 개선할 수 있다. 연구과정 전반에 걸쳐 발생하는 조정 및 수정은 주제를 관리하고 연구결과를 정확하게 반영하는 방법이다. 따라서 연구주제의 사전평가와 평가 기준에 의해 연구주제를 선정하고 연구문제를 탐구하는 과정으로 이동할 수 있다.

심화학습 연구주제를 찾는 질문

- 소셜 미디어에 왜 중독되는가?
- 인종 차별을 멈출 수 있는 방법이 있는가?
- 미디어 검열은 필요한 것인가?
- 가상 통화는 필요한 것인가?
- 가상 통화가 화폐 기능을 수행하는 것이 적법한가?
- 애니메이션이 전 세계적으로 인기를 얻는 이유는 무엇인가?
- 전통 음악이 외국 음악보다 더 중요한가?
- 사람들이 나이가 들면서 여가 활동을 바꾸는 이유는 무엇인가?
- 사람들의 고정 관념과 집단적 사고는 어떻게 다른가?
- 기술이 세대 간 격차를 일으키는가?
- 사람들을 행복하게 만드는 것은 무엇인가?
- 어떤 나라가 다른 나라보다 더 번영하는 이유는 무엇인가?
- 연쇄 살인범과 강간범에 대한 적절한 처벌은 무엇인가?
- 노숙자를 방지하는 방법은 무엇인가?
- 종교의 미래는 무엇인가?
- 조직의 강경파가 왜 의사결정권을 갖고 있는가?
- 가상 세계와 게임이 폭력이나 반사회성을 유발하는가?

Chapter 07

연구문제

화가는 그의 마음과 손에 우주를 가지고 있다
(Leonardo da Vinci).

1. 연구문제

연구주제(research topic)를 선택한 후 다음 단계는 연구문제를 설명하는 것이다. 연구문제(research problem)는 두 개 이상의 변수 사이에 어떤 관계가 있는지 묻는 질문이다.

깊은 생각과 신중한 조사를 거치면 연구문제를 찾을 수 있다. 연구문제는 세부적인 문제, 연구의 모호성, 연구의 공백 분석 또는 연구에서 논의할 지식 및 결과의 공백이다. 연구자에 따라서 단일 연구문제나 복합 연구문제를 생각할 수 있다. 또 어떤 연구는 이론적 문제와 실제 문제 모두에 초점을 맞추고, 어떤 연구는 하나에만 초점을 맞추기도 한다. 중요한 것은 연구문제를 명확하고 간결하게 정의하는 것이다. 이렇게 할 수 없다면 주제를 충분히 생각하지 않은 것이다. 연구문제와 연구질문은 종종 같은 의미로 사용된다.

1) 좋은 연구문제

연구주제를 선택한 후에 연구문제를 개발한다. 답으로 연구를 시작하면 중요한 것을 놓치거나 논문이 너무 일방적일 수 있는 반면, 질문으로 시작하면 문제를 명확하게 정의하면서 문제를 탐색할 수 있다. 연구문제는 연구에서 해결하려는 관심 분야, 특정 문제, 어려움, 모순 또는 지식의 공백에 대한 질문이다.

연구주제를 연구문제로 전환해야 해결책을 찾을 수 있다. 좋은 연구문제는 주제가 명확하고 집중적이며, 너무 쉽거나 쉽지 않은 대답을 찾을 수 있고, 조사가 가능하고 분석적인 문제이다. 이러한 문제인 경우 실제 문제를 해결하거나 지식을 확장할 수 있다. 다음은 좋은 연구문제의 평가 기준이다.

그림 7-1 연구문제의 평가 기준

- 구체성: 질문에는 적절한 범위가 있다. 질문은 너무 넓지 않고 너무 좁지 않아야 한다. 질문이 너무 넓으면 철저히 답변할 수 없고, 너무 좁으면 글을 쓸 수 없어 강력한 주장을 발전시키는 데 어려움이 있다.
- 단일성: 연구문제에는 하나의 문제만 포함한다.
- 적절성: 답할 수 있는 너무 어렵지 않은 문제이다.
- 관련성: 선택한 연구 분야와 관련이 있고 적용 가능해야 한다.

- 이용성: 자료 원천을 사용하여 답을 찾을 수 있어야 한다.
- 논증성: 이미 정해진 사실보다는 논증의 여지가 있는 질문이다.

표 7-1 연구주제를 연구문제로 전환한 예

연구주제	일반 질문	초기 연구문제	수정 연구문제
관심 부분	단순, 일반적	구체적	구체적, 복합적
괌 음식	괌 시민은 무엇을 먹는가?	괌 음식은 스페인 문화의 무엇을 반영하는가?	괌 음식은 식민주의의 역사를 어떻게 반영하는가?
한국인의 비만	한국인이 예전보다 더 비만한가?	지난 30년 동안 한국인의 비만율이 증가했는가?	지난 30년 동안 한국인의 비만율과 소득 불평등 사이에 상관관계가 있는가?
서구 문화	중동에서 서구 문화의 역할은 무엇인가?	서구 문화는 중동의 사회에 어떤 영향을 미쳤는가?	서구 문화는 두바이 시민의 일상생활에 어떤 영향을 미쳤는가?

2) 연구문제의 정의 방법

연구문제는 관심 분야, 개선해야 할 조건, 제거해야 할 영역, 또는 의미 있는 이해와 필요성을 지적하는 학계, 이론 또는 실제에 존재하는 문제가 되는 질문에 대한 진술이다. 일부 사회 과학 분야에서 연구문제는 일반적으로 질문의 형태이다. 연구문제는 모호하거나 광범위한 제안을 제시하거나 가치 질문을 하지 않는다. 다음은 연구문제의 목적이다.

- 독자가 연구의 중요성을 파악할 수 있다.
- 변수를 정의하고, 변수 간의 관계를 파악한다.
- 연구가설 또는 가정의 근거이다.
- 변수를 정의하는 특정 맥락에 주제를 배치한다.

심화학습 **연구 용어 정의**

- 연구주제(research topic): 논문의 일반적인 소재
- 연구주제문(thesis statement): 논문의 주장
- 연구문제(research problem): 연구결과로 답하려고 하는 질문

2. 연구문제의 원천

샘에 물이 있듯이 연구문제의 샘도 맑고 풍부한 곳이 있다. 연구문제의 샘을 찾아야 연구문제를 찾을 수 있다. 연구주제에 대한 아이디어는 개인적 또는 전문적 경험, 이론, 미디어 또는 기타 연구와 같은 다양한 출처에서 창안할 수 있다. 연구문제를 확인하는 것은 조사할 수 있는 문제가 없기 때문이 아니라 독특하고 다른 사람의 작업을 단순히 복제하지 않고, 학문적으로 관련이 있고, 연구 가능한 문제를 조직하는 문제로 인해 어려울 수 있다. 그래서 연구자는 연구를 구축할 문제를 선택하는 방법을 용이하게 하려면 여러 가지 원천을 고려한다.

그림 7-2 연구문제의 원천

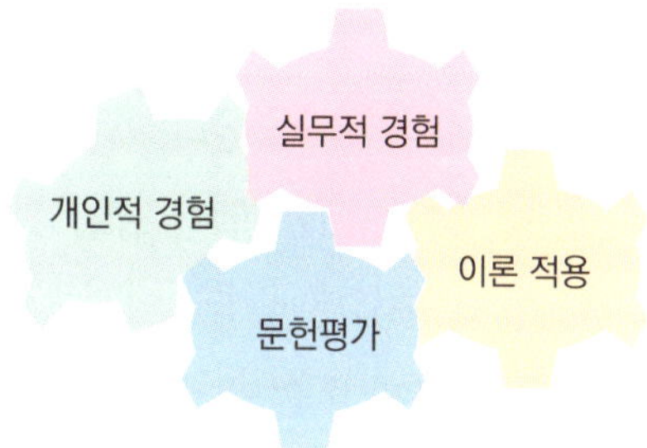

1) 개인적 경험

연구자의 일상적인 개인 경험은 연구문제를 찾는 좋은 아이디어의 원천이 될 수 있다. 예를 들어, 한 연구자는 도박에 빠진 아내가 겪는 사행 행위를 관찰했다. 이 경험은 여성에 대한 사행 행위와 관련된 몇 가지 연구문제를 확인하는 아이디어를 제공할 수 있다. 연구문제를 개발하는 데 사용할 수 있는 연구자의 삶의 경험이 너무 많을 수 있다. 많으면 가치가 없어 보일 수 있다. 이때 일상적인 경험을 조사할 가치가 거의 없는 문제로 과소평가하는 실수를 하지 않는다. 사회, 조직, 이웃, 가족 또는 개인 생활이 직면한 문제에 대한 자신의 경험 또는 좌절에 대해 비판적으로 생각한다. 예를 들어, 명확한 설명이 없는 특정 상황에 대한 관찰이나 특정 개인이나 집단에 특이한 비정상적인 사건을 목격한 경우에서 연구문제를 확인될 수 있다.

2) 실무적 경험

특정 주제에 대한 연구문제의 확인은 향후 연구를 위한 새로운 통찰력을 제공하고 연구결과를 실무와 더 관련이 있도록 만드는 방법을 제공할 수 있다. 예를 들면, 임상심리사는 상담 경험에서 연구문제를 설정할 수 있는 많은 아이디어를 얻을 수 있다. 호기심 많은 임상심리사는 임상 경험 중에 접할 수 있는 몇 가지 질문에 답할 수 있다. 예를 들어, 한 임상심리사가 치료 중에 어떤 환자가 편집성 행위가 옳지 않다는 것을 인식했으나 퇴원 후에는 편집성 행위가 반복된다는 것을 알게 되었다. 이러한 임상 경험은 중요한 연구문제를 확인할 수 있는 아이디어 원천이 될 수 있다.

연구자, 언론인, 교수, 교사, 변호사, 경영자, 협회나 단체 관계자, 사회복지사, 심리상담사, 의료 서비스 제공자 등과 같은 해당 분야의 전문가와의 토론을 통해 학계 내에서 충분히 연구되지 않았거나 무시될 수 있는 "실제 문제"를 확인할 수 있다. 이 접근법은 연구를 설계하고 수행하는 과정에서 도움이 될 수 있는 실용적인 지식을 제공한다.

3) 문헌평가

연구문제의 선택은 전체 관심 분야와 관련된 연구의 검토에서 나올 수 있다. 즉, 공백이 존재하거나 과소 연구된 위치에서 참신한 주제가 나타날 수 있다. 이전 연구에 사용된 방법론이 다른 문제를 해결하는 데 적용될 수 있는지 평가한다. 또는 유사한 연구가 다른 주제 영역에서 수행될 수 있는지 또는 다른 맥락에서 일반화, 즉 다른 환경이나 다른 집단의 사람들에게 적용될 수 있는지 판단한다.

연구 보고서, 의견 및 임상 문제 요약을 포함하여 관심 주제와 관련된 책과 기사를 비판적으로 연구할 때 관련 질문이 떠오를 수 있다. 추가 연구에 대한 진술은 조사할 새로운 문제를 확인하는 데 귀중한 원천이 될 수 있다. 연구자가 추가 탐구할 필요가 있다면 그것은 추구할 가치가 있는 사실을 입증한 것이다. 기존의 연구결과를 바탕으로 지식 체계를 개발한다. 대체로 연구가 끝나면 이전 연구의 단점을 기반으로 추가 연구문제가 제안될 수 있다. 이것들은 상상력을 자극하고 추가 연구가 필요한 것을 직접 언급함으로써 간접적으로 독자의 마음을 끌 수 있다.

4) 이론 적용

연구는 이론 개발과 이론 검증의 과정이다. 연구 가능한 문제를 개발하는 데 기존 이론을 사용하는 경우 이론의 특정한 진술을 분리할 수 있고, 이론의 일부는 실무 상황에서 검증될 수 있다. 어떤 이론은 연구자가 익숙한 삶과 사회에서 구현한 사회 철학 또는 일반화에서 만든 추론과 관련이 있다. 인간의 행동에서 나온 이러한 추론은 연구를 통해 경험적 기준 틀 내에 속한다. 이론에서 연구자는 특정 경험적 상황에서 예상되는 결과를 나타내는 연구문제를 조직할 수 있다. 이 연구는 "이론이 특정한 상황에서 변수 사이의 어떤 관계가 관찰될 것인가?"라는 질문을 던진다. 그런 다음 경험 자료가 가설을 확인 또는 거부하는지 평가하기 위해 체계적인 조사를 수행할 수 있다.

3. 연구문제의 유형

연구 유형은 양적 및 질적 연구가 있다. 두 유형의 연구는 모두 연구문제가 필요하다. 어떤 연구문제에 답할 것인지는 사용하려는 연구 유형에 따라 다르다. 연구의 첫 시작은 연구 공백을 찾아 연구주제를 선택하고 완전히 집중된 연구문제를 만드는 것이다. 연구문제의 유형에 따라 가설을 설정하는 방식이나 가설을 검증하는 통계 방식도 다르다. 그러나 연구문제의 예는 간단하지만 실제 연구문제는 훨씬 더 복잡할 수 있다. [표 7-2]는 논문에 대한 일반적인 연구문제의 유형이다.

표 7-2 연구문제의 유형

유형	설명
서술적 방식	A의 속성은 무엇인가?
비교·대조 방식	A와 B의 유사점과 차이점은 무엇인가?
상관관계 방식	변수 A와 변수 B를 어떻게 상관시킬 수 있는가?
탐색적 방식	C에 영향을 미치는 요인은 무엇인가? A와 B도 C에 영향을 주는가?
설명적 방식	C의 원인은 무엇인가? B가 A에 어떤 영향을 미치는가? 무엇이 D에 영향을 미치는가?
평가 방식	C는 얼마나 유용하고 영향력이 있는가? B는 어떤 역할을 하는가? A의 장점과 단점은 무엇인가?

4. 연구문제의 개발

연구자는 주제에 대해 새로운 것을 발견하고 싶을 때마다 그것에 대해 질문할 것이다. 연구자는 연구 논문이나 논술에서는 하나의 문제, 즉 단일 연구문제를 만들어야 한다. 주제문에는 주장의 중심 위치 또는 주장을 확립하기 위해 조사하려는 특정 문제가 포함되어야 한다. 반면에 논문은 여러 연구문제를 가질 수 있지만 모든 문제는 주요 연구문제에 초점을 맞춰야 하고 모두 연구 범위와 관련이 있어야 한다. 연구주제가 선정되면 연구문제로 이어질 것이다. 연구문제를 만들 때 "주제 + 의문형 주장 = 연구문제" 공식을, 연구주제문을 만들 때 "주제 + 이유 + 주장 = 연구주제문" 공식을 사용한다.

연구문제 공식과 연구주제문 공식

- **연구문제 공식**: 주제 + 의문형 주장
- **연구주제문 공식**: 주제 + 이유 + 주장

그림 7-3 연구문제 공식

☑ 연구문제 = 주제 + 의문형 주장

① 주제: 나는 __________ 에 관심이 있다.

② 이유: __________ 이 있기 때문에

③ 주장: __________ 을 주장한다.

④ 문제: ①은 ③인가?

⑤ 주제문: ①은 ②때문에 ③이다.

주제(topic)는 구체적이고 실재적인 연구 재료로 관심이 있는 특정한 영역이 된다. 이와 달리 주장은 특정한 이유가 있어 해결책을 제시하려는 진술이다. 주장은 주제가 작용하여 나타나는 현상이 된다. 예를 들면, 학부모나 학생들은 펜데믹 시대에서 비대면 수업이 고등학교의 교육에 미치는 영향이 궁금할 것이다. 비대면 수업을 소재로 하여 주장과 결합하여 연구문제를 만든다면, "비대면 수업"은 주제가 되고, 이것이 작용하여 나타나는 현상, 즉 의문형 주장은 "고등학교의 대학 진학률을 변화시켰다"가 된다. 이유는 주장에 대한 근거이므로 "고등학교별로 비대면 수업 시스템의 차이가 있다"가 된다. 의문형 주장을 결합하여 연구문제를 만들면, "비대면 수업"은 주제가 되고, 이것이 작용하여 나타나는 현상은 "학생들의 대학 진학률을 어떻게 변화시켰는가?"가 되고, 이유는 "고등학교별로 비대면 수업 시스템의 차이가 있기 때문이다"가 된다. 따라서 연구 주제문을 개발하는 절차는 다음과 같다.

① 주제를 넓고 추상적 영역(교육, 수업)에서 좁은 영역(비대면 수업)으로 전환한다.
② 이유를 제시한다. 고등학교별로 시스템의 차이가 있다.
③ 주장을 구상한다. 고등학교의 대학 진학률을 변화시켰다.
④ 주제와 주장을 결합한다.

인간은 새로운 환경에 민감하지만 잘 적응한다. 신종 전염병으로 고등학교의 수업이 비대면으로 이루어졌다. 이러한 비대면 수업은 지역별 학력의 차이를 가져왔다고 보도되고 있다. 한 연구자가 과연 그런지를 연구하고자 한다. 비대면 수업의 연구 주제문 공식에 대입하면, 주제(비대면 수업) + 이유(고등학교별로 시스템의 차이) + 주장(고등학교의 대학 진학률을 변화시켰다)을 토대로 연구문제는 "**비대면 수업은 고등학교의 대학 진학률을 변화시켰는가?**"가 된다.

제목: 비대면 수업

주제 + 의문형 주장 = 연구문제

① **주제:** 나는 비대면 수업에 관심이 있다.
② **이유:** 고등학교별로 비대면 수업 시스템의 차이가 있기 때문에
③ **주장:** 고등학교의 대학 진학률을 변화시켰다.
④ **문제:** 비대면 수업은 고등학교의 대학 진학률을 변화시켰는가?
⑤ **주제문:** 고등학교별로 비대면 수업 시스템의 차이가 있기 때문에 비대면 수업은 고등학교의 대학 진학률을 변화시켰다.

게임에는 장점도 많지만 이면에는 단점도 많기 때문에 그 영향이 늘 사회적 이슈가 되고 있다. 오늘날 청소년들은 온라인 게임을 많이 한다. 온라인 게

임은 현실사회에 비하면 상당히 계급 사회적인 요소가 있다. 기업은 이런 심리를 이용하여 사업을 하고 있다. 특히, 부모의 눈을 피해 아이들에게 게임 아이템을 팔고 있는 것이 문제가 될 수 있다. 연구문제를 공식화하면, 주제(온라인 게임) + 주장(사회성에 부정적 영향) = 온라인 게임이 청소년의 사회성에 부정적 영향을 미쳤는가?

제목: 온라인 게임

주제 + 의문형 주장 = 연구문제

① **주제:** 나는 온라인 게임에 관심이 있다.
② **이유:** 계급 사회적 요소가 있기 때문에
③ **주장:** 청소년의 사회성에 부정적 영향이 있다.
④ **문제:** 온라인 게임이 청소년의 사회성에 부정적 영향을 미쳤는가?
⑤ **주제문:** 온라인 게임에는 계급 사회적 요소가 있기 때문에 청소년의 사회성에 부정적 영향을 미쳤다.

인생의 의의는 거짓을 미워하고, 진리를 사랑하는 것을 배우는 데 있다(로버트 브라우닝[18]). 그런데 최근에는 거짓을 사랑하고 진리를 미워하는 사람들이 너무 많이 생겨났다. 동서고금을 막론하고 고위 관료의 부패는 사회적으로 심한 질타를 받아왔지만 그 부패는 끊이지 않고 더욱 악질적으로 진화하고 있다.

정치인들의 범죄와 언행을 보면 가히 가관이다. 어찌 보면 기대하는 것 자체가 사치이다. 특히 정의와 공정 사회를 기치로 했던 정부도 불의와 불공정의 정도가 매우 심하게 나타나 국민들의 좌절과 실망이 매우 커 공분을 샀다. 자신의 부패, 기만과 위선은 오히려 정의와 개혁으로 둔갑되었다. 그래서 정치인의 부패에 대해서 연구하고 싶은 생각이 들었다. 그들의 부패를 사회적 문제로 간주할 필요가 있다. 주제는 정치인의 부패이다. 따라서 정치인의 부패가 국민들에게 사회적 평등 기회를 박탈하기 때문에 내동령의 지지율이 악화될 것이라고 주장한다. 이를 연구문제 공식에 대입한다.

18 로버트 브라우닝(Robert Browning: 1812-1889)은 영국 빅토리아조 대표 시인.

제목: 정치인의 부패

주제 + 의문형 주장 = 연구문제

① **주제:** 나는 정치인의 부패에 관심이 있다.
② **이유:** 사회적 평등기회를 박탈하기 때문에
③ **주장:** 대통령의 지지율이 악화될 것이다.
④ **문제:** 정치인의 부패는 대통령의 지지율 악화에 영향을 미쳤는가?
⑤ **주제문:** 정치인의 부패는 사회적 평등기회를 박탈하기 때문에 대통령의 지지율이 악화될 것이다.

5. 연구문제의 평가

연구문제는 주제에 대해 개방형 질문, 즉 "어떻게" 및 "왜" 질문을 시작하여 작성하는 것이 바람직하다. 예를 들어, "왜 정치인은 부패하는가?"로 시작한다. 그러나 초기 연구문제는 연구문제 공식의 구조로 보아 부족하다. 종이에 몇 가지 질문을 적어 놓은 후 이러한 질문을 평가하여 효과적인 연구문제인지 또는 수정이 필요한지 결정한다. 주제의 "그래서 무엇"을 고려한다. 이 주제가 자신과 독자에게 왜 중요한가? 연구를 통해 탐구할 수 있는 것을 더 확인한다. 다음은 연구문제를 평가하고 결정하기 위한 질문이다.

그림 7-4 연구문제에 대한 평가 질문

일반적인 연구문제 측면	가설까지 고려한 측면
• 연구문제가 분명한가?	• 논증을 한다면 뭐라고 하겠는가?
• 연구문제가 구체적인가?	• 주장이 왜 중요한가?
• 연구문제가 적절한가?	• 독자가 주장에 어떻게 이의를 제기할 수 있는가?
• 연구문제에 초점이 있는가?	• 주장을 뒷받침하는 어떤 종류의 자료가 필요한가?

심화학습 연구문제의 평가 예

구체

- 모호: SNS가 왜 해로운가요?
- 구체: 카카오톡 및 페이스북과 같은 SNS 사용자는 가짜 뉴스에 어떤 영향을 미치는가?

적절

- 단순: 청소년에게 흡연은 불법인가?
- 적절: 새로 제정된 법률이 청소년 흡연율에 어떤 영향을 미치는가?

집중

- 광의: 지구 온난화가 환경에 미치는 영향은 무엇인가?
- 집중: 빙하 결빙은 북극의 곰에게 어떤 영향을 미치는가?

가설수립

Chapter 08

창의력은 실험하고, 규칙을 어기고, 실수를 하고, 즐기는 것이다(Mary Lou Cook).

1. 가설의 의미

연구자는 문헌검토와 개인적 경험을 토대로 어떠한 현상이 어떠한 결과를 가져오지 않을까 하는 생각에서 연구를 시작할 수 있다. 따라서 연구자는 연구주제를 선정하고, 연구문제를 결정하고, 가설을 수립하여 연구를 진행해 나아간다. 올 여름 무더우면 에어컨이 많이 팔릴 것이라고 예측할 수 있는데 바로 이 예측이 가설이다. 따라서 가설은 연구문제에 대한 답을 제시하는 미래형 명제이다.

연구자는 가설을 근거로 연구조사를 실시하고, 그 자료를 토대로 통계검증을 하게 된다. 이때 연구자는 가설이 지지되기를 원한다. 가설수립 전 과정이 이론적 근거에 의해 적절해야 타당한 결론에 이르게 된다. 일반적인 가설은 "A이면 B일 것이다"의 형태이다. 다음은 일반적인 가설의 예이다.

- 까마귀 날자 배 떨어진다.
- 노력하면 성공할 것이다.
- 부패한 관료는 처벌을 받을 것이다.
- 기름진 음식을 매일 먹으면 비만이 될 것이다.

- 담배를 피우면 폐암이 발생할 것이다.
- 논증을 공부하면 취업 시험에 합격할 것이다.
- 박사 학위 논문이 통과되면 새로운 일이 주어질 것이다.

1) 가설의 개념

가설은 아직 증명되지 않은 이론이다. 가설(hypothesis)은 연구문제에 대한 답변을 가정하거나 또는 예측하는 진술이다. 즉, 가설은 연구문제에 대한 잠정적인 주장이다. 가설은 현상에 대한 제안된 설명이다. 또는 가설은 둘 이상의 변수 간의 관계이다. 독립변수는 연구자가 변경하거나 통제하는 변수이지만 종속 변수는 연구자가 관찰하고 측정하는 변수이다. 예를 들면, "매일 사과를 먹으면 의사 진료가 줄어들 것이다". 해당 예에서 독립변수는 가정된 원인인 사과 소비이며, 종속 변수는 독립변수의 결과인 의사 진료이다.

그림 8-1 변수 간의 역할

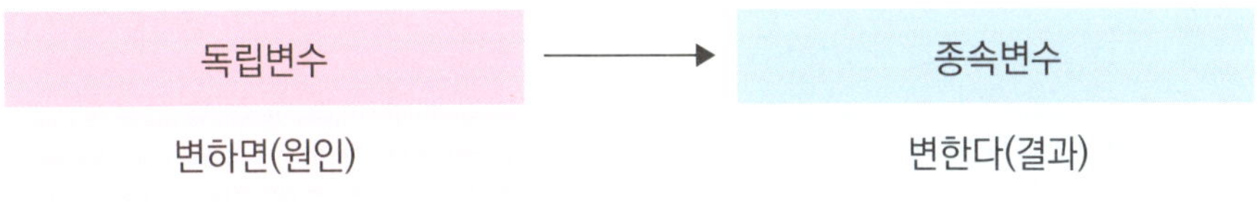

2) 가설화 과정

미래를 예측한다는 것은 매우 흥미로운 일이다. 가설은 과학적 연구를 통해 검증할 수 있는 진술이다. 둘 이상의 변수 간의 관계를 검증하려면 실험이나 자료수집 전에 가설을 설정한다. 가설은 과거의 사건을 토대로, 즉 문헌 연구나 개인적 경험을 통해서 특정한 사건에 대한 원인과 결과를 예측하는 것이다. 따라서 가설은 아직 검증되지 않은 연구문제에 대한 잠정적인 답변이다. 그렇다고 가설은 단순한 추측이 아니다.

가설은 기존 이론과 지식을 기반으로 해야 하고 검증 가능해야 한다. 가설은 과학적 연구방법, 즉 실험, 관찰, 설문조사 및 통계분석을 통해 이를 지지하거나 거부할 수 있다. 이를 위해 가설의 지지 여부에 대한 검정이 필요하다. 따라서 가설에는 현상을 기반으로 하며 과학적으로 검증할 수 있는 논리적이고 합리적인 가정이 있다.

그림 8-2 가설화 과정

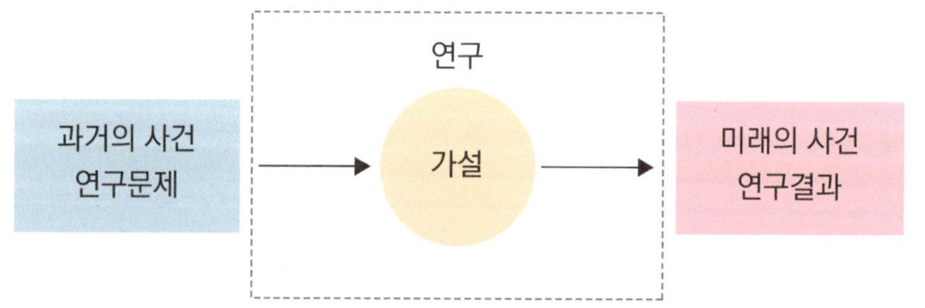

인과관계의 주장이 가설에 반드시 포함되는 것은 아니지만 가설은 인과관계를 주장하는 형식을 취한다. 예를 들면, "A가 B를 유발할 것이다". 어떤 독립변수가 변하면 어떤 종속변수도 변한다. 이것은 "If-then" 문장이다. 그러나 상관관계에 대한 가설은 그 자체로 원인과 결과를 규정하지 않고 "A가 B와 관련이 있을 것이다"라고만 언급한다. 이러한 연관 가설은 변수 간의 상호 의존성이다. 인과관계는 상관관계보다 확인하기가 더 어려울 수 있다. 왜냐하면 명제에서 언급되지 않은 다른 요인인 개입변수가 관련되기 때문이다. 다음은 가설의 목적이다.

- 현상에 대한 잠정적인 설명을 제공하고 지식을 확장한다.
- 연구조사에서 직접 검증할 수 있는 진술을 제공한다.
- 연구 방향을 제공한다.
- 연구의 결론을 보고하기 위한 연구 틀을 제공한다.

2. 가설의 속성

가설(hypothesis)은 둘 이상의 변수 간의 관계를 예측하는 잠정적 결론이다. 독립변수와 종속변수 간에 체계적인 관계가 있음을 의미한다. 가설을 통해 연구자는 새로운 발견 영역을 객관적으로 조사할 수 있다. 연구에서 일어날 것으로 기대하는 것(가설)을 이론이 아니라 구체적 용어로 설명한다. 변수는 추상적이기 때문에 측정이 가능한 형태로 변경하는 것을 조작적 정의(operational definition)라고 한다. 이 조작적 정의는 변수의 본래 의미를 그대로 측정할 수 있게 한다. 가설이 진정한 연구가설이 되려면 구체성, 검증 가능성 및 반증 가능성이라는 세 가지 속성이 있어야 한다.

그림 8-3 가설의 속성

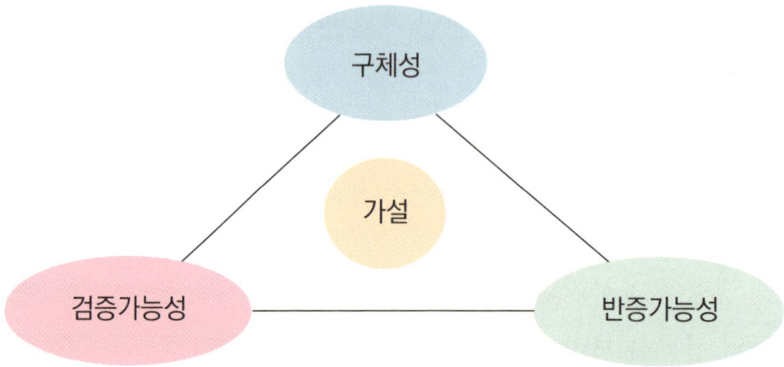

1) 구체성 및 명확성

좋은 가설은 무엇을 평가하고 있는지 명확하고 예상되는 결과에 대해 매우 구체적이다. 즉, 가설은 분명하고 구체적이다. 예를 들면, 재무 상담사의 전문 지식에 대한 고객의 인식은 재무 상담사에 대한 신뢰와 긍정적인 관계가 있을 것이다. 가설은 관련된 변수(전문성 및 신뢰), 관련 당사자(고객 및 상담사), 예상 관계 유형(양의 상관관계)을 확인한다는 점에서 매우 구체적이다. 가설에는 누가 또는 무엇을 포함하는지에 대한 모호함이나 불확실성이 없으며 예상되는 결과가 분명하다.

2) 검증 가능성

가설은 과학적 가설로 검증할 수 있어야 한다. 검증할 수 없다면 그것은 가설이 아니다. 검증 가능성은 가설을 뒷받침하는지 여부를 평가하기 위해 엄격한 방식으로 관찰 가능한 자료를 수집할 수 있어야 한다. 즉, 주장을 증명할 수 있는 방법이 있어야 한다. 예를 들어, 이전 가설에서 재무 상담사의 능력에 대한 사람들의 인식이 해당 재무 상담사를 신뢰할 가능성과 관련이 있는지 평가하는 연구에서 가설을 검증할 수 있다. 그러한 가설을 검증하기 위해 많은 표본을 포함하는 정량적 연구방법을 사용한다.

3) 반증 가능성

가설은 검증 가능해야 하지만, 즉 진실로 입증될 수 있어야 하나 이것만으로는 충분하지 않다. 유용한 가설이 되려면 반증 가능해야 한다. 즉, 가설이 거짓인지 검증할 수 있는 식별 가능한 방법이 필요하다. 주장이 허위인지 평가할 방법이 없다면 그것은 가설이 아니다. 예를 들면, 지구 이외의 행성에 생명체가 존재할 것이라는 가설은 검증 가능한가? 생명체를 찾을 수 있는 우주 탐사선을 어떤 행성에 보낼 수 있다. 어떤 행성에 우주 탐사선을 보냈는데 증거나 생명체를 찾지 못했다면 가설이 반증되지는 않을 것이다. 가설을 반증하려면 우주의 모든 행성을 방문해야 한다. 이것은 결코 가능하지 않다. 이렇게 실행할 수 없는 진술은 반증할 수 없으며 따라서 가설이 아니다. 반증은 어떤 사실이나 주장이 옳지 아니함을 그에 반대되는 근거를 들어 증명하는 것이다. 따라서 특정 이론이 옳다는 것을 증명해 주는 실험 증거가 아무리 많다고 해도 이론이 거짓이라는 하나의 실험 증거가 있으면 거짓 이론으로 확정되는 것이다.

3. 가설의 유형

가설은 연구자에게 명확하고 구체적인 목표를 제공한다. 가설은 두 변수 사이의 관계를 잠정적으로 예측하는 진술이고, "그럴 것이다"라고 추정하는 가정이다. 또한 가설은 현실에서 경험적으로 검증 가능한 현상의 원인과 그로 인한 결과를 예측하는 설명이다. 이는 독립변수와 종속변수 간에 체계적인 관계가 있다는 추측이다.

가설에는 영가설과 대립가설이 있고, 영가설은 귀무가설, 대립가설은 연구가설이라고 한다. 따라서 영가설은 통계적 검증의 대상이 되는 가설이며 대립가설은 지지되기를 바라는 가설이다. 이러한 목적을 달성하기 위한 가설은 다음과 같이 구분할 수 있다.

1) 통계적 유의성에 따른 구분

연구 결과가 우연에 의해 발생한 것이라면 의미가 없다. 통계적 유의성(統計的 有意性: statistical significance)이란 연구자가 관찰한 결과가 우연이라고 하기 어렵고, 차이가 커서 무시할 수 없다는 의미이다. 즉, 연구자가 관찰한 결과가 우연에 의해 발생할 가능성이 낮다는 것을 뜻한다. **"어떤 연구 결과가 통계적으로 유의하다"**는 것은 **연구 결과가 단순한 우연이라고 생각되지 않을 정도로 뚜렷한 차이가 있다**는 뜻이다. 이를 검증하기 위한 가설이 영가설과 대립가설이다. 영가설(귀무가설)은 특정 변수 간의 관계가 없다고 주장하는 반면, 대립가설(연구가설)은 이 관계가 있다고 주장하는 가설이다.

- 영가설(H_0): 변수 간에 실제 관계가 없다는 진술이다. 이것은 대립가설을 부인하는 가설이다. "차이가 없을 것이다. 관계가 없을 것이다"라는 식으로 표현된다.
- 대립가설(H_1): 대립가설은 연구자가 예상할 수 있는 잠재적 결과를 제안하는 진술이다. 대립가설은 조사자가 원하는, 즉 지지되기를 바라는 결론이다. "차이가 있을 것이다. 관계가 있을 것이다. A이면 B일 것이다"라는 식으로 표현된다.

2) 방향성에 의한 구분

긍정이나 부정, 증가나 감소처럼 연관성의 방향이 있는 가설이다.

- **방향가설:** 예상되는 결과의 방향을 지정하는 가설이다. 때로는 집단을 비교하기보다는 변수 간의 관계를 조사하기 위해 방향가설이 만들어진다. 예를 들면, 서비스 직원의 공감성은 서비스의 만족을 증가시킬 것이다. 방향가설은 비방향가설보다 더 많은 정보를 제공하므로 더 우수한 가설이다.
- **비방향가설:** 예상되는 결과의 명확한 방향이 지정되지 않은 가설 유형이다. 연구자는 문헌에서 무엇을 예측할 수 있는지 모를 수 있다. 예를 들면, 서비스 직원의 공감성은 서비스의 만족에 영향을 미친다. 따라서 비방향가설은 독립변수와 종속변수 간에 방향이 제시되지 않는다.

표 8-1 연구문제, 영가설과 대립가설의 예

연구문제	청소년들의 소셜 미디어 시간은 학업 성취도에 어떤 영향을 미치는가?
영가설	청소년들의 소셜 미디어 사용 시간은 학업 성취도와 관계가 없을 것이다.
대립가설	청소년들의 소셜 미디어 사용 시간은 학업 성취도에 부정적 관계가 있을 것이다.

4. 가설수립

사회 과학 분야에서 어떤 종류의 연구를 하기 전에 연구문제나 가설이 필요하다. 연구는 연구문제에 답하거나 연구가설을 검증하는 것이다. 검증 가능한 가설은 단순한 진술이 아니다. 사회 과학 실험, 그 의도 및 가능한 결과에

대한 명확한 관계를 제공해야 하는 다소 복잡한 진술이다. 실험의 타당성과 그 결과는 검증 가능한 가설에 의존한다. 가설은 변수 간의 관계를 예측하는 데 도움이 된다.

가설을 세우는 것은 연구에 큰 가치가 있다. 과학적 실험을 위해 강력하고 검증 가능한 연구 가설을 구축해야 한다. 검증 가능한 가설은 실험의 결과로 증명되거나 반증될 수 있는 가설이다. [그림 8-4]는 가설을 수립하는 절차이다.

그림 8-4 가설수립 절차

1	연구문제
2	가설정의
3	대립가설 작성
4	대립가설 수정
5	영가설 작성

1) 연구문제

과학적 방법에서 첫 번째 단계는 연구문제를 설정하는 것이다. 이 질문은 "누가, 무엇을, 어디서, 언제, 왜, 어떻게"를 사용하여 구성한다. 연구문제는 구체적이고 적절하고 연구 분야와 관련되어야 한다. 여러 각도에서 질문을 조사할 수 있다는 사실을 알고 나면 예비 조사를 시작할 때이다. 이미 연구주제와 연구문제를 통해서 가설을 수립하기 위한 근거는 다 준비된다. 연구문제에서 "A이면 B일 것이다"라는 구문으로 가설을 수립할 수 있다. 다음은 연구가설을 수립하기 위한 질문의 일반적인 예이다.

• 탄산음료가 혈당 수치에 영향을 주는가?
• 자동차의 수가 많을수록 대기오염이 증가하는가?
• 코로나는 시민들의 문화생활에 어떤 영향을 미치는가?
• 직장인들이 회사에 대해 불안을 느끼는 이유는 무엇인가?
• 수면은 동기 부여에 어떤 영향을 미치는가?
• 트롯은 대중들에게 어떠한 영향을 주었는가?
• 원숭이는 어떻게 진화했는가?

2) 가설정의

설정된 가설에 반대하는 사람들을 만날 수 있다. 그렇다고 가설이 무효화되지는 않는다. 예를 들어, "코로나는 시민들의 문화생활에 어떤 영향을 미치는가?"라는 질문에 문화생활을 규정하는 방법은 응답자별로 상이할 수 있다. 이러한 경우 상충되는 점을 사용하여 가설을 만들 수 있다. 이외에도 가설이 설득력을 가지려면 연구자는 연구문제에 답하고 자신의 입장을 방어할 방법을 생각해야 한다. 따라서 설득력 있는 가설을 세울 때 고려해야 할 사항이 있다.

그림 8-5 가설 설정의 삼 요소

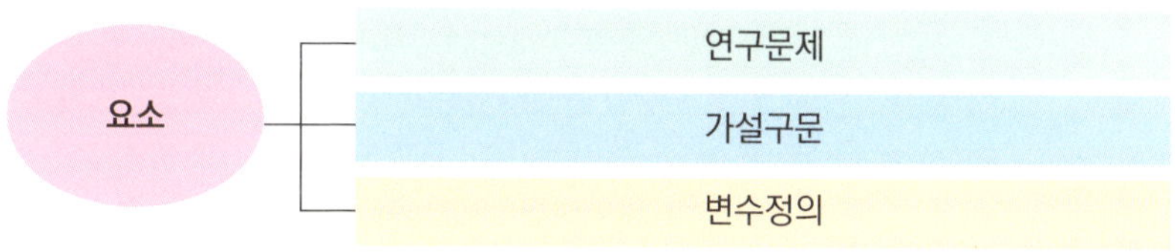

• 연구문제: 가설이 연구주제와 연구문제를 명확하게 정의하는지 확인한다. 가설이 실제로 해결하려는 연구문제를 설명해야 한다.

- 가설구문: 가설을 If-then 문장으로 작성한다. 특정 조치가 취해지면 특정 결과가 예상된다. 독립변수가 변하면 종속변수도 변한다는 구문으로 정의한다.
- 변수정의: 독립변수는 변할 수 있는 변수이다. 독립변수는 연구의 다른 요인과 독립적으로 발생한다. 그러나 이름에서 알 수 있듯이 종속변수는 연구의 다른 요인에 따라 달라진다. 즉, 독립변수의 변화에 영향을 받는 변수가 종속변수이다.

3) 대립가설 작성

질문에 대한 답변이 준비되었으므로 대립가설을 수립할 때이다. 가설은 질문이 아니라 진술인데, 이것은 연구문제에 대한 해결안으로 아이디어, 제안 또는 예측이다. 예를 들어, 연구가설은 If-then 문장으로 형식이 지정된다. 대립가설은 통계적으로 유의한 차이가 있거나 그러한 차이를 뒷받침할 증거가 있음을 나타낸다. 다음은 독립변수와 종속변수 간의 관계를 가설로 표현한 예이다.

연구문제에서 대립가설로 변환한 예

- 문제 1: 자동차의 수가 많을수록(독립변수) 대기오염(종속변수)이 증가하는가?
  → 독립변수(자동차의 수)를 변화시키면 종속변수(대기오염)도 변할 것이다.
- 문제 2: 탄산음료(독립변수)가 혈당 수치(종속변수)에 미치는 영향은 주는가?
  → 독립변수(탄산음료)를 변화시키면 종속변수(혈당 수치)도 변할 것이다.

가설구문으로 대립가설을 수립한다. 다음과 같이 예를 들어 질문을 제기할 수 있다. "공정한 국가는 모든 국민이 바라는 이상적인 사회이다. 이상적인 사회를 실현하는 것이 정부의 목표이다. 그래서 어떤 정부이든 항상 공정한 사회와 정의를 외치고 국민들에게 약속한다. 그러나 국민들은 정부가 공정하다고 느끼지 않는다. 특히 권력층의 부패나 이기적 행동이 언론에 보도될 때는 국민적 분노가 더욱 증가한다. 과연 정치적 공정은 정부 정책의 신뢰를 약화하는가? 그리고 정치적 공정이 정부 정책을 더 신뢰하지 않는 집단은 누구인가? 연구자는 이러한 사회적 문제를 연구하고자 한다". 이러한 예측을 검증하기 위해서는 가설을 설정해야 한다. 따라서 가설을 "정치적 공정은 정부 정책의 신뢰를 약화할 것이다"라고 수립할 수 있다. 다음은 가설을 작성하기 위한 예제이다.

- 연구문제: 정치적 공정은 정부 정책의 신뢰를 약화할 것인가?
- 독립변수: 정치적 공정
- 종속변수: 정부 정책의 신뢰
- 가설작성: 정치적 공정은 정부 정책의 신뢰를 약화시킬 것이다.

4) 가설수정

가설은 상관관계, 인과관계 연구이거나 두 집단 간의 차이를 연구하는 것일 수 있다. 이러한 경우 연구자는 연구에서 찾을 것으로 기대하는 관계나 차이점을 말하고 싶다. 즉, "집단 간 차이가 있는가?"라고 질문할 수 있다. 특히 이십대 여자와 이십대 남자 간에 정부 정책에 대한 신뢰가 차이가 있는지 알고 싶을 수 있다. 이러한 경우는 집단 간 차이를 고려한 가설을 설정할 수 있다. 예를 들면, "이십대 남자와 이십대 여자 간에는 정치적 공정에 대한 정부 정책의 신뢰에는 차이가 있을 것이다"라고 가설을 설정할 수 있다. 이처럼 가설은 범위의 구체성 부족, 가설구문의 설득력 부족이나 추가적인 연구 등으로 수정할 수 있다.

연구 확대를 위한 가설 수정의 예

- 초기 가설: 정치적 공정은 정부 정책의 신뢰를 약화할 것이다.
- 수정 가설: **이십대 남자와 이십대 여자 간에는** 정치적 공정에 대한 정부 정책의 신뢰에는 **차이**가 있을 것이다.

5) 가설 작성

연구에 따라 수집한 자료에 대한 통계분석을 수행해야 할 수도 있다. 과학적 방법을 사용하여 가설을 작성할 때 영가설과 대립가설을 만드는 방법을 아는 것이 중요하다. 영가설은 명백한 차이가 없거나 차이를 뒷받침할 증거가 없다고 가정한다. 실제로 검증 대상은 영가설이며 영가설이 기각될 때 대립가설이 지지된다. 따라서 영가설은 연구자가 기각될 것을 예상하고 있는 가설이고, 대립가설은 지지될 것을 기대하는 가설이다. 따라서 가설을 검증하기 위해 영가설을 수립한다.

- 영가설: 이십대 남자와 이십대 여자 간에는 정치적 공정에 대한 정부 정책의 신뢰에는 차이가 없을 것이다.
- 대립가설: 이십대 남자와 이십대 여자 간에는 정치적 공정에 대한 정부 정책의 신뢰에는 차이가 있을 것이다.

Chapter 09

논문의 구조와 초록

열정은 창조성의 비결이다(William Shatner).

1. 논문의 구조

논문은 학부 또는 대학원 학위나 학술지에 제출되는 독창적인 연구를 기반으로 한 장문의 학술 저작물이다. 이러한 논문은 학술적 창작성과 형식적 요건을 갖는 매우 정형화된 학술 저작물이다. 그래서 내용적으로는 독창적인 주제, 학문적 지식의 확장과 논리성을 구비해야 하고, 형식적으로는 논문의 구조를 준수해야 하는 이중적 과업을 파악해야 한다. 제6장~제8장은 논문의 주제를 연구하는 데 중점을 두었다면, 제9장~제12장에서는 논문의 주제를 발전시켜 연구결과를 맺는 방법과 논문의 구조에 맞게 작문하는 형식적 요건을 설명한다. 구슬이 서 말이라도 꿰어야 보배다. 구슬을 담을 그릇이 있어야 논문이 된다. 구슬을 담는 그릇이 바로 논문의 구조이다. 논문은 서론, 문헌검토부터 결론에 이르기까지 각 구조에 진술해야 할 내용들이 정해져 있다. 이를 무시한다면 아무리 좋은 주

제로 우수한 연구결과를 제시했더라도 논문은 통과되기 어렵다. 논문의 구조는 분야에 따라 다르지만 일반적으로 7개의 부분과 초록, 목차, 참고문헌, 부록 등이 있다. 과학 분야에서 가장 일반적인 논문 구조와 역할은 다음과 같다.

- 서론: 주제에 대한 소개
- 문헌검토: 관련 출처를 조사하는 문헌검토
- 방법론: 연구방법에 대한 설명
- 결과: 연구결과에 대한 개요
- 논의: 결과와 그 의미에 대한 논의
- 결론: 연구가 기여한 바를 보여주는 결론

그림 9-1 논문의 구조

초록	• 연구문제 및 연구목적
	• 연구주제
	• 연구방법
	• 연구결과 및 해석
	• 연구결론
서론	• 후크 문장
	• 주제와 배경 정보
	• 연구문제
	• 연구목적
	• 연구의 중요성
	• 연구개요
본론 (문헌검토)	• 연구주제 정의 • 문헌검토 이유와 목적 언급 • 주제가 중요한 이유 설명 • 포함 항목과 미포함 항목 설명

본론 (문헌검토)	• 한 단락에 한 주제 요약 • 검토 문헌의 현재 상태 평가 • 단락 형식으로 토론 • 일반 주제 평가, 연구문제 이동 • 지식의 강점 · 약점 · 공백 언급 • 검토한 문헌 평가 • 문헌의 일치 · 불일치 요약 • 향후 연구를 위한 영역 설명 • 연구를 기존 지식과 연결
개념적 틀	• 독립변수 및 종속변수의 관계 • 매개변수 및 조절변수 역할 • 연구가설 제시
연구방법론	• 연구 유형 • 자료수집 방법 • 자료분석 방법 • 연구도구 또는 재료 • 연구방법 선택 이유
연구결과	• 연구결과 요약 • 연구문제 결과 • 표 · 차트 · 그래프 · 그림 자료 • 자료수집 및 참가자 보고 • 추가적 발견 결과
논의	• 요약 • 해석 • 시사점 • 한계
결론	• 주제문 재진술 • 연구개요 • 연구의 중요성과 기여 • 제언

2. 논문 초록

초록(abstract)은 연구 논문의 짧은 요약이다. 초록은 심사 위원이 첫 번째로 보는 것이므로 논문의 가장 중요한 구성 요소로 간주된다. 논문 초록은 연구에 대한 첫 번째 중요한 진술이며 논문의 시작 부분에 배치된다. 초록은 연구의 목적과 결과를 간결하게 보고하여 독자가 논문의 내용을 정확히 알 수 있도록 한다. 따라서 매우 짧은 형태로 제시된 논문 초록은 논문 요약이며 연구의 모든 측면을 조명한다.

1) 초록의 구성

학술지에 논문을 제출할 때 항상 초록을 포함한다. 초록은 독자들에게 강한 인상을 남길 해결사 역할을 한다. 단순히 논문에서 발췌한 것이 아니라 완전히 독립적인 문장으로 작성한다. 초록은 전체 논문이나 관련 출처를 읽지 않은 사람이 그 자체로 완전히 이해할 수 있어야 한다. 초록은 독자가 계속해서 읽도록 동기를 부여할 수 있다. 초록은 눈에 띄고, 의미 있고, 흥미롭고, 당연히 유익해야 한다.

논문을 완료한 후 초록은 맨 나중에 작성한다. 독자가 시간과 공간이 부족할 때 초록은 전체 논문을 대체할 수 있어야 한다. 수행된 연구와 얻은 결과에 대한 간략한 개요를 제공하기 위해 논문에 관련된 정보를 포함한다. 따라서 초록에는 연구문제, 연구목적, 연구주제, 연구방법, 결과 및 해석, 그리고 연구결론 등이 포함된다.

그림 9-2 **초록의 구성**

초록
- 연구문제 및 연구목적
- 연구주제
- 연구방법
- 연구결과 및 해석
- 연구결론

2) 연구문제와 연구목적

배경 설명은 논문의 이론 및 실제적 중요성에 대한 간략한 관점이다. 연구문제 설명은 선택한 연구주제를 조사해야 하는 이유를 독자에게 명확하게 전달한다. 연구문제를 확인한 후 연구목적을 설명한다. 연구가 달성하고자 하는 연구목적에 대한 개요를 제시한다. 연구가 어떤 실용적 또는 이론적 문제에 반응하거나 어떤 연구문제에 답하려고 했는가? 문제를 확인한 후 연구목적을 설명한다.

3) 연구주제

연구문제를 기술한 다음은 연구주제를 제시한다. 주제문은 논문의 주요 아이디어이며 확립된 연구문제에 대한 주장이다. 연구주제는 연구문제와 관련이 있고, 독자에게 연구자의 핵심 내용을 한 문장으로 제시하는 것이다. 주제의 사회적 또는 학문적 관련성에 대한 간략한 문장을 포함할 수 있지만 초록에서는 자세한 배경 정보는 다루지 않는다.

4) 연구방법

연구문제를 어떻게 연구할 것인가? 연구에 사용한 방법을 제시한다. 이 부분은 한두 문장으로 무엇을 했는지에 대한 간단한 설명이어야 한다. 연구방법은 완료된 방법을 나타내기 때문에 과거 시제로 작성된다. 여기서는 타당성이나 한계점을 평가하지 않는다. 목표는 방법론의 강점과 약점을 설명하는 것이 아니라 결과를 통해 독자에게 전반적인 접근 방식과 절차에 대한 빠른 통찰력을 제공하는 것이다.

5) 연구결과

연구결과를 요약한다. 이것은 논문 연구의 주요 결과에 대한 간략한 개요를 제공한다. 이 부분은 초록의 핵심이므로 연구가 연구목표를 어떻게 다루었는지 보여줄 수 있어야 한다. 초록의 단어 제한과 연구의 복잡성으로 인해 모든 결과를 포함하지 못하고 가장 중요한 결과만 포함한다. 초록의 이 부분은 과거 시제이다.

6) 결론

연구를 수행하면 결과를 도출해야 하고 연구의 주요 결론을 설명해야 한다. 문제 또는 질문에 대한 답은 무엇인가? 독자는 연구가 증명하거나 주장한 주제를 명확하게 이해하고 끝내야 한다. 따라서 연구자는 연구문제를 어떻게 해결했는지 명확하게 보고해야 한다. 마지막으로 중요한 연구 한계를 간략하게 언급한다. 이것은 연구에 더 많은 무게와 신뢰성을 더할 것이다. 결론은 현재 시제로 작성된다.

7) 키워드

논문이 출판될 경우 초록 끝에 키워드 목록을 추가한다. 이 키워드는 독자가 저자의 문헌검색 중에 논문을 찾을 수 있도록 연구의 가장 중요한 요소를 제시한다. 다른 연구자들이 선행 연구를 검색할 때 주로 키워드를 통해서 확인할 수 있어 키워드의 제시는 인용 횟수를 증가시키고 연구 결과를 더욱 확산시킬 수 있다.

시제 표기법

- **과거형:** 선행연구 인용, 연구방법, 연구결과, 요약기술, 주제문 재진술
- **현재형:** 연구목적, 정의, 이론의 인용, 연구자의 의견, 결론

Chapter 10

서론과 문헌검토

1. 서론

서론(introduction)은 독자가 본론에서 초록 다음으로 먼저 읽을 내용이므로 좋은 첫인상을 만드는 것이 중요하다. 서론 시작 부분에 후크 문장(hook sentence)을 추가해서 독자가 전체 논문을 읽도록 동기를 부여한다. 주제의 맥락, 연구 수행 동기 및 연구의 중요성을 설정하여 독자가 나머지 논문을 계속 읽도록 유도해야 한다.

서론은 논문의 내용, 이유 및 방법에 대한 간결한 개요를 제공한다. 여기서 중요한 것은 독자에게 연구가 무엇이며 어디로 가는지에 대한 명확한 아이디어를 제공하는 것이다. 즉, 서론은 연구에 필요한 배경 정보를 제공하고 독자에게 전반적인 연구 관심에 대한 감각을 제공한다. 본론에서 말하는 내용을 모르면 서론을 작성하는 것은 어렵다. 따라서 본론과 결론을 완성한 후 서론을 마지막으로 작성하는 것이 좋은 접근 방식이다. 서론에는 다음 사항이 포함되어야 한다.

그림 10-1 서론의 구조

서론

- 후크 문장
- 주제와 배경 정보
- 연구문제
- 연구목적
- 연구의 중요성
- 연구개요

1) 후크 문장

후크 문장(hook sentence)은 독자의 관심을 끌어들이는 문장이다. 처음부터 독자의 관심을 사로잡는다면 독자는 논문을 끝까지 읽어나갈 것이다. 처음에는 주제에 대한 토론을 통해 독자의 관심을 유인해야 한다. 독자의 관심을 끌기 위해 주제를 소개하고 필요한 배경 정보를 제공한다. 따라서 관심 분야를 간략히 소개한 후 초점을 좁히고 연구 범위를 정의한다.

2) 연구주제와 배경 정보

연구자가 무엇을 연구한 것인지를 독자가 알아야 한다. 논문의 핵심 주장을 독자에게 알리는 것이다. 주제를 소개하고 필요한 배경 정보를 제공한다. **배경 정보는 기존 문헌을 참조하여 잘 정의된 연구문제의 역사와 특성을 확인하고 설명한다.** 서론의 배경 정보는 연구 중인 문제의 근본 원인, 범위 및 이전 연구에서 문제를 성공적으로 조사한 정도를 나타내야 하며, 특히 연구가 해결하려고 시도하는 공백이 존재하는 부분에 주목한다. 너무 많은 정보를 포함하면 독자를 압도하고 주제를 벗어날 위험이 있고, 정보가 너무 적으면 독자를 실망스럽게 만든다.

3) 연구문제

서론에서 가장 중요한 부분이다. 연구가 수행되는 이유, 목적을 제시한다. 연구문제는 기존 연구에서 이미 잘 확립되지 않거나 합의된 답변이 없는 문제나 질문일 수 있다. 즉, 질문에 답할 필요가 있지만 기존 문헌에 차이가 있거나 기존 연구가 상충하거나 일관성이 없는 경우 연구문제가 존재한다. 연구문제는 의문문 형태로 하나씩, 변수 간의 관계로 기술한다. 연구문제는 가설의 근거가 된다.

4) 연구목적

연구목적은 논문의 방향이다. 방향이 없다면 독자는 논문을 이해하기가 어렵다. 이와 같이 연구목적은 논문의 주요 목적이다. 연구자는 연구를 통해서 무엇을 밝히고자 하는가? 연구하고자 하는 연구목적을 명확하게 설명한다. 따라서 연구자는 연구문제에 대해 무엇을 탐구할 것인지 분명하게 목적을 설정하고 그것을 설명하는 것이다.

5) 연구의 중요성

연구를 수행한 동기, 주제에 대한 기존 연구와 어떤 관련이 있는지, 그리고 어떤 새로운 통찰력에 기여할 것인지 보여준다. 연구자는 자신의 연구가 왜 중요한지 연구가 적절하거나 중요한 이유를 제시한다. 이는 기존 연구의 공백 또는 한계를 해결하는 방법을 나타낸다. 따라서 연구가 어떤 문제를 해결하고, 어떻게 학문적 지식이나 실제적으로 기여하는지를 기술한다.

6) 연구개요

독자가 글쓴이의 주제에 대해 아무것도 모른다고 가정한다. 서론의 마지막 부분은 논문의 나머지 장에 대한 개요이다. 독자가 논문을 읽는 데 도움이 되도록 논문의 구조에 대한 개요로 마무리하고 각 장을 요약하여 중심 목표에 어떻게 기여하는지 명확하게 보여준다. 한두 개의 문장으로 각 장의 내용을 설명한다.

서론의 예

- **연구주제:** 과학정책에 대한 대학생들의 태도
- **연구범위:** 현재 과학정책에 대한 대학생들의 참여
- **연구문제:** 대학생들은 기술변화에 대한 정부의 정책에 어떻게 참여하는가?
- **연구목적:** 과학정책과 관련된 대학생들의 관점과 행동에 대한 통찰력을 얻는다.
- **중요성:** 대학생들은 과학정책의 미래를 결정할 것이므로 이 문제에 대한 그들의 참여에 대해 깊이 이해하는 것이 필수적이다.

2. 문헌검토

문헌검토(literature review)는 이론적 배경을 연구하는 것이다. 즉, 특정 주제에 대한 개요를 제공하는 학술 자료에 대한 조사이다. 검토는 주제, 문제 또는 연구 분야에 대한 요약, 설명 및 비판적 평가를 제공한다. 책을 요약하고 덜 구조화된 형식을 가진 서평과 혼동해서는 안 된다. 문헌검토는 주제에 대한 개요, 저작물이 서로 어떻게 다른지에 대한 설명, 각 저작물이 주제에 대한 토론과 이해에 어떻게 기여하는지에 대한 조사이다. 문헌검토를 작성할 때 연구주제와 관련된 특정 주제에 대해 확립된 지식과 아이디어, 강점과 약점을 독자에게 전달하는 것이

다. 따라서 문헌검토는 연구자가 자신의 논문에서 작성하게 될 주제에 관한 포괄적 관점을 독자에게 제공한다. 이러한 문헌검토의 목적은 다음과 같다.

- 연구 배경을 제공한다.
- 연구가 진행되는 현재 맥락에 대한 개요를 제공한다.
- 연구의 중요성을 보여주는 근거 자료를 제공한다.
- 연구 중인 연구문제를 이해할 수 있다.
- 문헌에 존재하는 모든 틈새를 찾을 수 있다.
- 관련 연구를 확장하는 방법을 제공한다.
- 이전 연구를 해석하는 새로운 방법을 확인한다.
- 노력의 중복을 방지하기 위해 이전 연구 영역을 확인한다.

1) 문헌검토

문헌검토는 이론적 배경 검토 또는 선행연구의 고찰이다. 이것은 다른 학자 및 연구자의 연구 내용 중에서 자신이 연구하는 주제와 관련된 내용을 자신의 논문에서 설명하는 것이다. 좋은 문헌검토는 포괄적이고 비판적이며 상황에 적합한 것이다. 이는 독자에게 이론적 근거, 조사와 관련된 출판된 저작물 조사 및 해당 저작물 분석을 제공한다. 즉, 이전에 있었던 저작물에 대한 비판적이고 사실적인 개요이다. 따라서 문헌검토는 자신의 연구가 아니라 기존 연구를 제시하는 것이다. 문헌검토의 기본 구성 요소는 다음과 같다.

그림 10-2 **문헌검토의 기본 구성 요소**

문헌검토

- 연구주제 정의
- 문헌검토 이유와 목적 언급
- 주제가 중요한 이유 설명
- 포함 항목과 미포함 항목 설명

- 한 단락에 한 주제 요약
- 검토 문헌의 현재 상태 평가
- 단락 형식으로 토론
- 일반 주제 평가, 연구문제 이동
- 지식의 강점 · 약점 · 공백 언급

- 검토한 문헌 평가
- 문헌의 일치 · 불일치 요약
- 향후 연구를 위한 영역 설명
- 연구를 기존 지식과 연결

2) 문헌검토의 종류

문헌을 검토하는 것은 연구자가 출판된 연구를 자신의 연구주제와 관련된 신뢰할 수 있는 출처를 자신의 논문에 설명하는 작업이다. 문헌검토의 목적은 선택한 주제에 대한 기존 아이디어와 정보, 그리고 그것의 약점과 강점을 자신과 독자에게 알리는 것이다. 문헌검토는 주제에 대한 지식을 확대하는 것, 정보를 추구하는 것과 비평적으로 평가하는 것을 목적으로 한다.

문헌검토는 탐색한 관련 출처의 개요 및 결과도 제공하지만, 연구를 뒷받침하는 분석 유형에 따라 이를 수행할 수 있는 방법 몇 가지가 있다. 문헌검토 유형에는 서술적 문헌검토, 개념적 문헌검토, 체계적 문헌검토, 메타 분석 검토, 논증적 검토, 역사적 검토, 방법론적 검토와 이론적 검토 등이 있다. 이러한 문헌검토를 통해 연구 공백을 찾는다.

▣ 서술적 문헌검토

서술적 문헌검토(narrative literature review) 또는 전통적 문헌검토(traditional literature review)는 **특정 주제에 관한 내용을 요약하거나 종합하는 가장 일반적인 문헌검토**이다. 즉, 이것은 문헌을 분석하고 요약하는 것이다. 이는 관심 있는 주제 내에서 문헌의 전반적인 배경을 제시하여 새로운 연구 흐름을 강조하고, 공백을 확인하거나 불일치를 인식한다. 이러한 유형의 문헌검토는 이론적 및 개념적 틀을 개발할 뿐만 아니라 연구문제를 구체화, 집중 및 형성하는 데 도움이 된다. 다음은 서술적 문헌검토의 특징이다.

- 문헌 비평 및 요약
- 주제에 대한 결론 도출
- 지식의 공백 또는 불일치 확인

서술적 문헌검토는 특정 주제 분야의 많은 문헌을 모아 종합하는 데 매우 유용하다. 주요 목적은 독자에게 현재 지식을 이해하고 새로운 연구의 중요성을 강조할 수 있는 포괄적인 배경을 제공하는 것이다. 연구자들에게 서술적 검토는 지식의 차이나 불일치를 식별함으로써 연구 아이디어에 영감을 줄 수 있으므로 연구문제를 결정하거나 가설을 공식화하는 데 도움이 된다. 또한 특정 문제 주제에 대한 최신 정보를 제공할 수 있다. 예를 들면, "기업의 사해적 이전거래인 편파행위는 정상적 재무거래에 비해 기업신뢰를 하락하고(유순근, 2014)[19]"라고 인용하는 것은 문헌에 대한 간략한 설명이 된다.

▣ 개념적 문헌검토

개념적 문헌검토(conceptual literature review)는 연구 방법론이 아닌 기본 문제에 대한 이해를 바탕으로 핵심 요소, 개념 또는 변수 및 이들 간의 추정된 관

19 유순근(2014). 기업의 편파행위가 기업신뢰와 브랜드 위험에 미치는 영향: CSR과 관리인의 조절효과. *전략경영연구*, 17(1), 27-49.

계를 찾는다. 개념적 문헌검토의 목표는 연구 또는 주제와 관련된 개념을 분류 및 설명하고 관련 이론 및 경험적 연구를 포함하여 이들 간의 관계를 개략적으로 설명하는 것이다. 개념, 범주 또는 주제에 따라 기사를 집단화하는 것을 말한다. 이것은 주어진 연구 주제에 대한 현재의 이해를 식별하고, 이 이해에 도달한 방법을 논의하고, 더 큰 이해가 제안될 수 있는지 여부를 결정한다. 예를 들면, 일상생활에서 과학을 배우는 형식(Dohn, 2010)[20]이 있다.

▣ 체계적 문헌검토

체계적 문헌검토(systematic review)는 기존의 다양한 결론을 내고 있는 연구자료를 수집, 분석하여 해당 궁금증에 대한 종합적인 결론을 낸다. 검토의 목적은 기존 문헌을 검토하여 명확한 연구문제를 창안하는 것이다. 이것은 연구문제와 관련된 연구 근거를 검색, 확인, 선정, 평가 및 종합한다. 예를 들면, 특정한 주제에 대해 궁금증이 생겼을 때 기존의 연구자료를 포괄적으로 수집하고 분석해 궁금증에 대한 결론을 내는 방법이다. 따라서 이 방법은 사전 지정 및 표준화된 방법을 사용하여 관련 연구를 식별하고 비판적으로 평가하고 해당 연구에서 자료를 수집, 보고 및 분석한다. 체계적 문헌검토는 "A가 B에게 어느 정도 기여하는가?"와 같은 인과 형태로 제시되는 구체적인 경험적 질문에 초점을 맞춘다.

회색 문헌(gray literature)에는 미발표 논문, 인구 조사 자료, 기관 또는 기술 보고서, 작업 논문, 설문조사, 정부 문서 및 회의 절차가 포함된다. 발표 문헌 이외에도 이러한 미발표 문헌도 정보의 훌륭한 출처가 될 수 있다. 회색 문헌은 출판정보가 나타나지 않아 확인, 접근 및 이용이 불투명한 정보자료이다. 따라서 회색 문헌은 동료 검토나 편집 통제를 받지 않을 수 있고, 일부 저널 편집자 또는 검토자는 부정적인 결과가 있는 연구를 출판하지 않는 경향이 있으므로 신중한 조사가 필요하다. 다음은 체계적 문헌검토의 특징이다.

---

20 Dohn, N. B.(2010). The formality of learning science in everyday life: A conceptual literature review. *Nordic Studies in Science Education*, 6(2), 144-154.

- 보다 엄격하고 잘 정의된 접근 방식
- 포괄적 문헌검토
- 특정 주제 영역과 관련된 발표 및 미발표 문헌 연구
- 문헌이 선택된 기간을 자세히 설명
- 문제의 연구결과의 평가·종합

체계적 검토는 때때로 최상의 증거 종합으로 명확하게 정의되고, 체계적인 접근 방식에 따라 수행된 문헌에 대해 철저하고 포괄적이며 투명하며 편견이 없는 검토이다. 체계적 검토가 점점 더 보편화되어 서술적 검토를 대체하는 경향이 있다. 이것은 잘 개념화되고 관련성 있고 심층적이며 해석적인 연구 종합이다. 특정 연구문제와 관련된 많은 연구에서 발견 사항을 통합하는 과정은 연구에 대한 적법성과 학술성을 준수하기 위한 이상적인 첫 단계이다. 예를 들면, 전문적 실무를 개선하기 위한 연구의 사용(Hemsley-Brown & Sharp, 2003)[21]은 문헌의 체계적인 검토이다.

▣ 메타 분석 검토

메타 분석(meta-analysis)은 기존 연구의 패턴, 관계를 밝히고 동일한 주제에 대한 많은 연구결과를 통합하기 위해 **여러 연구의 통계분석을 포함하는 정량적 체계적인 문헌검토**이다. 즉, 동일하거나 유사한 주제의 논문 결과를 객관적으로, 계량적으로 종합한다. 개별 연구의 결과를 수집하여 통계적으로 재분석하는 것을 의미한다. 따라서 메타 분석은 한 주제와 관련된 선행연구의 결과를 종합·요약할 때 각 연구에서 얻은 정보를 수량화해서 기술통계와 추리통계 기법을 이용하여 분석하는 통계적 방식이다. 다음은 메타 분석 검토의 특징이다.

---

21 Hemsley-Brown, J., & Sharp, C.(2003). The use of research to improve professional practice: A systematic review of the literature. *Oxford Review of Education*, 29(4), 449-471.

- 체계적인 검토의 한 형태
- 동일한 주제에 대한 여러 연구의 결과를 가져와 표준화된 통계 절차로 분석
- 이해도를 높이기 위해 대량의 정량적 발견 결과 통합
- 결론을 도출하고 패턴과 관계 파악

메타 분석 검토는 체계적 검토의 하위 분석으로 동일한 주제에 대한 여러 연구의 결과를 가져와 표준화된 통계 절차를 사용하여 분석하고 자료를 통합한다. 따라서 많은 양적 결과에서 얻은 결과를 통합하여 결론을 도출하고 패턴과 관계를 파악한다. 동일한 연구문제를 보고 유사한 결과 측정을 평가하는 다양한 독립적인 연구에서 자료를 수집하고 결합하고 재분석할 수 있다. 메타 분석은 문헌에 대한 체계적인 검토 없이는 존재할 수 없다. 예를 들면, 과학정책에 대한 청소년들의 태도에 관한 연구결과들을 종합하여 얻은 정보를 수량화해서 기술통계와 추리통계 기법으로 종합적으로 연구할 수 있다.

정량적 체계적 검토인 메타 분석 검토는 연구문제와 관련된 연구의 효과 크기와 영향을 측정하기 위한 통계적 접근 방식을 제공한다. 메타 분석 검토는 첫째, 체계적인 검토를 수행한다. 둘째, 여러 연구에서 산출한 자료를 유사한 속성과 결합하여 통합 평균을 계산한다. 즉, 결과를 요약하기 위해 문헌의 평균을 계산하여 제시한다. 이는 훨씬 더 많은 시간이 소요되고 상당한 전문 지식이 필요하다.

▣ 논증적 검토

논증적 검토(argumentative review)는 이미 문헌에 확립된 논증, 가정 또는 철학적 문제를 지지하거나 반박하기 위해 문헌을 선택적으로 조사하는 것이다. 따라서 논증이나 이미 확립된 가정을 지지하거나 반박하기 위해 이전 작업을 분석한다. 논증적 검토 목적은 직·간접적으로 자신의 주장을 뒷받침하는 다른 학자들의 이전 연구 주장 목록을 축적하는 것이다. 따라서 문헌 분석에 대한 논증적 접근 방식은 타당하고 중요한 담화 형식이 될 수 있다.

▣ 역사적 검토

역사적 선례와 분리되어 있는 것은 거의 없다. 역사적 검토(historical review)는 종종 문헌에서 처음으로 문제, 개념, 이론, 현상이 나타난 때부터 시작하여 학문 내에서 진화를 추적하는 등 일정 기간 동안 연구를 조사하는 데 초점을 맞춘다. 검토의 목적은 최신 이론적 주장을 보여주고 향후 연구를 위한 방향을 확인하는 것이다.

▣ 방법론적 검토

방법론적 검토(methodological review)는 연구 내용에 초점을 맞추는 것이 아니라 어떻게 말했는지, 즉 분석 방법에 초점을 맞춘다. 이것은 다양한 수준, 즉 이론, 실체 분야, 연구 접근 방식, 자료수집 및 분석 기술에서 이해의 틀을 제공하여 연구자들이 다양한 지식을 활용할 수 있다. 따라서 방법론적 검토는 양적 및 질적 통합, 표본추출, 인터뷰, 자료수집 및 분석 분야의 현장 조사를 통해 연구를 진행하면서 많은 윤리적 문제를 강조할 수 있다.

▣ 이론적 검토

이론적 검토(theoretical review)는 문제, 개념, 이론이나 현상에 대해 축적된 이론을 구체적으로 조사하는 것이다. 이론적 문헌검토는 이미 존재하는 이론, 이론 간의 관계, 기존 이론이 어느 정도 조사되었는지 확인하고 검증할 새로운 가설을 개발하는 데 도움이 된다. 따라서 이론적 검토는 적절한 이론의 부족을 확인하거나 현재 이론이 새로운 연구문제를 설명하는 데 부적절함을 드러내는 데 사용된다.

3) 문헌검토 단계

논문 연구를 시작할 때 문헌검토는 매우 중요한 과정이다. 문헌검토는 연구 분야의 주요 논증, 동향 및 공백과 관련된 주요 출처를 포함한다. 큰 그림을 보면서 문헌검토를 시작한 다음 관심 있는 특정 측면에 점점 더 집중하는 것이다. 가장 관련성이 높거나 가장 중요하거나 최근의 저작물이나 연구 또는 역사적 관점을 제공하는 저작물이나 연구를 선택한다.

문헌검토는 단순히 출처와 결론에 대한 설명이 아니라 자신의 연구가 기존 문헌과 관련하여 관련성이 높은 이유를 찾는 것이다. 문헌검토에서 일반적인 주제, 논증 및 질문을 찾는 것이 유용하다. 따라서 관련 이론을 포함하여 주제를 제시하거나 추세를 확인하는 문헌검토를 구성한다. 문헌검토의 5단계는 다음과 같다.

그림 10-3 문헌검토의 5단계

1	관련 문헌검색
2	출처 평가 및 선택
3	주제 및 공백 파악
4	문헌검토의 구조개요
5	문헌검토 작성

▣ 1단계: 관련 문헌검색토

문헌을 검색하기 전에 먼저 주제를 좁힌다. 특정 연구 분야를 고려하고, 관심 분야와 해당 분야의 다른 연구자들이 어떤 관심을 갖고 있는지 생각한다. 그런 다음 범위를 더 작은 주제 영역으로 좁히고 자신의 주제 및 입장과 가장 밀접하고 관련된 여러 문헌을 검토한다. 주제의 학문 분야에서 누가 가장 뛰어난 목소리를 냈는지 이해하고 해당 학자의 가장 적절한 출판물을 포함한다.

문헌검색을 시작하기 전에 명확하게 정의된 주제가 필요하다. 연구문제와 관련된 문헌을 검색한다. 문헌검색을 통해서 연구문제와 관련된 키워드를 검색하고, 연구문제와 관련된 키워드 목록을 작성한다. 이 키워드를 사용하여 저널, 기사 및 책을 검색한다. 관심 있는 주요 개념이나 변수, 동의어 및 관련 용어를 나열한다. 문헌검색 과정에서 새로운 키워드를 발견하면 이 목록에 추가할 수 있다.

그림 10-4 유용한 주요 문헌 자료 베이스

☑ 키워드를 사용하여 관련 문헌 찾기호

• INSPEC	• GCPS
• EconLit	• EBSCO
• Medline	• RISS
• Google Scholar	• DBPIA
• Questia Library	• KISS
• ProQuest	• 대학의 온라인 자료 베이스

▣ 2단계: 출처 평가 및 선택

출처의 신뢰성은 매우 중요하기 때문에 연구자는 신뢰성을 확인해야 한다. 출처가 신뢰할 수 있는지 확인하는 방법이 있다. 첫째, 연구 분야의 획기적인 연구와 주요 이론을 읽는다. Google Scholar에서 논문이 몇 번 인용되었는지 확인할 수 있다. 인용 횟수가 높다는 것은 해당 논문이 해당 분야에서 영향력이 있음을 의미한다. 둘째, 검토 범위는 주제와 분야에 따라 달라진다. 과학에서는 일반적으로 최근 문헌만 검토하지만 인문학에서는 오랜 역사적 관점을 취할 수 있다. 예를 들어, 개념이 시간이 지남에 따라 의미가 어떻게 변경되었는지 추적한다. 주제에 대해 작성된 모든 내용을 완전히 읽을 수는 없을 것이다. 다음과 같이 각 저작물에 대해서 스스로 질문해 본다. 질문과 가장 관련이 있는 출처를 평가한다.

- 연구자는 어떤 질문이나 문제를 다루고 있는가?
- 주요 개념은 무엇이며 어떻게 정의되는가?

- 주요 이론, 모델 및 방법은 무엇인가?
- 확립된 연구 틀을 사용하거나 혁신적인 접근 방식을 사용하는가?
- 연구의 결과와 결론은 무엇인가?
- 저작물은 해당 분야의 다른 문헌과 어떤 관련이 있는가?
- 확립된 지식을 확인, 추가 또는 도전하는가?
- 저작물이 주제에 대한 이해에 어떻게 기여하는가?
- 주요 통찰과 주장은 무엇인가?
- 연구의 강점과 약점은 무엇인가?

▣ 3단계: 주제 및 공백 파악

문헌검토는 논증의 발전이 된다. 주제에 대한 초기 아이디어는 무엇이며 학술 논문에서 어떻게 진화하고 있는가? 저작물을 요약할 때 주제, 가설 또는 과제 설명에 주요 요점을 연결하여 해당 저작물의 중요성에 대한 맥락을 제공한다. 이러한 것들 간의 상호 관련성을 파악한다. 문헌검토의 주장과 구조를 구성하려면 읽은 출처 간의 연결과 관계를 이해한다. 읽으면서 쓰기 과정도 병행하여 시작한다.

전체 인용 정보를 수집하고 각 출처에 대해 요약하고 참고문헌을 만드는 것이 도움이 될 수 있다. 이렇게 하면 읽은 내용을 기억하고 나중에 시간을 절약할 수 있다. 기존 연구에서 여전히 부족한 공백이 있을 수 있고, 이 부분은 검색을 통해서 탐구한다. 이것은 자신의 연구에서 해결할 수 있는 공백이다. 기존 연구의 공백에 관한 연구가 기존 지식에 어떻게 기여하는지 보여준다. 다음은 기존 연구에서 중점적으로 검토할 부분이다.

- 추세 및 패턴: 이론, 방법, 결과를 파악한다. 특정 접근 방식이 인기를 얻는가?
- 주제: 문헌에서 반복되는 질문이나 개념은 무엇인가?
- 논증 및 모순: 문헌이 일치하지 않는 곳은 어디인가?
- 중요 저작물: 방향을 바꾼 영향력 있는 이론이나 연구가 있는가?

- 공백: 문헌에서 누락된 것은 무엇인가? 해결해야 할 약점이 있는가?
- 인용 목록 편집: 문헌검토를 작성할 때 저자 이름과 출판 연도를 편집한다.

▣ 4단계: 문헌검토 개요

문헌검토의 단락을 구성하는 방법에는 여러 가지가 있다. 글쓰기를 시작하기 전에 전략에 대한 대략적인 아이디어가 있어야 한다. 문헌검토 기간에 따라 여러 전략을 결합할 수 있다. 전체 구조가 주제순일 수 있지만 시간순으로 논의될 수 있다. 따라서 문헌검토를 나열하는 방법은 시간순, 주제순, 방법순 그리고 이론순 등이 있다.

그림 10-5 문헌검토 나열 방법

- 시간순: 시간의 경과에 따라 주제의 발전을 추적한다. 패턴, 전환점 및 주요 토론을 분석한다. 이론이 왜 발생했고, 어떻게 발전했는지 해석한다.
- 주제순: 문헌검토를 주제의 다양한 측면으로 구성할 수 있다. 예를 들어, 다문화 이주자에 대한 불평등에 관한 문헌을 검토하는 경우 주요 주제에는 의료 정책, 언어 장벽, 문화적 태도, 법적 지위 및 경제적 접근이 포함될 수 있다.
- 방법순: 다양한 연구방법을 사용한 출처를 추출할 때 각 방법에서 나온 결과를 비교할 수 있다. 예를 들면, 질적 연구와 양적 연구의 결과를 검토한다.

- 이론순: 문헌검토는 이론적 틀의 기초가 된다. 이론의 관련성을 주장하거나 이론적 개념을 결합하여 연구 틀을 만든다.

▣ 5단계: 문헌검토 작성

해당 분야의 문헌에 대한 포괄적인 지식은 대부분의 연구 논문에 필수적이다. 문헌검토는 특정 주제에 대한 편리한 지침을 제공한다. 문헌검토를 통해 개요를 파악하고, 최근 정보를 최신 상태로 유지할 수 있다. 학자에게 문헌검토의 깊이와 폭은 해당 분야에서 신뢰성을 높인다. 상황에 따라 문헌검토는 출처를 평가하고 독자에게 가장 적절하거나 관련성이 높은 것에 대해 조언할 수 있다.

문헌검토는 연구 논문 조사에 대한 확실한 배경을 제공하고, 자신의 논문에 인용하거나 주제를 찾는 지름길이다. 또한 자신의 글을 주장할 때 증거로 활용하기 위해 문헌을 인용한다. 따라서 문헌인용에는 서론, 본론 및 결론이 있고, 각각에 포함하는 내용은 문헌검토의 목적에 따라 다르다.

그림 10-6 문헌검토의 구조

문헌검토	서론 10%	• 연구주제 정의 • 문헌검토 이유와 목적 언급 • 주제가 중요한 이유 설명 • 포함 항목과 미포함 항목 설명
	본론 80%	• 한 단락에 한 주제 요약 • 검토 문헌의 현재 상태 평가 • 단락 형식으로 토론 • 일반 주제 평가, 연구문제 이동 • 지식의 강점 · 약점 · 공백 언급
	결론 10%	• 검토한 문헌 평가 • 문헌의 일치 · 불일치 요약 • 향후 연구를 위한 영역 설명 • 연구를 기존 지식과 연결

① 서론의 문헌 작성

서론에서 문헌검토의 초점과 목적을 명확하게 설정한다. 첫째, 논문의 일부로 문헌검토를 작성하는 경우 핵심 문제 또는 연구문제를 반복하고 학문적 맥락에 대한 간략한 요약을 제공한다. 둘째, 선택한 연구가 실제 연구문제로 이어지는 방식을 간결하게 언급한다. 셋째, 특정한 주제에 대한 많은 연구가 있었고, 최근 연구가 특정한 주제의 문제에 초점을 맞추었다는 것을 제시한다. 넷째, 본 연구와 관련된 주제를 고려한 연구는 거의 없었는지를 언급한다. 끝으로 주제의 적시성을 강조하거나 문헌의 차이를 강조할 수 있다. 다음은 문헌 작성 원칙이다.

- 연구주제를 간략하게 정의한다.
- 문헌검토를 작성하는 이유와 목적을 언급한다.
- 주제가 중요한 이유를 설명한다.
- 포함된 항목과 포함되지 않은 항목을 설명한다.

② 본론의 문헌 작성

문헌검토는 특정 주제를 연구하는 동안 탐색한 출처에 대한 개요를 제공하고 독자에게 연구가 기존 연구와 어떻게 관련이 있는지 보여준다. 문헌검토는 자신이 주장하는 내용이 타당하다는 것을 입증하는 증거나 인용이 된다. 문헌 내용이 연구 중인 주제에 어떻게 기여하는지 각 출처를 비판적으로 분석한다.

단락은 주제와 관련된 다른 주제를 다룬다. 단락을 쓸 때는 선환단어와 단락 주제문을 사용하여 연결, 비교 및 대조한다. 문헌검토의 길이에 따라 본론을 하위 영역으로 나눌 수 있고, 각 시간, 주제 또는 방법론적 접근 방식에 대해 부제목을 사용할 수 있다. 다음은 문헌 작성 원칙이다.

- 하나의 단락에 하나의 주제를 요약한다.
- 검토한 문헌의 현재 상태를 평가한다.

- 선택한 연구에 대해 단락 형식으로 토론한다.
- 기존 지식의 강점과 약점 또는 공백을 언급한다.

③ 결론의 문헌 작성

문헌에서 얻은 주요 결과를 요약하고 그 중요성을 강조하고, 특히 자신의 연구결과를 지지하거나 강화하기 위한 증거로 사용할 수 있다. 문헌검토를 통해서 자신의 연구가 어떻게 연구의 공백을 해결하고 새로운 지식에 기여하는지 보여주거나 기존 이론과 방법을 활용하여 연구의 틀을 구축하는 방법에 대해 논의한다. 또한 문헌의 전반적인 의미에 대해 논의하거나 확인한 차이를 기반으로 향후 연구를 위해 제안할 수 있다. 다음은 문헌 작성 원칙이다.

- 검토한 문헌을 평가한다.
- 문헌의 주요 일치 및 불일치를 요약한다.
- 향후 연구를 위한 영역을 설명한다.
- 연구를 기존 지식과 연결한다.

Chapter 11

연구방법론

연구는 다른 사람이 본 것을 보고
다른 사람이 생각하지 않은 것을
생각하는 것이다(Albert Szent-Gyorgyi).

1. 개념적 틀

개념적 틀은 연구자들이 가설을 검증하고 아이디어를 검증할 수 있고, 연구목적에 적합한 변수가 선택되었는지 관찰할 수 있는 도구다. 개념적 틀(conceptual framework)은 연구문제에 포함된 변수들 간의 관계를 연결한 틀로 연구문제의 가설을 표현한 구조이다. 여기에는 한 변수의 변화가 다른 변수에 미치는 영향을 파악하는 인과관계가 포함된다. 독자에게 개념적 틀은 연구에서 주로 사용될 개념들과 그들의 관계를 알려주는 안내판 역할을 한다. 또한 조사를 진행하는 연구자에게는 연구의 방향을 안내한다. 따라서 개념적 틀에서 연구조사에 필요한 변수를 확인할 수 있다.

그림 11-1 **개념적 틀의 구조**

개념적 틀	• 독립변수 및 종속변수의 관계 • 매개변수 및 조절변수 역할 • 연구가설 제시

1) 개념적 틀의 장점

개념적 틀은 주요 변수들 간의 관계를 보여주는 시각적 도구로 특정 변수들이 연결되는 방식을 보여준다. 이것은 개념을 구별하고 아이디어를 구성하는 데 사용된다. 이론적 틀(theoretical framework)은 연구의 토대가 되는 광범위하고 확립된 규칙, 진실 또는 원칙의 집합이다. 예를 들면, 사회 과학에서 Maslow의 욕구 위계 구조[22]가 있다. 사회학자는 Maslow의 욕구 위계를 사용하여 소셜 미디어 플랫폼의 수명주기를 연구할 수 있다. 연구에 필요한 여러 이론적 틀을 사용할 수 있다. 이론적 틀은 연구 모형의 측면에 대한 특정 탐색인 변수들 간의 관계로 이어진다. 이와 달리 개념적 틀은 가설에 도달하는 데 사용된다. 예를 들면, Pavlov는 자극과 반응(이론적 틀)을 사용하여 동물 대상의 조건화(개념적 틀)를 연구했다.[23] 그 결과 그는 한 조의 자극에 따라 동물이 나중에 같은 자극 중 하나에 대해 동일한 방식으로 반응할 것이라고 예측했다(가설). 다음은 개념적 연구의 장점이다.

- 개념적 틀은 주로 연구의 개념이나 현상을 설명하는 이론에 중점을 둔다.
- 현상의 원인과 구성 요소를 파악할 수 있고, 펜과 종이를 기반으로 한 연구이다.

---

22 Maslow, A., & Lewis, K. J.(1987). Maslow's hierarchy of needs. *Salenger Incorporated*, 14, 987.

23 Pavlov. I. P.(1927). *Conditioned reflexes*. London: Oxford University Press.

- 개념적 틀은 어떠한 실험도 수행하지 않아 시간, 노력 및 자원을 절약한다.
- 개념 연구를 수행하면 많은 관련 정보를 생성할 수 있다.
- 개념적 틀은 가장 편리한 연구 형태이다.
- 개념적 틀이 준비되면 관련 정보와 문헌만 분류하면 된다.

이론적 틀을 개념적 틀에 적용한 연구들이 실제로 많이 있다. 개념적 틀에서 변수를 새로 정의하고 가설을 수립한 연구들이다. 예를 들면, 유순근(2014)은 자극과 반응의 이론적 틀을 마케팅에 적용하여 연구하였다. 즉, 자극과 반응의 이론적 틀을 소비자의 혁신성이 지각된 사용성, 지각된 성능과 제품 구매의도에 미치는 개념적 틀에 적용한 연구이다.

그림 11-2 연구 모델의 예

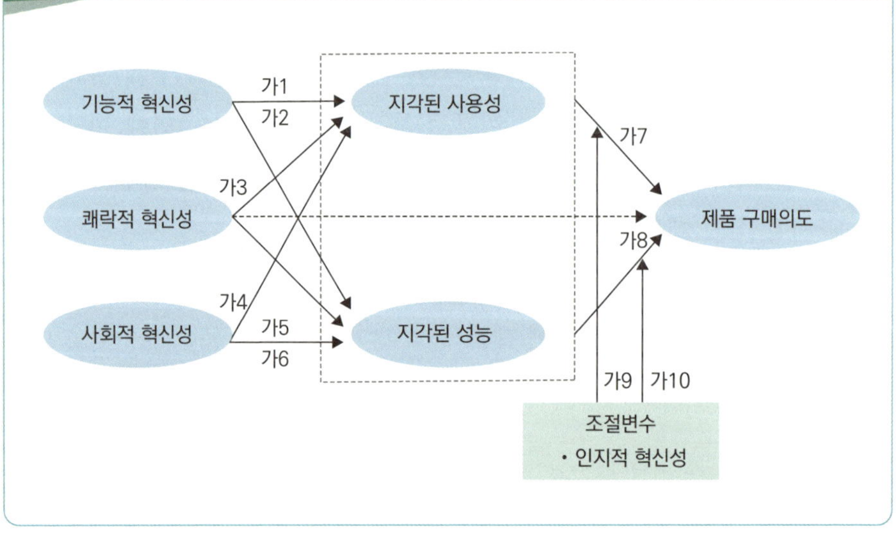

출처: 유순근(2012). 소비자의 기능적, 쾌락적 및 사회적 혁신성이 구매의도에 미치는 영향: 지각된 사용성과 성능의 매개효과. *마케팅관리연구*, 17(3), 45-68.

2) 개념적 틀의 개발

개념적 연구는 주어진 주제에 대해 이미 존재하는 정보를 관찰하고 분석하여 연구를 수행하는 방법론이지만 실제로는 어떠한 실험도 하지 않고, 단지 추상적인 개념이나 아이디어와 관련이 있는 연구이다. 학자들은 새로운 이론을 개발하거나 기존 이론을 다른 관점에서 해석하기 위해 개념적 연구를 사용한다. 아인슈타인은 개념적 연구로 널리 알려져 있다. 오늘날 개념적 연구는 어떤 사회 질문에 답하고 실제 문제를 해결하는 데 사용된다. 연구자들은 개념적 틀이라는 분석 도구를 사용하여 개념을 구별하고 연구목적에 필요한 아이디어를 구성한다. 다음은 개념적 연구 틀을 개발하는 절차이다.

그림 11-3 개념적 틀의 개발 절차

1	연구문제 선택
2	관련 문헌검토
3	연구변수 선택
4	변수 간의 관계 선택
5	개념적 틀 구축

▣ 1단계: 연구문제 선택

연구문제는 연구주제에 대한 질문이다. 즉, 연구문제는 자신의 연구에 대한 명확하고 구체적이고, 논증의 여지가 있고, 호기심이 많은 질문이어야 한다. 연구문제가 필수적인 이유는 연구의 초점과 경로를 계획하는 것이기 때문이다. 연구문제는 연구자가 논문을 쓸 때 길을 잃을 가능성을 피할 수 있다.

연구자는 연구주제를 결정한 후 연구문제를 선택하게 된다. 연구문제를 선정한 후에는 개념적 틀을 고려하게 된다. 연구문제는 구체적이어야 한다. 누가, 무엇을, 어디서, 어떻게, 왜에 대한 정확한 측면을 명확하게 계획한다.

▣ 2단계: 관련 문헌검토

문헌을 검토하면 개념적 틀에 넣을 내용을 좁힐 수 있다. 주제의 범위를 좁히고 주제와 관련된 정보를 수집한다. 개념적 연구는 대부분 이전 연구에서 얻은 정보를 기반으로 한다. 관련 문헌과 정보를 수집하는 것이 성공적으로 연구를 완료하는 열쇠이다. 관련 자료는 저널, 잘 알려진 학자가 출판한 연구 논문 및 유사한 자료이다. 인터넷과 공공 도서관에도 많은 정보가 있다. 인터넷에서 찾은 모든 정보는 관련성이 없거나 사실이 아닐 수 있다. 따라서 정보를 사용하기 전에 관련성을 확인해야 한다.

▣ 3단계: 연구변수 선택

연구와 관련된 특정 변수를 확인해야 한다. 변수는 연구 범위를 제공하기 때문에 연구 틀을 작성할 때는 가장 중요한 변수를 선택한다. 문헌을 많이 읽으면 중요한 것을 분별할 수 있다. 특히 개념적 틀을 만들 때 너무 많은 변수가 있으면 연구가 복잡하고, 너무 적은 변수를 선택하면 연구가 너무 간단할 수 있다. 예를 들어, 남성의 폐암 발생에 대한 연구를 수행하고자 한다고 가정하면, 여기서 집중할 두 가지 변수는 남성과 폐암이다. 관련 문헌을 수집하는 동안 50세가 넘는 흡연 남성에서 폐암의 확산이 더 크다고 이해할 수 있다. 이때 여기에 세 번째 변수인 연령이 있으며 이것은 연구의 최종 결과에 영향을 미칠 수 있는 관련 변수이다.

그림 11-4 개념적 틀 예

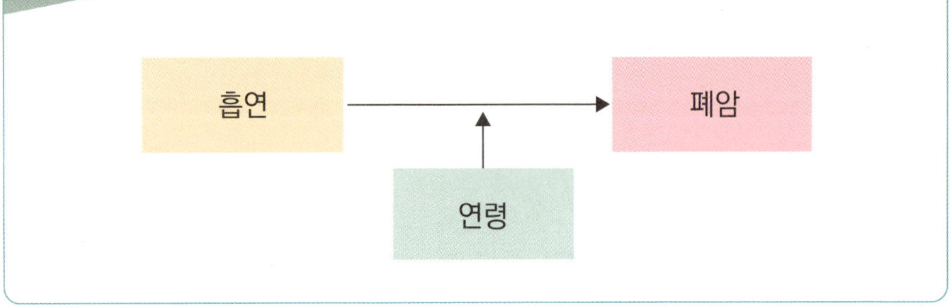

▣ 4단계: 변수 간의 관계 선택

변수를 선택한 후 변수가 서로 관련되는 방식을 결정한다. 주제에 대한 많은 문헌을 읽어야 각 변수가 서로 연결되는 방식을 정의할 수 있다. 개념적 틀을 만들면 변수들이 어떻게 영향을 미치는지 파악할 수 있다.

변수는 어떤 방식으로든 측정할 수 있는 모든 수량이다. 예를 들면, 온도, 키, 나이 등이 될 수 있다. 변수는 사람이나 사물의 측정 가능한 특성이나 속성이지만 변하지 않는 특성은 상수이다. 변수는 어떤 식으로든 결과에 영향을 준다.

독립변수는 다른 변수에 영향을 주는 변수로 예측변수 또는 설명변수이다. 반면에 종속변수는 다른 변수로부터 영향을 받는 변수로 그 값은 독립변수의 변화에 따라 달라지는 결과변수이다. 원인을 독립변수라고 하고 그 효과를 종속변수라고 한다.

인과관계는 한 변수가 다른 변수에 직접적인 영향을 미칠 때 존재한다. 인과관계를 원인 및 결과 관계라고도 한다. 인과관계를 검증하려면 독립변수와 종속변수라는 두 가지 이상의 주요 변수를 확인해야 한다.

가설은 경험적 자료로 검증할 수 있는 방식으로 두 변수 간의 추정된 관계를 나타낸다. 따라서 가설은 "원인-결과" 진술 또는 "만약 X라면 Y일 것이다"라는 형태를 취한다.

상관관계는 한 변수가 변하면 다른 변수가 어떻게 변하는지를 나타내는데 두 변수 간의 관계를 측정하는 데 사용된다. 두 변수가 동일한 방향으로 변하면 정적 관계(+)이나 다른 방향으로 변하면 부적 관계(-)이다. 예를 들면, "가계의 소득이 증가하면 문화 소비도 증가할 것이다"라고 한다면 정적 관계(+)이다. 한편 "경제 성장률이 증가하면 실업률이 감소할 것이다"라고 한다면 부적 관계(-)이다.

상관관계가 있다고 해서 모두가 다 인과관계가 있는 것은 아니다. 따라서 상관관계나 인과관계는 변수 간의 연관성이나 인과성을 설명하므로 연구에서 매우 중요하다.

▣ 5단계: 개념적 틀 구축

이제 연구 모형을 완성할 수 있는 준비가 완료되었다. 관련 자료의 변수를 조합하여 필요한 개념적 틀을 구축한다. 마지막 단계는 다이어그램을 설명하는 것이다. 다이어그램은 일반적으로 변수 이름을 명확하게 배치하고 직사각형에 넣어야 하며, 변수는 선과 화살표로 연결해야 한다. 화살촉은 관계의 본질을, 단일 머리 화살표는 단방향 관계를 위한 것이고, 양방향 화살표는 양방향 관계를 위한 것이다. 또한 선은 2개의 변수만 연결하도록 제한할 필요가 없다. 일부 관계는 더 많은 변수 사이에 있을 수 있다.

3) 개념적 틀 개발 사례

개념적 틀은 독자에게 연구주제, 개념, 변수, 연관성과 인과성에 대한 개괄적 요점을 시각적으로 제공한다. 고객들의 위생 관념이 증가함에 따라 레스토랑에 관한 고객만족도를 연구하기 위한 개념적 틀을 설명한다. 고객만족도에 미치는 영향은 여러 변수가 있지만 설명의 편의상 간단하게 독립변수와 종속변수를 설정한다. "고객의 레스토랑 만족도에 영향을 미치는 것은 무엇인가?"에 관한 연구이다.

▣ 연구주제 선택

고객들의 위생 관념이 증가하였는데 다른 점포와 차별화할 방법은 없을까? 직원들의 위생 실천 모습이 고객 만족도에 어떤 영향을 미치는지 알고 싶다. 이러한 질문에 대해서 고객들의 위생모가 떠올랐다. 차별화 요인으로 직원들의 위생모 착용을 설정한다.

▣ 연구문제 설정

연구문제는 "고객의 레스토랑 만족도에 영향을 미치는 것은 무엇인가?"이다.

▣ 문헌검토 수행

음식점, 특히 레스토랑과 고객 만족도와 관련된 여러 논문이나 저작물을 읽었다. 여기에서 고객 만족도에 영향을 미치는 것으로 입증된 논문이나 저작물에서 관련된 변수에 대한 아이디어를 얻을 수 있었다.

▣ 연구변수 선택

관련된 문헌 연구를 통해 고객만족에 영향을 주는 변수를 선택한다. 음식 맛, 서비스 시설, 직원의 서비스 의식은 서비스 품질에, 서비스 품질은 고객만족에 영향을 미칠 것이다. 특히 직원의 청결 행동에 따라 서비스 품질에 미치는 영향에 차이가 발생할 것이다. 고객들은 음식의 맛에 매우 관심이 있었다. 그들에게 봉사하는 서비스 시설과 직원의 서비스 의식이 서비스 품질에 영향을 미치고, 궁극적으로 고객만족에 영향을 미친다는 것을 파악했다.

▣ 변수 간의 관계 선택

인과관계를 검증하려면 독립변수와 종속변수라는 두 가지의 주요 변수와 이들 간의 관계를 확인해야 한다. 문헌연구를 통해 음식 맛, 서비스 시설, 직원의 서비스 의식의 독립변수, 서비스 품질의 매개변수와 직원의 위생모 착용 유무의 조절변수가 고객 만족도를 결정하는 요인임을 확인할 수 있었다. 이 사례에서 변수 관계를 다음과 같이 정리할 수 있고, 가설을 수립할 수 있다.

- 예상 원인은 음식 맛, 서비스 시설과 직원의 서비스 의식으로 독립변수이다.
- 기대 효과는 고객만족도로 종속변수이다.
- 매개 효과는 서비스 품질로 매개변수이다.
- 조절 효과는 직원의 위생모 착용 유무로 조절변수이다.

예제의 가설

- 음식 맛이 좋을수록 서비스 품질이 높아질 것이다.
- 서비스 시설이 좋을수록 서비스 품질이 높아질 것이다.
- 직원의 서비스 의식이 좋을수록 서비스 품질이 높아질 것이다.
- 서비스 품질이 좋을수록 고객만족이 높아질 것이다.
- 직원의 백신 접종 유무에 따라 고객만족이 다를 것이다.

▣ 개념적 틀 구축

두 가지 유형의 변수, 즉 독립변수 및 종속변수를 설정했으므로 개념적 틀에 대한 질문에 답할 수 있다. 이 단계에서 상자, 화살표 및 선을 포함한 모든 구성 요소를 포함하여 논문의 개념적 틀을 구성한다. 인과관계는 종속변수에 영향을 미치는 여러 독립변수를 포함한다. 예상되는 인과관계를 시각화하기 위해 상자와 화살표의 기본 디자인 구성 요소를 사용한다. 각 변수는 상자에 표시된다. 인과관계를 나타내기 위해 각 화살표는 독립변수(원인)에서 시작하여 종속변수(효과)를 가리켜야 한다.

표 11-1 개념적 틀의 기회와 의미

개념	기호	설명
상자	□	변수
화살표	→	인과 영향(인과관계)
직선	—	연결(상관관계)

연구 논문에 원인과 결과 관계를 방법론적으로 보여주기 전에 개념적 틀을 사용하여 예상 결과를 식별하고 관련 변수를 확인한다. 관계는 두 변수 간의 인과관계, 변수는 독립변수, 매개변수, 조절변수와 종속변수를 구성한다. 상자에 각 변수를 기록하고 화살표는 원인과 결과 간의 관계를 표시한다. 화살표는 독립변수에서 시작하여 종속변수를 가리킨다. 원인과 결과 관계가 없는 경우 변수 간의 상관관계에도 불구하고 화살표 대신 직선을 사용한다. [그림 11-5]는 자극과 반응의 이론적 틀에 변수 간의 인과관계를 적용하는 개념적 틀이다. 자극은 독립변수에 해당되고, 반응은 종속변수에 해당된다.

그림 11-5 개념적 틀

▣ 개념적 틀의 확장

현실에서는 인과관계가 그리 단순하지 않다. 그래서 매개변수, 조절변수와 통제변수를 추가하면 더 유용한 연구결과를 얻을 수 있다. 매개변수를 사용하면 인과관계를 더 잘 이해할 수 있다. 매개변수는 합리적인 결과를 위해 통계에 의해 지원되어야 한다. 조절변수는 종속변수에 대한 영향을 변경하는 변수이다. 통제변수는 독립변수와 함께 종속변수에 대한 효과를 변경하는 변수이다.

① 매개변수

매개는 둘 사이의 관계를 맺어 주는 것이다. 매개변수(mediator variable)는 독립변수의 결과이면서 동시에 종속변수의 원인이 되는 변수이다. 매개 분석은 선형 회귀 분석 또는 ANOVA를 사용하여 변수가 매개인지 여부를 통계적으로 검증하는 방법이다. 논문에서는 매개효과를 발견하는 것도 큰 의미가 있는 연구이다.

매개효과를 검증하기 위한 [그림 11-6]은 음식 맛, 서비스 시설과 서비스 의식이 고객만족도에 미치는 영향을 서비스 품질이 매개하는 개념적 틀이다. 즉, 서비스 품질이 매개변수이다. 이를 검증하게 되면 완전 매개 또는 부분 매개 효과가 나타날 수 있다.

- 독립변수는 원인이다.
- 종속변수는 결과이다.
- 원인과 결과의 통계적 상관관계는 매개변수를 고려할 때 더 높다.

그림 11-6 매개효과를 검증하기 위한 개념적 틀

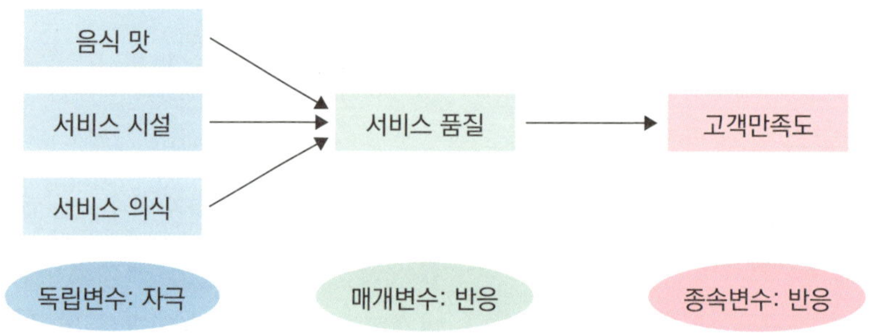

② 조절변수

독립변수가 종속변수에 미치는 영향력을 조절한다고 해서 조절변수이다. 조절변수(moderator variable)는 독립변수와 종속변수 간에 관계의 방향, 관계의 강도, 영향의 크기 등에 영향을 주는 변수이다. 즉, 조절변수는 독립변수와 종속변수 간의 관계를 강화, 감소, 부정 또는 기타 방식으로 변경할 수 있는 변수이다. 조절변수는 독립변수와 종속변수 간의 연결을 설명하는 데 유용하다. 논문에서는 조절효과를 발견하는 것도 큰 의미가 있는 연구이다.

조절변수는 어떤 특성이 연관성을 강하게, 약하게 또는 심지어 사라지게 할 수 있는지 설명함으로써 양적 연구에서 두 변수 간의 연관성에 대한 추가 정보를 제공한다. 예를 들어, 소셜 미디어를 사용하면 소외감의 수준을 예측할 수 있지만 이 관계는 노인보다 청소년에게 더 강할 수 있다. 사례에서는 직원의 위생모 착용 유무가 조절변수이다. 따라서 직원의 위생모 착용 유무에 따라 고객만족이 다를 것이다.

그림 11-7 조절효과가 있는 개념적 틀

③ 통제변수

연구하기 위해 종속변수에 영향을 주는 모든 변수를 현실적으로 모두 고려할 수도 없고 그렇게 할 필요도 없다. 그러나 실제로는 영향을 미치는 변수들이 많이 있다. 종속변수에 영향을 주는 변수를 변하지 않는 상수로 두는 것을 통제(control)라고 한다. 연구하고자 하는 변수의 범위에서 특정 변수에 대한 영향력을 배제하는 것이다. 즉, 연구의 목적 이외의 다른 변수들의 영향을 통제시키는 것이다. 통제변수의 효과를 통계적으로 통제하는 방법으로는 다중회귀분석이나 공분산분석 등의 기법이 있다.

통제변수(control variable)는 연구에서 일정하게 유지되거나 제한되는 변수이다. 즉, 연구에서 결과에 영향을 미칠 수 있기 때문에 통제되는 변수이다. 독립변수가 종속변수에서 관찰된 효과의 유일한 원인임을 확인하려면 통제변수를 도입해야 한다.

사람들에 관한 연구에 사용되는 통제변수에는 성별, 연령, 인종, 교육 및 소득이 포함된다. 조직 연구에 사용되는 통제변수에는 직원 수, 안정성, 직무, 직책, 예산 및 위치가 포함된다. 변수는 연구 전반에 걸쳐 일정하게 유지하여 직접 통제할 수 있다. 예를 들면, 실험에서 실내 온도 통제이다. 또는 무작위 배정이나 통계적 통제와 같은 방법을 통해 간접적으로 통제될 수 있다.

표 11-2 연구질문과 통제변수

연구문제	통제변수
레스토랑의 고객만족도에 영향을 주는가?	• 성별 • 연령 • 소득 • 교육 • 인종
토질이 식물 성장에 영향을 주는가?	• 온도 • 빛의 양 • 물의 양
카페인이 기억 회상을 개선하는가?	• 개인의 IQ • 참가자 연령 • 기분 상태 • 기억력 검사 유형

2. 연구방법론

논문의 핵심 부분은 방법론이다. 연구방법론(methodology)은 연구가 수행되는 방식을 설명하는 연구 전략을 뜻한다(Howell, 2012).[24] 연구방법론은 선택한 연구 방법에 대한 광범위한 철학적 토대를 설명하고 여기에는 질적 방법이나 양적 방법을 사용하는지 또는 두 가지를 혼합하여 사용하는지, 그 이유가 포

24 Howell, K. E.(2012). *An introduction to the philosophy of methodology*. Sage.

함된다. 또한 연구방법론은 특정 방법을 사용하는 이유와 선택한 학문적 근거를 설명하기 위해 문헌과 다시 연결되어야 한다.

연구방법(method)은 자료를 생성하고 분석하는 데 사용되는 실제적 절차이다(Birks and Mills, 2015).[25] 과학적 주제를 연구할 때 사용할 수 있는 연구방법은 면접, 관찰, 설문조사와 문서 분석 등이 있다. 연구방법론은 여러 가지 방법을 총괄하고 특정 방법이 사용되는 근본적인 이유이나, 연구방법은 연구에 필요한 자료 수집에 사용되는 기술이다. 따라서 연구방법론은 연구문제를 조사하기 위해 특정 절차 또는 기술을 적용하는 근거를 설명하여 독자가 연구의 전반적인 타당성과 신뢰성을 비판적으로 평가할 수 있다.

▣ 연구방법론의 구조

연구에 사용하기로 선택한 정확한 연구방법론과 연구방법은 성공에 매우 중요하다. 논문의 연구방법론은 두 가지 주요 질문에 답한다. 자료를 어떻게 수집했거나 산출했는가? 그리고 어떻게 분석했는가?

그림 11-8 연구방법론의 구조

연구방법론

- 연구 유형
- 자료수집 방법
- 자료분석 방법
- 연구도구 또는 재료
- 연구방법 선택 이유

논문은 연구를 수행하는 데 사용한 연구방법에 대해 논의해야 한다. 이론적 근거와 이를 뒷받침하는 문헌을 포함하여 선택한 연구방법을 제시해야 한

25 Birks, M., & Mills, J.(2015). *Grounded theory: A practical guide*. Sage.

다. 또한 독자가 연구의 신뢰성과 타당성을 평가할 수 있도록 수행한 작업과 수행 방법을 연구방법론에 설명해야 한다. 문장은 직접적이고 정확해야 할 뿐만 아니라 항상 과거형으로 쓴다. 따라서 연구방법론에는 수행한 연구 유형, 자료수집 방법, 자료분석 방법, 연구도구 또는 재료 및 연구방법 선택 이유를 포함해야 한다.

▣ 연구방법론의 개발

연구방법론은 주제에 대한 정보를 확인, 선택, 처리 및 분석하는 데 사용하는 절차 또는 기술이다. 연구방법론은 연구의 타당성을 판단하는 정보를 독자에게 제공한다. 따라서 연구 논문에는 실험이나 조사가 수행된 연구방법에 대한 명확하고 정확한 설명과 특정 절차가 선택된 이유에 대한 근거가 필요하다.

논문은 연구문제에 답하기 위해 수행한 작업과 연구방법을 설명하고, 실험설계나 조사설계를 정당화하고, 결과를 분석하는 연구방법을 설명해야 한다. 많은 양을 제시해야 하는 경우 주제에 따라 하위 영역으로 정보를 제시해야 한다. 다음은 연구의 타당성과 신뢰성을 높이기 위한 연구방법론의 개발 절차이다.

그림 11-9 연구방법론의 개발 절차

1	방법론 접근 방식 설명
2	자료수집 방법 설명
3	분석방법 설명
4	방법의 평가와 정당화

▣ 1단계: 방법론 접근 방식 설명

연구 접근 방식은 질적이거나 양적 또는 혼합 방식일 수 있다. 질적 연구는 정성적 연구로, 양적 연구는 정량적 연구로 표현하기도 한다.

질적 연구(qualitative research)는 어떠한 사물을 있는 그대로 보기 위해 현상을 수량화하지 않고 기술하는 연구이다. 즉, 질적 연구는 상호작용하는 사람들이 가지고 있는, 관찰할 수 있는 행동을 자료수집의 대상으로 삼는다. 질적 연구의 종류는 관찰조사, 면접, 현지연구, 민속방법론 등이 있다.

양적 연구(quantitative research)는 어떠한 자료를 바탕으로 이를 수량화시킨 자료를 통해 분석하는 연구이다. 즉, 양적 연구는 대상의 속성을 계량적으로 표현하고, 그들의 관계를 통계분석을 통해 밝히는 연구방법이다. 양적연구의 종류는 실험과 서베이 등이 있다.

연구 접근 방식을 선택한 이유를 간략하게 설명한다. 측정 가능한 사회 동향을 조사하고 특정 정책이 나양한 변수에 미치는 영향을 평가하려면 자료수집 및 통계분석에 초점을 맞춘 양적 접근 방식을 사용한다. 그러나 특정 문제에 대한 사람들의 견해나 이해를 평가하려면 질적인 접근 방식을 선택하거나 양자를 결합할 수도 있다. 예를 들어, 주로 측정 가능한 사회적 추세를 보지만 사람들을 인터뷰하고 그 추세가 그들의 삶에 어떤 영향을 미치는지에 대한 의견을 얻을 수도 있다.

- 선택한 연구방법이 연구문제에 가장 적합한 이유는 무엇인가?
- 사용하는 연구방법이 연구 분야에서 표준 방법론인가?
- 윤리적 또는 철학적 고려 사항이 있는가?
- 연구에서 타당성과 신뢰성에 대한 기준은 무엇인가?

▣ 2단계: 자료수집 방법 설명

방법론적 접근 방식을 도입한 후에는 자료수집 방법에 대한 자세한 내용을 제공해야 한다. 즉, 자료수집 또는 산출 방법을 정의한다. 연구를 언제 어디서 수행했는지, 결과의 상대적 객관성을 보장하기 위해 어떤 기본 변수가 배치되었는지 독자에게 알려준다. 예를 들어, 설문조사를 수행한 경우 설문조사에 포함된 질문, 설문조사가 수행된 장소 및 방법(예: 대면, 온라인, 전화), 설문조사가 배포된 횟수 및 응답자가 설문조사를 완료하는 기간을 설명한다. 동일한 결과를 얻지 못하더라도 해당 분야의 다른 사람들이 연구를 인용할 수 있도록 충분한 세부 정보를 포함한다.

① 양적 연구방법

양적 연구는 조사와 실험을 통하여 얻은 양적 자료를 통계적으로 분석하는 연구이다. 이러한 연구 방법의 목적은 객관적인 자료와 조사 절차에 의해 증명 가능한 원리를 발견하고 일반화하는 데 있다. 연구자는 연구문제를 해결하기 위한 자료를 객관적인 방법으로 자료를 수집하고 통계적 방법을 사용하여 자료를 분석하고 해석한다. 또한 양적 연구 방법은 자료를 계량화하여 객관적이고 정밀한 연구가 가능하며, 가설 검증 및 법칙 발견이 용이하다. 따라서 연구자는 다른 연구자가 연구를 인용할 수 있도록 방법을 충분히 설명하고, 개념을 어떻게 조작하고 변수를 측정했는지 설명한다.

▶ 표본추출 방법과 설문조사: 모집단을 전수 조사할 수도 없고 그럴 필요도 없다. 표본추출은 연구자가 연구하고자 하는 모집단으로부터 일부 대상을 표본으로 추출하는 것이다. 표본을 통해서 연구를 하게 된다. 연구자는 자료수집 도구, 절차 및 자료 등을 설명한다. 설문조사가 어디서, 언제, 어떻게 수행되었는지 설명하고, 독자가 수집된 자료를 정확히 볼 수 있도록 전체 설문지를 부록에 포함한다.

- 설문을 어떻게 설계했고 어떤 형식을 취했는가?
- 참가자를 선택하기 위해 어떤 표본추출 방법을 사용했는가?
- 전화, 우편, 온라인 또는 직접 설문조사를 수행했는가?
- 표본 크기와 응답률은 얼마인가?

▶ 실험: 실험은 특정한 조건을 제시하여 어떤 현상이 발생하는지를 조사하는 것이다. 이것은 현상의 재현 가능성을 전제로 수행된다. 즉, 실험은 동일한 조건하에서 동일한 결과가 발생된다는 것을 전제로 현상을 분석하는 것이다. 실험은 현상을 인위적으로 일으키는 것이나 관찰은 일어나는 현상을 그대로 보는 것을 뜻한다. 따라서 연구자는 실험 수행 도구, 기술 및 절차에 대한 자세한 내용을 제공하여 다른 연구자가 동일한 실험으로 동일한 결과를 재현할 수 있도록 한다.

- 실험을 어떻게 설계했는가?
- 참가자를 어떻게 모집했는가?
- 변수를 어떻게 조작하고 측정했는가?
- 실험에서 어떤 도구나 기술을 사용했는가?

▶ 기존 자료: 연구자 자신이 자신의 연구를 위해 직접적으로 수집하는 자료는 일차 자료이다. 반면에 이차 자료는 다른 연구자들이 그들의 연구를 위해 이미 수집한 자료이다. 즉, 과거에 이미 수집된 자료 유형이다. 기존 자료는 다른 연구자들이 연구한 자료이지만 연구자는 이러한 자료를 자신의 연구에 사용할 수 있다. 이런 경우는 분석에 포함하기 위해 기존 자료를 수집하고 선택한 방법을 설명해야 한다.

- 자료의 출처는 어디인가?
- 자료는 어떻게 생성되었는가?
- 자료를 수집한 기간은 언제인가?

심화학습 양적 방법의 예

설문조사는 7점 리커트 척도로 측정된 35개의 폐쇄형 질문과 5개의 개방형 질문으로 구성되었다. 조사 기간은 2025년 01월 10일부터 2025년 01월 15일까지 온라인 설문조사에서 X사의 제품을 사용한 경험이 있는 500명의 고객을 대상으로 설문조사를 실시하였다. 익명으로 설문조사를 작성하는 데 참가자들에게 10분이 주어졌고 500명의 참여자가 응답했다.

② 질적 연구방법

질적 연구는 인간의 욕구, 필요, 신념, 태도, 감정이나 동기 요인 등 인간의 심리적 부분에 대한 정보를 수집하고 이를 해석하는 연구이다. 이 연구에는 관찰, 개인 심층면접과 표적집단면접 등이 있다. 질적 연구에서 방법은 유연하고 주관적이기 때문에 참가자 선택 기준, 연구가 수행된 맥락 및 자료수집에서 수행한 역할에 대해 토론한다. 이 연구는 심층적 연구가 장점이나 일반화 한계가 있다.

▣ 면접과 표적집단면접: 면접이 누가, 어디서, 언제, 어떻게 진행되었는지 설명한다.

- 참가자를 어떻게 찾고 선택했는가?
- 얼마나 많은 사람들이 참여했는가?
- 면접은 어떤 형식(구조화 또는 반구조화)을 취했는가?
- 면접은 얼마나 오래되었고 어떻게 녹화되었는가?

▣ 참가자 관찰: 관찰을 누가, 어디서, 언제, 어떻게 수행했는지 설명한다.

- 관찰한 집단은 무엇이며 어떻게 접근할 수 있었는가?
- 연구를 수행하는 데 얼마나 시간을 소비했으며 어디에서 수행했는가?
- 자료를 어떻게 기록했는가?

▣ 기존 자료: 분석의 초점을 위해 연구자료를 어떻게 선택했는지 설명한다.

- 어떤 유형의 재료를 분석했는가?
- 어떻게 수집하고 선택했는가?

심 화 학 습 질적 연구방법의 예

제품의 개선 가능성에 대한 통찰력을 얻기 위해 회사는 100명의 재방문 고객을 대상으로 일주일 동안 반구조화된 인터뷰를 수행했다. 재방문 고객은 제품을 적어도 두 번 이상 구매하는 사람으로 정의되었다. 일주일 동안 대상 집단(20-45세)에 속한 참가자를 인터뷰하였다. 인터뷰는 금전 등록기 옆의 매장 공간에서 약 10분 동안 진행되었다. 답변은 녹음되었으며 인터뷰도 동의를 얻어 촬영되었으나 10명의 인터뷰 대상자는 촬영을 원하지 않았다.

▣ 3단계: 분석방법 설명

자료를 처리하고 분석한 방법을 간략하게 기술한다. 또한 이 단계에서는 결과를 제시하거나 논의하지 않고, 결과를 어떻게 분석했는지 설명한다. 양적 접근 방식을 사용하는 경우 통계분석을 사용할 수 있다. 질적 접근 방식은 어떤 이론적 관점이나 철학을 사용하고 있는지 설명한다. 연구를 통해 답변되지 않은 질문을 여기에 포함시킬 수도 있다. 따라서 분석은 연구문제에 따라 양적, 질적 또는 둘의 혼합 접근 방식을 선택할 수 있다.

① 양적 연구방법

양적 방법은 다양한 사례를 통해 수집된 양적 자료를 토대로 속성을 기술하거나 인과관계를 설명하는 방법이다. 이러한 양적 방법 영역에는 다음을 포함할 수 있다.

- 자료분석 사전 준비: 결측치나 이상값 제거, 변수 변환
- 자료분석 소프트웨어: SPSS, PLS, SAS, Stata 또는 R

- 통계 검정 방법: t-검정, 분산분석, 상관분석, 회귀분석

양적 연구방법의 예

설문조사를 실시하여 자료를 수집하였다. 결측치와 이상값을 확인했다. 계산된 범위를 벗어난 모든 값은 이상값으로 간주하였다. 그런 다음 통계 소프트웨어 SPSS를 사용하여 자료를 분석했다.

② 질적 연구방법

질적 연구에서 어떤 개인의 주관적 동기나 사회적 상호작용을 파악한다. 분석은 언어, 이미지 및 관찰을 기반으로 한다. 구체적인 방법은 다음과 같다.

- 내용 분석: 단어, 구 및 문장의 의미를 분류하고 논의
- 주제 분석: 자료를 면밀히 검토하여 광범위한 주제와 패턴 확인
- 담화 분석: 사회적 맥락과 관련된 의사소통 및 의미 연구

질적 연구방법의 예

인터뷰 내용이 기록되고 주제별 분석이 수행되었다. 여기에는 여섯 가지 주요 주제를 확인하고 검토하기 전에 모든 자료를 코딩하는 작업이 포함되었다. 참가자의 인식과 동기를 이해하기 위해 연구주제를 조사했다.

▣ 4단계: 방법의 평가와 정당화

방법론을 연구문제와 연결하고 분석을 기반으로 제안된 결과를 제시한다. 연구결과가 연구문제에 대해 무엇을 밝혀주는지 구체적으로 설명한다. 방법론이 주제에 대해 가장 표준적인 접근 방식을 취하지 않은 경우 이러한 특정 방법을 선택한 이유를 제시한다. 또한 다른 방법이 목표에 적합하지 않은 이유를 토론하고 이 접근 방식이 새로운 지식이나 이해에 어떻게 기여하는지

보여준다. 선택한 접근 방식의 한계 또는 약점을 제시하고, 선택한 방식이 왜 더 중요했는지 설명한다.

실험실 실험은 실제 상황과 행동을 항상 정확하게 시뮬레이션을 할 수는 없지만 변수 간의 인과관계를 검증하는 데 효과적이다. 그러나 구조화되지 않은 면접은 일반적으로 표본집단과 달리 일반화할 수 없는 결과를 산출하지만 참가자의 인식, 동기 및 감정에 대해 보다 심층적인 이해를 제공한다. 일반화는 일반적으로 양적 연구에 사용된다. 잘 설계된 표본이 있는 경우 표본이 속한 큰 모집단에 결과를 통계적으로 적용할 수 있다.

3. 연구제안서

연구를 하려면 연구계획을 수립한다. 연구제안서(research proposal)는 지도교수에게 계획한 연구를 공식적으로 제시하는 연구제안서이다. 즉, 이것은 연구를 진행할 내용과 방법에 대한 세부 정보이다. 연구제안서는 자신의 아이디어나 질문 및 예상되는 결과를 명확하고 정의된 내용을 제시한다. 따라서 연구제안은 연구문제가 왜 중요한지, 그리고 그것이 어떤 가치를 가져다 줄 것인지를 제시한다. 다음은 연구제안의 주요 내용이다.

- 연구주제문: 연구하려는 주제
- 연구문제: 연구 공백이나 연구 주장의 불일치
- 연구목적: 연구가 달성하고자 하는 것
- 연구방법론: 연구 수행 방법
- 연구개요 계획: 시간 내에 연구를 수행할 계획
- 연구가설: 주제에 대한 지식 및 이해와 관련하여 예상되는 결과

연구제안의 목표는 두 가지이다. 첫째, 연구문제를 연구할 필요성을 제시한다. 둘째, 제안된 연구가 수행되어야 하는 실제적인 방법을 제시한다. 연구제안에는 광범위한 문헌검토가 포함된다. 이것은 제안된 연구가 필요하다는 설득력 있는 증거를 제공한다. 또한 이론적 근거를 제공하는 것 외에도 제안서는 전문 분야 또는 학문 분야의 요구 사항과 일치하는 연구를 수행하기 위한 상세한 방법론과 연구 완료로 인한 예상 결과 및 이점을 설명한다. 다음은 연구제안서를 작성할 때 중요한 사항이다.

- 주제의 독창성 또는 중요성
- 연구제안의 타당성
- 방법론의 실현성

▣ 연구제안서 구조

연구제안은 지도교수에게 자신의 연구를 지원할 가치가 있다고 설득하는 데 사용된다. 연구제안은 연구하려는 내용과 이유를 열정적으로 설명하고, 기존 문헌에 대한 이해를 전달하고, 최소한 하나의 독창적인 질문과 이에 대한 답변 방식을 명확하게 정의한다. 연구제안은 잘 구조화되어야 하지만 연구가 진행됨에 따라 변경될 수 있다.

제안서의 구조와 형식은 학교에 따라서 다양하다. 학위 논문을 설명하는 연구제안서는 일반적으로 약 3,000 단어 사이이다. [표 11-3]은 연구제안서에 포함될 주요 내용이다.

표 11-3 연구제안서

<table>
<tr><td rowspan="2">연구 계획서
제 출 자</td><td>과 정</td><td></td><td>학과</td><td></td><td>학 기</td><td></td></tr>
<tr><td>학 번</td><td colspan="2"></td><td>성 명</td><td colspan="2">(인)</td></tr>
<tr><td>논문지도교수</td><td>학과·직위</td><td colspan="2"></td><td>성 명</td><td colspan="2">(인)</td></tr>
<tr><td colspan="2">연구 착수 예정일</td><td colspan="2">년 월 일</td><td>연구 완료 예정일</td><td colspan="2">년 월 일</td></tr>
<tr><td rowspan="2">연 구
제 목</td><td>국 문</td><td colspan="5"></td></tr>
<tr><td>영 문</td><td colspan="5"></td></tr>
<tr><td colspan="2">연구목적</td><td colspan="5">- 문제제기
- 연구의 필요성 및 목적</td></tr>
<tr><td colspan="2">연구배경
연구주제
연구문제
문헌검토</td><td colspan="5">- 연구배경
- 연구주제
- 연구문제
- 문헌검토</td></tr>
<tr><td colspan="2">연구방법</td><td colspan="5">- 개념적 틀
- 연구가설
- 연구방법</td></tr>
<tr><td colspan="2">연구시간표</td><td colspan="5"></td></tr>
<tr><td colspan="2">참고문헌</td><td colspan="5"></td></tr>
</table>

▣ 연구 제목

연구 제목은 논문의 제목으로 제안된 주제를 함축하고 연상되고 간결한 단일 문장이다. 연구 제목은 약 10단어 길이여야 하며 자신의 연구 분야 또는 제안된 접근 방식을 명확하게 나타내야 한다. 따라서 연구 제목은 재치 있고, 흥미롭고, 내용과 연관성이 있는 것이 바람직하다.

▣ 연구목적

연구목적은 연구문제를 해결하려는 것이다. 연구가 수행되는 이유, 목적을 제시한다. 연구자는 연구를 통해서 무엇을 밝히고자 하는가? 연구하고자 하는 연구목적을 명확하게 설명한다. 따라서 연구자는 연구문제에 대해 무엇을 탐구할 것인지 분명하게 목적을 설정하고 그것을 설명하는 것이다. 연구가 적절하거나 중요한 이유를 제시한다. 이는 기존 연구의 공백 또는 한계를 해결하는 방법을 나타낸다. 연구목적은 궁극적으로 달성하고자 하는 것을 강조하는 3~4개의 진술이어야 하며, 각 연구문제에 답하기 위해 집중되고 실현 가능하며 측정 가능한 목표이어야 한다. 다음은 일반적인 연구목적이다.

- 연구가 기존 지식의 공백을 해결하거나 이를 기반으로 구축하는가?
- 연구가 학문적, 문화적, 정치적 및 사회적 중요성과 어떻게 연결되는가?

▣ 연구 배경, 연구주제 및 연구문제

연구자가 무엇을 연구하는지를 독자가 알아야 한다. 논문의 핵심 주장을 독자에게 알리는 것이다. 주제를 소개하고 필요한 배경 정보를 제공한다. 배경 정보는 기존 문헌을 참조하여 잘 정의된 연구문제의 역사와 특성을 확인하고 설명한다. 연구자가 연구할 주제가 무엇이며, 연구제안이 기존 주장과 어떻게 다른가? 자신의 연구가 기존의 연구에 기여하는 것은 무엇인가? 특정 연구주제나 연구문제를 어떻게 확장하는가?

연구주제는 논문에서 답할 연구문제의 아이디어이다. 연구를 통해 어떤 질문에 답하고 싶은가? 연구주제를 선정하면 연구문제를 개발하고, 연구가설을 설정하고, 개념적 틀을 제시하고, 연구방법론을 제시하여 연구제안으로 이어진다. 따라서 연구주제를 제시하고, 연구문제를 설정하고 설명한다.

▣ 문헌검토

문헌검토에서는 연구문제를 둘러싸고 영향을 미치는 가장 중요한 이론, 모델 및 주장을 논의한다. 또한 궁극적으로 연구를 정당화하고 동기를 부여하기 때문에 연구가 해결하려는 이론적 및 실제적 지식 공백에 초점을 맞춰야 한다. 문헌을 주제별로 기술한다. 이때 사용할 수 있는 전략은 다음과 같다.

- 인용: 연구문제와 관련된 문헌에 주된 초점을 유지한다.
- 비교: 다양한 주장, 이론, 연구방법론 및 결과를 비교한다. 저자는 무엇에 동의하는가? 연구문제 분석에 유사한 접근 방식을 적용하는 저자는 누구인가?
- 대조: 문헌에 표현된 다양한 주장, 주제, 방법론, 접근 방식 및 논란을 대조한다. 일치, 불일치, 논란 또는 토론의 주요 영역은 무엇인가?
- 비평: 어떤 주장이 더 설득력이 있으며 이유는 무엇인가? 신뢰할 수 있고 타당한 접근 방식, 결과나 방법론은 무엇이며 그 이유는 무엇인가?
- 연결: 문헌을 자신의 연구 및 조사 영역에 연결한다. 자신의 연구는 문헌에서 말한 내용을 어떻게 끌어내거나 종합하는가?

▣ 개념적 틀

연구가설을 검증하고 아이디어를 검증할 수 있는 논문의 개념적 틀을 제시한다. 개념적 틀에서는 연구목적에 적합한 변수가 선택된다. 이것은 연구에서 주로 사용될 개념들과 그들의 관계를 알려주는 안내판 역할을 한다. 개념적 틀에 변수 간의 관계를 제시한다. 따라서 개념적 틀에서 연구조사에 필요한 변수를 확인할 수 있어야 한다.

▣ 연구방법론

방법론은 단순한 연구 과제 목록이 아니라 연구문제를 조사하는 가장 좋은 방법에 추가되는 이유에 대한 논쟁이다. 여기에서 연구문제에 어떻게 대답할 것인지 설명한다. 연구방법론은 선택한 연구방법에 대한 철학적 토대를 설명하고 양적 방법이나 질적 방법을 사용하는지 또는 두 가지를 혼합하여 사용하는지, 그 이유가 포함된다. 방법론은 사용할 자료수집 및 분석 기술을 확인한다. 조사하려는 모집단도 정의한다. 또한 연구의 한계를 알고 있음을 보여주면서 도입하려는 변수를 검증한다. 넓은 주제보다 좁은 주제를 탐구한다. 다음은 연구방법론에 대한 광범위한 개요이다.

- 광범위한 양적 또는 질적 접근 방식
- 자료가 생성되고 수집되는 방법과 해당 자료를 처리하고 분석하는 방법
- 사용할 수 있는 광범위한 이론적 또는 개념적 틀

▣ 연구시간표

시간표는 연구를 완료하는 데 필요한 시간을 계획한다. 아마도 격주 또는 월간 시간표를 사용한다. 이것은 지도교수가 연구의 타당성을 평가하는 데 도움이 된다. 여기에서 예정된 학기 이내에 연구를 완료하기 위한 현실적인 계획을 제시한다. 제안서를 단계로 나누고 각 단계에서 연구하고 작성하는 내용을 표시한다.

그림 11-10 연구시간표

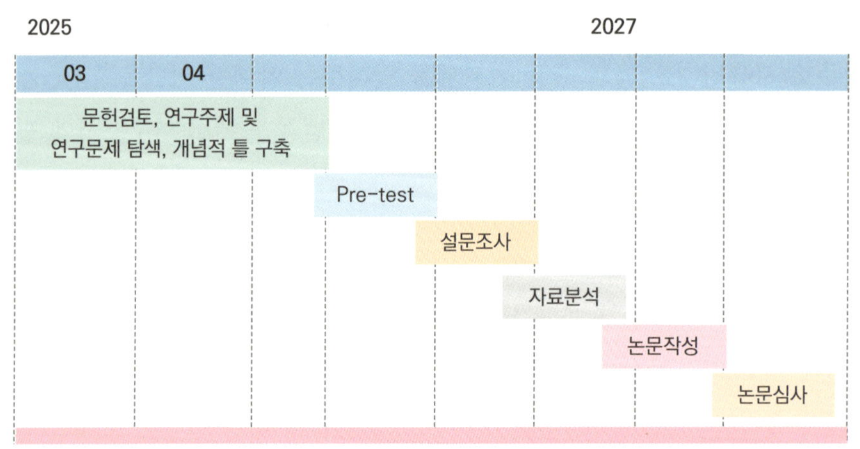

▣ 참고문헌

참고문헌 목록을 제공한다. 즉, 제안서에서 언급된 모든 문헌의 목록이다.

결론

Chapter 12

어딘가에 놀라운 것이 알려지기를 기다리고 있다
(Carl Sagan).

1. 연구결과

자료수집 및 분석이 끝나면 연구의 결과를 작성한다. **논문의 연구결과(research results)는 결과의 의미를 해석하지 않고 결과만을 제시하는 곳이다.** 편견이나 해석 없이 논리적 순서로 연구결과를 기술하고 이론적으로 관찰하고 발견한 것을 제시한다. 그러나 정보가 너무 많으면 독자를 혼란스럽게 한다. 목표는 중요하고 관련 있는 결과만 포함하는 것이다.

연구결과는 독자에게 명확하게 제공하기 위해 순서대로 제시되어야 독자들이 쉽게 이해할 수 있다. 또한 결과 해석에 대한 토론은 피한다. 논문의 결과는 이론적으로 작성하기 가장 쉽다. 결론은 통계분석과 분석 결과가 중요한지 여부에 대한 간단한 글이 포함되고, 과거에 한 일을 설명하는 것이므로 과거 문장으로 작성한다.

연구결과에서 사용하는 자료, 결과와 논의를 정확하게 구분하여 사용하는 것이 필요하다. 자료(data)는 사실과 숫자로 그래프, 표 및 기타 그림으로 표현된다. 결과(results)는 자료가 보여주는 내용을 요약하거나 진술한 것이다. 또한 논의(discussion)는 이전의 관련 작업 및 탐색한 특정 연구문제와 관련하여 결과가 의미 있는 이유를 제시하는 것이다.

1) 연구결과 내용

자료를 수집하고 분석한 후 논문의 연구결과를 작성한다. 연구결과는 독자에게 정확히 무엇을 찾았는지를 명확하게 알리는 것이다. 이는 연구에서 가장 주목할 만한 결과를 보고하되 이미 설정된 대로 연구가설 또는 연구문제와 관련된 정보만 포함한다. 연구자는 토론 부분으로 이동하기 전에 연구결과를 요약하고 그래프, 표와 그림을 제시한다. 그러나 사례 연구 분석 또는 문장 해석에 초점을 맞추는 경우에는 독립적인 연구결과 부분이 필요하지 않을 수 있다. 다음은 연구결과를 작성하는 지침이다.

- 결과를 요약하고 비교한다.
- 가장 중요한 결과를 강조한다.
- 결과에 대해 확실하게 작성한다.
- 표와 그림을 제시한다.
- 예상치 못한 결과를 확인한다.
- 결과의 통계적 중요성을 설명한다.

연구문제나 연구가설이 나열되는 방식에 따라 순서대로 연구결과를 요약한다. 결과 부분에는 연구결과만 제시한다. 연구자는 서론 부분에 명시된 연구문제와 관련이 있는 결과만 보고하고 그렇지 않은 정보는 연구결과에 기록하지 않는다. 연구결과를 배열하는 방법은 학교나 학회에서 정한 지침이 있으나 본서에서는 공통적인 사항을 위주로 설명한다.

그림 12-1 연구결과의 구조

연구결과	• 연구결과 요약 • 연구문제 결과 • 표 · 차트 · 그래프 · 그림 자료 • 자료수집 및 참가자 보고 • 추가적 발견 결과

2) 연구결과 요약

연구결과 부분은 전체 논문에서 중요한 부분이다. 연구결과 단락은 연구문제, 가설 또는 주제와 관련하여 간단한 관찰만 제시하면서 결과를 객관적으로 보고한다. 연구결과는 연구과정에서 수집된 중요한 자료를 제공하는데 독자에게 간결하고 명확하게 제시한다. 그러나 여기에서 **자료에 대한 해석, 추측 및 분석을 제공해서는 안 된다.** 주요 결과는 표, 차트, 그래프, 그림과 함께 사용되는 문장으로 체계적으로 분류되어야 한다. 표와 시각 자료에 적절한 제목을 지정한다.

일반적이고 모호하고 구체적이지 않은 단어를 사용하지 않는다. 또한 연구문제에 대한 전반적인 답변을 제공하거나 결과의 의미를 추측해서는 안 된다. 즉, "나타난다" 또는 "암시한다"와 같은 주관적이고 해석적인 단어는 사용하지 않는다. 이러한 표현은 결과를 자세히 해석하고 의미를 도출하는 토론 단락에 더 적합하다. 따라서 결과에 대한 해석을 주요 연구문제에 대한 전반적인 답변으로 종합한다.

3) 양적 결과 요약

양적 결과를 제시하는 방법은 연구가설 또는 연구문제를 중심으로 구성하는 것이다. 연구자는 연구가설 또는 연구문제에 대한 결과를 보고한다. 연구결과를 분석하면 다른 연구문제와 어떻게 관련되어 있는지, 그리고 그것들이 연구를 뒷받침하는지를 판단할 수 있다. 의미 있는 관계, 차이 및 추세를 강조하지만 해석과 의미를 추측하지 않는다. 긍정적이고 부정적인 모든 관련 결과를 포함해야 한다. 기대치와 가정에 맞지 않는 결과가 있는 경우 이들도 포함하되 그 의미나 결과를 추측하지 않는다. 이것은 논의 및 결론에서 기술하는 것이기 때문이다. 원시 자료를 표시해서는 안 되지만 독자가 결과를 직접 확인할 수 있도록 부록에 포함시킬 수 있다. 또한 연구문제와 직접적으로 관련이 없는 발견이나 자료수집 과정에 대한 설명은 논문의 부록에 추가한다.

그림 12-2 질문·가설 결과 보고 내용

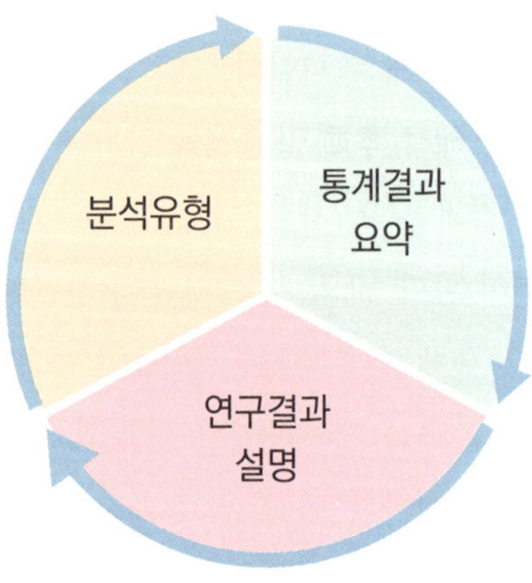

양적 연구의 경우 통계분석 결과를 다루게 된다. 통계를 보고하여 자료의 평균, 비율 및 편차와 같은 사항을 설명할 수 있다. 또한 집단을 비교하거나 변수 간의 관계를 평가하는 데 사용한 통계 검증의 결과를 보고하여 가설이 지원되는지 여부를 제시한다. 양적 결과를 구조화하는 가장 논리적인 방법은 연구문제나 가설을 중심으로 구성한다. 따라서 연구문제 또는 가설 결과에 대해 보고한다.

- 분석 유형: 사용한 분석 유형을 제시한다(예: t-검정 또는 다중회귀분석). 그러나 분석에 대한 자세한 설명은 방법론 단락에 있어야 한다.
- 통계 결과 요약: 관련 기술통계(예: 평균 및 표준편차) 및 추론통계(예: t-값, 자유도 및 p-값)를 포함한 결과를 간결하게 요약한다. 이 숫자는 종종 괄호로 묶는다.
- 연구결과 설명: 결과가 연구문제와 어떤 관련이 있는지 또는 가설이 뒷받침되었는지에 대해 간략하게 설명한다.

▣ 그림 및 표 사용

논문이 양적 연구인 경우 표, 차트, 그래프, 그림 자료 및 기타 시각적 요소를 사용하여 독자가 새로운 추세와 결과를 이해하는 데 도움이 되도록 한다. 특정 결과를 설명하기 위해 그래프와 표를 사용할 수 있다. 모든 도표, 삽화 및 표를 참조하되 반복하지 않는다.

문장은 결과의 특정 부분을 요약하는 데만 사용하지만 반면에 그림과 표는 시각적인 자료를 표시하는 데 사용한다. 사용된 모든 표, 차트, 그래프, 그림 및 기타 시각적 요소에 제목과 범례를 제시하여 독자가 내용을 쉽게 이해할 수 있도록 한다. 표는 정보를 명확하고 정확하게 표시하는 반면 그림은 움직임, 추세 및 비교를 보여준다.

제목은 표 위에 배치하되 문장을 참조하지 않고도 이해할 수 있도록 설명할 수 있는 충분한 정보를 포함하고 간결하고 구체적이어야 한다. 표 번호는 숫자와 별도로 번호가 매겨진 표와 연속되어야 하고 때로는 두 개의 숫자를 포함할 수 있다(표 12-1 참조). 반면에 그림의 제목은 그림 아래에 위치한다(그림 12-3 참조).

표 12-1 측정항목에 대한 신뢰도와 탐색적 요인 분석 결과

구성개념	태도	이상 일치	실제 일치	정서 애착	충성도	Alpha if Item Deleted	Cronbach α
브랜드 매력	.756					.898	.928
긍정적 인상	.741					.912	
좋은 브랜드	.717					.901	
브랜드 호의성	.698					.915	
이상적 이미지 유사		.759				.885	.919
소망과 일치		.739				.897	
이상적 이미지 일치		.725				.895	
이상적 이미지 반영		.637				.901	
사용자 이미지동일			.788			.877	.899
현재 이미지 표현			.770			.846	
현재 이미지 반영			.752			.843	
정서애착				.738		.859	.908
브랜드 열정				.692		.881	
충실한 관계				.680		.880	
브랜드 유대				.547		.902	
필요시 구매					.739	.783	.882
자주 구매					.720	.833	
전적으로 구매					.679	.890	

그림 12-3 **구조모형 검증결과**

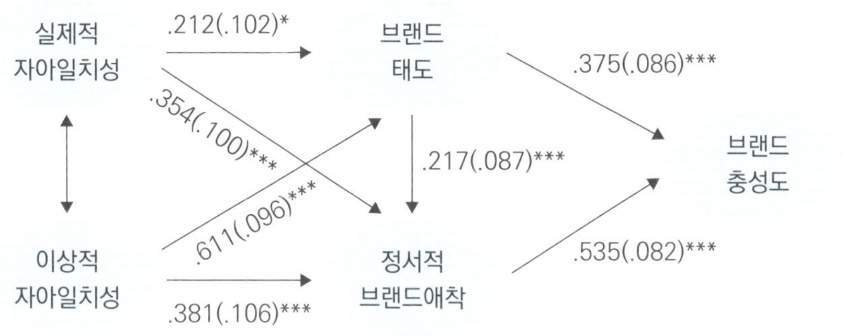

[그림 12-3] 구조모형 검증결과

▣ 양적 결과 보고의 예

▶ 기술 및 빈도통계: 가설을 검증하기 위한 분석을 보고하기 전에 먼저 기술 및 빈도통계를 보고한다. 이러한 통계는 특정 집단 또는 전체 표본에 초점을 맞춰 자료를 요약하는 것이다.

기술 및 빈도통계를 보고하려면 연구에 사용한 모든 변수의 개요를 작성하고 해당 변수가 연속형인지 범주형인지 확인한다. 연속형 변수는 수치로 나타낼 수 있는 변수이다. 예를 들면, 나이, 체중, 키, 온도 등이 있다. 연속형 변수의 경우 기술통계를 사용하고 중심 경향치와 산포도를 보고한다.

범주형 변수는 수치로 나타낼 수 없고 분류로 표시되는 변수이다. 예를 들면, 성별, 혈액형, 직종, 종교 등이 있다. 범주형 변수의 경우 빈도통계를 사용하고 빈도 및 백분율을 보고한다. 통계는 모두 표를 만들어야 하며 두 경우 모두 통계에 대해 주석을 달아야 한다.

[표 12-2]는 인구 통계적 분포 자료이다. 본 연구를 위하여 2025년 01월 10일부터 2025년 01월 15일까지 인터넷 전문조사회사에 의뢰하여 전국적으로 200명을 대상으로 설문조사를 실시하였다. 남성은 99명(49.5%), 여성은 101명(50.5%), 평균 연령은 38.82세, 그리고 평균 학력은 대학 졸업이었다.

표 12-2 인구 통계적 분포

구분		빈도	퍼센트(%)	구분		빈도	퍼센트(%)
성별	남자	99	49.5	연령	20-29세	52	26.0
	여자	101	50.5		30-39세	46	23.0
직업	학생	40	20.0		40-49세	57	28.5
	직장인	102	51.0		50-59세	45	22.5
	자영업	23	11.5	학력	고졸이하	35	17.5
	가정주부	35	17.5		대학재학	24	12.0
	합계	200	100.0		대학졸업	141	70.5

▶ 상관분석: 상관관계는 한 변수가 다른 변수와 관련되어 있는지 확인하는 것이다. 예를 들어, 참가자의 키가 자존감 수준과 관련이 있는지 확인하고 싶을 수 있다. 여기서 변수가 정규분포를 따르는지 여부를 보고한다. 이것은 자료를 설명하는 히스토그램이나 산포도를 보면 된다. 히스토그램에 종 모양의 곡선이 있는 경우 자료가 정규분포를 따르며 Pearson 상관분석을 한다. 여기서 얻은 r값(상관계수)과 p값을 논문에 보고해야 한다[26].

통계값을 보고한다. 구성개념 간의 상관행렬과 구성개념의 평균을 제시한다(표 12-3). 판별타당도에 대한 검증 결과, 구성개념 간 상관계수가 .85를 넘지 않고(Kline, 1988)[27], 각 구성개념의 AVE 값들은 모두 개념들 간 상관계수의 제곱값을 상회하여 Fornell and Larcker(1981)가 제시하는 판별타당도 기준을 충족시키는 것으로 나타났다[28](표 12-3 참조).

---

26 유순근, 유정제(2022), *A+ 논문통계분석: SPSS/AMOS 분석·해석*, 진샘미디어.

27 Kline, R. B.(1998), "*Principle and Practice of Structural Equation Modeling*," New-York: The Guilford Press.

28 Fornell, C., & Larcker, D. F.(1981), "Evaluating Structural Equation Models with Unobservable Variables and Measurement Error," *Journal of Marketing Research*, 39-50.

표 12-3 구성개념 간의 상관행렬과 구성개념의 평균

구성개념	1	2	3	4	5	6
1. 실제적 자아일치성	.746					
2. 이상적 자아일치성	.760	.701				
3. 정서적 브랜드애착	.789	.818	.657			
4. 브랜드 태도	.674	.773	.749	.748		
5. 브랜드 충성도	.688	.728	.816	.777	.650	
6. 기능적 일치성	.582	.660	.598	.723	.561	.709

p<.001, Diagonal elements (in bold) are AVE.

양적 결과 보고의 예

판매원들에게 핀매기법에 대한 교육효과가 있는지를 검사해 보았다. 사전 검사와 사후 검사를 모두 완료한 참가자는 500명으로, 분석에는 대응표본 t검정(paired sample t-test)이 사용되었다. 양적 자료분석은 사전 검사와 사후 검사 척도 점수의 평균 점수 사이에 통계적으로 유의한 차이가 있었다. 사전 검사 평균은 32.501, 표준편차 6.81이었고, 사후 검사 평균은 33.461, 표준편차는 6.74이었다(표 12-4). 이러한 결과는 .000의 유의 수준에서 교육 효과를 나타냈다(표 12-6). 두 점수 사이의 상관관계는 .625이므로 사전 검사와 사후 검사 점수 사이에는 관계가 존재했다(표 12-5). 따라서 연구에서 판매원의 사전 교육과 판매 증가가 긍정적 영향을 미치는 것으로 나타났다.

표 12-4 대응표본 통계량

		평균	N	표준편차	평균의 표준오차
대응 1	사전	32.501	500	6.81	.519
	사후	33.461	500	6.74	.661

표 12-5 대응표본 상관계수

		N	표준편차	유의확률
대응 1	사전 & 사후	500	.625	.000

표 12-6 대응표본 검정

		대응차							
		평균	표준편차	평균의 표준오차	차이의 95% 신뢰구간		t	df	유의확률 (양쪽)
대응 1	사전-사후	-.96	6.79	.735	1.26	3.75	4.861	499	.000

4) 질적 결과 요약

질적 결과를 보고하는 데 있어 수집한 모든 결과가 연구문제 또는 연구가설과 직접 관련이 있는 것은 아니다. 이 경우 자료분석에서 나온 주제를 중심으로 결과 단락을 구성할 수 있다. 각 주제에 대해 자료가 보여준 내용에 대해 관찰한다. 예를 들어, 반복되는 동의 또는 불일치, 패턴 및 추세, 연구문제에 특히 중요한 개별 응답을 언급할 수 있다. 직접 인용을 통해 이러한 점을 명확하게 뒷받침할 수 있으며 참가자에 대한 관련 인구 통계 정보를 보고할 수 있다.

주제를 중심으로 결과를 구성한다. 자료에 대한 심층 분석은 각 주제에 대해 자료가 표시하는 내용을 관찰하는 데 도움이 된다. 연구문제나 연구가설과 직접적으로 관련된 모든 전개, 관계, 패턴 및 결과는 독자에게 명확하게 언급되어야 한다. 그러나 연구와 직접적으로 관련이 없는 추가 정보는 부록에 포함한다.

통계를 다룰 필요가 거의 없기 때문에 질적 결과를 보고하는 것이 양적 결과를 보고하는 것보다 훨씬 쉽다. 그래서 질적 연구 결과 보고 영역이 훨씬 짧다.

가장 일반적인 질적 연구는 면접, 표집집단면접과 관찰이며 연구는 이러한 유형 중 하나에 속한다. 세 가지 유형의 연구는 모두 비슷한 방식으로 보고된다.

▣ 면접 결과 보고

면접(interview)을 사용했다면 주제별로 질적 자료를 분석한다. 예를 들어, 질적 연구가 청소년의 흡연 이유에 초점을 두었다고 가정하면, 참가자들에게 흡연을 시작한 이유, 흡연을 계속하는 이유, 금연을 원하는 이유에 대해 질문한다. 이러한 방식으로 연구가 구성되었다면 주제는 세 개이다. 즉, 흡연을 최초로 시작하는 이유, 계속 흡연하는 이유와 금연하는 이유이다. 이러한 이유를 탐색하고, 각 이유를 하위 테마로 분류한다. 이유별로 단락을 구성한다. 각 단락에는 하나의 주제를 보고함에 따라 여기에서는 세 단락이 된다. 따라서 예에서는 세 주제에 대한 연구결과를 보고한다.

▣ 표적집단면접 결과 보고

표적집단면접(focus group interview)은 면접 진행자가 7~8명의 면접 대상자들을 한 장소에 모이게 한 후 조사목적과 관련하여 토론함으로써 대상자들의 생각, 태도나 의향 등을 파악하는 조사방법이다. 표적집단은 한 번에 여러 사람들과 함께 수행된다는 점을 제외하면 면접과 유사하고, 또한 표적집단을 통해 얻은 자료분석도 면접 자료분석과 유사하다. 예를 들어, 일부 사람들이 탄산음료보다 과일음료를 선호하는 이유를 파악한다고 가정해 본다. 표적집단면접을 통해 사람들이 두 가지 음료 중 하나를 선호하는 다양한 이유를 발견했다. 결과를 보고할 때 두 개의 단락이 있어야 한다. 하나는 과일음료를 선호하는 이유를 나열하고, 다른 하나는 탄산음료를 선호하는 이유를 나열한다.

▣ 관찰 결과 보고

관찰은 특정 환경에서 특정 행동을 관찰하는 것이다. 예를 들면, 치료사가 환자의 상태가 생리적이라기보다는 심리적이라고 설명하는 방식을 관찰했다. 결과를 보고할 때 먼저 관찰 내용을 분류한다. 그리고 먼저 관찰 내용을 요약하여 보고한다. 따라서 문제의 원인, 환자의 의학적 어려움의 부족, 스트레스 경험, 문제에 대한 스트레스, 그리고 문제에 대한 새로운 이해 등을 관찰의 과제로 고려할 수 있다.

2. 논의

모든 논문의 필수 부분인 논의(discussion)는 **주요 주장 또는 가설에 대한 검토**이다. 즉, 논의는 연구결과가 보여주는 내용에 대한 **자신의 이해를 해석하고 판단하는 것이다.** 연구자들은 수집한 자료를 자세히 해석하고 연구의 모든 한계를 고려하여 연구결과를 논의한다. 논의는 결과의 의미, 중요성 및 관련성을 탐구하는 곳이다. 발견한 것을 설명하고 평가하는 데 초점을 맞추고, 문헌검토 및 연구문제와 어떻게 관련되어 있는지 보여주고, 전반적인 결론을 뒷받침하는 주장을 해야 한다.

논의는 해석과 판단을 하는 곳이다. 특히 문헌 조사에 언급된 연구와 관련하여 다른 이론 및 기타 유사한 연구와 관련하여 자신의 아이디어를 배경이나 상황과 연관시킨다. 이 모든 논의는 제목과 서론에 명시된 목적 내에서 이루어져야 한다. 여기에서 결론을 내리지 말고 가능성에 대한 논의를 시작한다. 요약은 내용을 있는 그대로 객관적으로 간추리는 것이나 평가와 해석은 다소 주관적인 요소가 개입될 수 있다. 자신의 접근 방식을 다른 연구자들의 방법과 비교한다. 이 부분을 작성하는 방법에는 여러 가지가 있지만 다섯 가지 핵심 요소에 대해 논의할 수 있다.

그림 12-4 논의의 구성 요소

논의

- 요약: 연구결과가 무엇인가?
- 해석: 연구결과는 무엇을 의미하는가?
- 시사점: 연구결과가 중요한 이유는 무엇인가?
- 한계: 연구결과로 알 수 없는 것은 무엇인가?

1) 논의 작성의 일반 규칙

논의에서 연구자는 연구문제에 답하거나 연구가설을 뒷받침하는 주장에 초점을 맞춘다. 그러나 주의가 산만하게 연구문제를 논의하지 않는다. 결과의 중요성을 설명한다. 또한 전문 용어와 정의되지 않은 기술 언어를 남용하지 않도록 주의한다. 다음은 연구자가 논의를 작성할 때 효과적인 일반 규칙이다.

- 연구결과만 논의한다.
- 명확하고 간결해야 한다.
- 논리적이어야 한다.
- 간단한 언어로 작성한다.
- 확립된 사실을 논의할 때 현재 시제를 사용한다.
- 표절을 피하기 위해 모든 출처를 인용한다.

2) 요약

요약(summarize)은 연구결과를 간결하게 제시하는 것이다. 연구결과는 연구가설 및 검토한 문헌과 관련이 있기 때문에 서론과 연결되게 기술한다. 그러나 논문의 첫 번째 장에서 진술한 것을 단순히 반복하는 것은 아니다. 이 부분에서 **연구문제를 다시 작성하고 연구결과를 간략하게 요약한다.** 이미 보고한 모든 자료를 반복하지 말고 전체 연구결과를 명확하게 설명하여 주요 연구문제에 직접 답한다. 요약은 한 단락보다 길지 않아야 한다. 논의 부분에서 요약을 보고할 때 사용할 수 있는 요약 기술 방식이 있다.

요약 기술 방식

- 분석 결과는 ~
- 연구결과에 따르면 ~
- 자료에 따르면 ~
- 현재 연구결과 ~
- 이 연구의 결과는 ~
- 이 연구의 결과에 따르면 ~
- 이 분석은 다음과 같은 이론을 뒷받침한다.

3) 해석

연구결과를 요약한 후 연구결과를 해석한다. 연구결과는 독자의 입장을 고려하여 분명하고 이해하기 쉽게 해석한다. **해석(interpretations)은 결과의 의미를 독자에게 설명하고 연구문제에 정확히 어떻게 답하는지 보여주는 것이다.** 결과 부분과 동일한 구조에 따라 주요 주제, 연구문제와 가설에 관해 논의를 구성할 수 있다. 가장 중요하거나 예상치 못한 결과를 강조 표시하여 시작할 수도 있다. 해석의 형태는 연구 유형에 따라 다르지만 자료 해석에 대한 몇 가지 관점은 다음과 같다.

- 자료 간의 상관관계, 패턴 및 관계 확인
- 결과가 연구 기대치를 충족하고 가설을 뒷받침하는지 분석
- 연구결과가 이전 연구와 어떻게 연결되어 있는지 제시
- 예상치 못한 결과를 설명하고 그 중요성 평가
- 가능한 대안 설명을 고려하고 자신의 입장에 대해 주장

해석 기술 방식

- 가설에 따라 ~
- 가정된 연관성과는 반대로 ~
- 결과는 Raymond(2021)의 주장과 일치된다.
- 결과는 Raymond(2021)의 주장과 모순된다.
- 결과는 X를 시사한다. 그러나 연구의 결과를 바탕으로 더 그럴듯한 설명은 Y이다.

4) 시사점

시사점(implications)은 연구결과와 그것이 의미하는 것을 논의할 수 있는 곳이다. 연구가 향후 연구, 정책 결정 또는 연구의 적절한 분야에 미칠 수 있는 영향을 포함한다. 시사점을 작성할 때 연구결과, 결론 및 향후 기대치를 언급해야 한다. 따라서 **연구 시사점은 연구결과에서 도출한 결론이며 그 결과가 정책, 실무 또는 이론에 얼마나 중요한지 설명한다.** 그러나 그 의미는 증거로 입증되어야 하고 연구에 사용된 변수를 설명하고 과도한 일반화를 방지하기 위해 연구의 한계를 고려해야 한다. 시사점을 찾기 위해 다음 질문을 스스로에게 한다.

- 결과가 이전 연구와 일치하는가?
- 결과가 이전 연구와 다른가? 그렇다면 그 이유는 무엇인가?
- 결과가 기존 이론을 지지하거나 이의를 제기하는가?
- 결과가 실제적인 의미가 있는가?

시사점 기술 방식

- 이 연구의 결과는 ~
- 이러한 결과는 일반적으로 ~
- 이러한 결과는 X를 시사한다.
- 이것의 의미는 X와 같다.
- 이 연구의 증거는 ~
- 전반적으로 이 연구는 ~
- 현재 자료는 ~의 중요성을 강조한다.
- 이 연구결과는 ~에 대한 통찰력을 제공한다.
- 이 자료는 X가 ~
- 이러한 발견의 이론적 의미는 명확하지 않다.
- 이 연구의 주요 이론적 의미는 다음과 같다.
- 이 연구는 ~의 성격에 대한 중요한 질문을 제기한다.
- 본 연구에서 다음과 같은 결론을 도출할 수 있다.
- 이 조사의 결과는 이전 연구의 결과를 보완한다.
- 이전 연구는 X에 중점을 두었지만 이러한 결과는 Y를 설명한다.

5) 한계

연구는 한계가 있기 마련이며 이를 인정하는 것은 신뢰성을 입증하는 데 중요하다. 한계(limitations)는 오류를 나열하는 것이 아니라 연구에서 결론을 내릴 수 있는 것과 결론을 내릴 수 없는 것에 대한 정확한 그림을 제공하는 것이다. **한계점은 전체 연구설계, 특정 방법론 선택 또는 연구과정 중에 나타난 예상치 못한 장애물이다.**

연구목표와 직접적으로 관련된 한계점만 언급하고 연구목표 달성에 얼마나 많은 영향을 미쳤는지 평가한다. 예를 들어, 표본 크기가 작거나 특정 집단의 사람들로 편중되는 경우 일반화 가능성이 제한된다. 자료를 수집하거나 분석할 때 문제가 발생한 경우 이러한 문제가 결과에 어떤 영향을 미쳤는지 설명한다. 통제할 수 없었던 잠재적인 변수가 있는 경우 이러한 변수가 미칠 수 있는 영향을 인정한다. 한계에 대한 논의는 약점이나 실패를 강조하는 것이 아니라 신뢰를 강화하는 것을 목표로 해야 한다.

한계 기술 방식

- 결과의 일반화 가능성은 ~으로 제한되었다.
- 이 자료의 신뢰성은 ~에 의해 영향을 받았다.
- X에 대한 자료 부족으로 결과를 확인할 수 없었다.
- 방법론적 선택은 ~에 의해 제한되었다.
- ~은 이 연구의 범위를 벗어난다.

3. 결론

결론은 연구의 가장 중요한 발견을 강조하는 강한 인상을 만들어야 한다. 논의된 내용과 그토록 중요한 이유를 독자에게 설명하는 것이다. 연구를 통해 발견된 결과를 독자들에게 제시하게 되는데 이를 결론이라 한다. 결론(conclusion)은 전체 논문을 간략하게 요약하는 논문의 마지막 부분으로, 연구자는 주요 발견이나 주장을 명확하게 독자가 이해하도록 한다. 결론은 구체적인 결과를 논의하고 자료를 자세히 해석하는 것이 아니라 **연구의 가장 중요한 통찰력을 요약한다.** 따라서 좋은 결론은 논문의 요점을 검토하고 정보가 전체적으로 관련성, 적용 가능 또는 관련이 있는 이유를 독자에게 설명한다. 다음은 결론의 구조에 들어갈 내용이다.

그림 12-5 결론의 구조

결론	• 주제문 재진술
	• 연구개요
	• 연구의 중요성과 기여
	• 제언

결론은 연구의 요점을 요약하는 학술적인 글의 최종 단락이다. 실제로는 논문의 가장 짧은 부분이지만 매우 중요한 부분이다. 연구자는 결론에서 논문의 모든 아이디어와 논문의 내용을 다시 말해야 한다. 그러나 결론에서는 새로운 자료, 해석 또는 주장을 도입해서는 안 된다. 결론은 논의보다 짧다. 결론은 일반적으로 전체 단어 수의 약 5-7%이어야 한다. 다음은 결론을 작성하는 지침이다.

- 결론은 간결하고 매력적이어야 한다.
- 최종 생각을 독자에게 직접 전달한다.
- 진부한 표현과 일반화를 피한다.
- 연구결과를 과장이나 과소평가하지 않는다.
- 다른 단락에서 사용한 내용은 동일한 내용의 다른 단어를 사용한다.

1) 주제문 재진술

결론에서 연구주제문을 재진술한다. 그러나 서론의 주제문을 단순히 복사할 수는 없다. 동일한 의미의 새로운 문장을 만들기 위해 다른 단어와 환언 기법을 사용한다. 즉, 이것은 단지 서론에 있는 주제문을 복사하여 붙여 넣는 것이 아니라 다른 단어로 변경하는 것을 의미한다. 특히 반복적으로 들리지 않도록 구조와 문구를 변경해야 한다. 결론은 논문과 동일한 부분을 모두 다루면서 독자에게 논문의 끝에 도달했음을 제시한다. 즉, 독자에게 연구가 끝났고 연구결과가 무엇인지 말하는 것이다. 따라서 여기에 새로운 내용을 언급하지 말고 서론에서 언급한 모든 요점이 이미 논의되었음을 나타내는 과거시제를 사용한다.

주제문 재진술 기술 방식

- 이 연구는 ~
- 이 논문은 X와 같이 주장했다.
- 이 연구는 이유를 논의했다.
- 이 연구에서 목표는 X를 평가하는 것이었다.
- 현재 연구의 목적은 X를 조사하는 것이었다.
- 현재 연구의 목적은 ~
- 현재 연구의 주요 목표는 X를 결정하는 것이었다.

2) 연구개요

결론에서는 연구가 달성하는 과정에서 어떤 접근 방식을 취했는지, 발견한 결과가 어디에 있는지, 연구의 핵심이 무엇인지를 제공한다. 이것은 연구에서 도출한 결론을 제공하는 것이다. 이미 사용한 내용을 단순히 복사하여 붙여넣는 것이 아니라 동일한 의미의 다른 단어를 사용하고 짧게 만든다. 이미 쓴 내용을 단순히 다시 작성하는 것이 아니라 반사적 스타일의 글쓰기를 사용한다. 또한 인상적인 인용문이나 통계를 반복할 수도 있지만 두 개 이상 사용하지 않는다. 결론은 주제에 대한 자신의 마지막 생각을 나타내므로 주로 자신의 말로 구성한다.

연구개요 기술 방식

- 이 연구는 ~
- 이 연구에 따르면 ~
- 연구결과에 따르면 ~
- 주요 발견은 ~
- 이 실험은 ~
- 이 연구는 일반적으로 ~
- X에 대한 조사 결과 ~
- 이 조사의 결과는 ~
- X, Y 및 Z는 다음의 신뢰할 수 있는 예측 변수로 나타났다.
- 이 연구에서 나온 가장 분명한 발견은 ~
- X의 관련성은 현재 조사 결과에 의해 분명히 지지되었다.
- 이 연구에서 나온 중요한 발견 중 하나는 ~

3) 연구의 중요성과 기여

연구자는 논문이 기여한 새로운 지식을 보여주지만 연구의 적용 가능성을 과장하지 않는다. 연구의 중요성을 정당화하기 위해 적절한 주장을 제공해야 한다. 연구자는 자신의 연구가 연구 분야의 기존 지식에 귀중한 기여를 했다는 강한 인상을 독자에게 남기기를 원한다. 이것을 보여줄 수 있는 몇 가지 아이디어가 있다. 첫째, 독자에게 자신의 연구가 연구문제를 어떻게 해결했는지 설명한다. 둘째, 결과가 기존 가설 또는 이론을 어떻게 검증했는지 설명한다. 셋째, 자신의 연구가 기존 지식의 특정 공백을 어떻게 보완할 수 있었는지 설명한다. 마지막으로 자신의 연구가 연구 분야와 관련이 있는 이유와 일반적인 이론을 어떻게 지지하거나 반대하는지 설명한다. 그러나 이전 장에서 이미 논의한 내용을 결코 반복하지 않는다.

연구결과를 연구자 자신이 평가하는 것이 연구의 기여이다. 연구의 기여도는 학문적 기여도와 실용적 기여도로 구분하여 기술한다. 학문적 기여도는 자신의 연구가 학문 분야에서 학문적 이론적 발전에 기여하는 정도이다. 반면에 **실용적 기여도**는 자신의 연구가 실용적 적용에 기여하는 정도이다. 실무 및 현업 적용의 가치, 업무 및 조직의 사회적 맥락 적용, 사회적 통합과 제도를 향상하는 데 도움이 되는 정도를 제시한다.

연구의 중요성과 기여 기술 방식

- 이 논문은 ~ 에 대한 깊은 통찰력을 제공했다.
- 여기에 보고된 결과는 ~
- 이러한 결과는 ~
- 이 연구의 기여는 ~
- 이 연구에서 얻은 통찰력은 ~
- 이 연구는 ~을 제공함으로써 X의 기존 지식에 기여한다.
- 이 연구의 경험적 발견은 ~에 대한 새로운 이해를 제공한다.
- 이 논문은 ~과 관련된 최근 논증에 기여한다.
- 이 새로운 이해는 ~ 영향에 대한 예측을 개선하는 데 도움이 될 것이다.
- 이것은 ~에서 X에 대한 첫 번째 보고이다.
- 이 X에 사용된 방법은 다른 Y에 적용될 수 있다.
- 따라서 연구에서 확인한 X는 ~의 역할을 이해하는 데 도움이 된다.
- 이것은 ~ 사이의 연관성을 조사하는 첫 번째 연구이다.
- 이 연구의 결과는 현재 문헌에 몇 가지를 기여한다. 먼저, ~

4) 제언

연구주제와 관련된 제언을 제시한다. **제언 또는 권고(recommendations)는 자신의 연구결과에 비추어 추가적인 연구나 실무적 적용을 제안하는 것이다.** 이때 더 많은 연구가 필요하다고 제기하지 말고 **자신의 연구로 해결할 수 없는 영역**에 대한 향후 작업이 어떻게 구축될 수 있는지 구체적인 아이디어를 제공한다. 연구자는 연구의 적용 가능성을 과장하지 않는다.

학술 연구의 목적은 지시하는 것이 아니라 정보를 탐색하고 설명하고 제공하는 것이다. 그러나 추가 조사를 위한 권고 사항을 만드는 경우 자신의 논문을 훼손하지 않도록 한다. 독자가 자신의 연구에 대해 더 많이 생각하게 만드는 진술로 결론을 마무리한다. 아마도 "내가 왜 관심을 가져야 하는가?"라는 질문으로 결론을 끝내면 독자는 이 질문에 답할 수 있다. 주제에 따라 제언 또는 관심 유도 문장으로 끝낼 수도 있다. 이를 통해 독자는 논문에 포함된 정보를 사용하기 위한 방법에 주의를 기울일 수 있다.

제언 기술 방식

- 연구결과를 ~에 적용할 수 있을 것이다.
- 이러한 결론을 바탕으로 실무자는 X를 고려해야 한다.
- X에 더 집중하면 더 많은 것을 설명하는 흥미로운 결과를 얻을 수 있다.
- X의 문제는 추가 연구에서 유용하게 탐색할 수 있는 흥미로운 문제이다.
- X는 이 문제에 대해 더 높은 정확도를 설정하는 데 도움이 될 것이다.
- 이 연구에서 제기된 질문은 ~
- X를 사용하여 추가적인 연구가 필요하다.
- X와 Y 사이의 관계를 밝히려면 추가 연구가 필요하다.
- 통제된 실험을 사용하는 더 많은 연구가 필요하다.
- 추가 연구를 통해 X와 같은 장기적인 효과를 평가할 수 있다.
- X를 결정하려면 훨씬 더 많은 연구가 필요하다.

5) 추가적 과업

연구와 논문 작성은 길고 힘든 창조적인 과업이다. 그러나 단계별로 수행해야 할 과업을 안다면 그렇게 어려운 일은 아니다. 이제 논문의 초안이 완성되었지만 마지막 작업은 논문의 질과 결과를 한층 더 빛낼 수 있다. 따라서 최종 작업에 더욱 시간을 투자하는 것은 매우 보람 있는 일이다. 마지막 가속 페달을 힘차게 밟아 심사에 반드시 통과하고 영광스런 학위를 받는 논문을 만들어야 한다.

결론을 다 쓴 후에는 첨삭, 수정과 교정으로 논문을 완성한다. 연구 내용이 여전히 신선할 때 초록을 작성하는 것이 좋다. 인용 표시를 등한시하여 표절로 인식되지 않도록 주의를 기울인다. 참고문헌과 부록을 추가한 후에는 목차와 제목 페이지를 만들 수 있다. 전체 문장을 다시 읽고 논문이 명확하게 작성되고 언어 오류가 없는지 확인한다. 마지막으로 표절감지기를 사용하여 자동으로 표절 여부를 확인한다. 이제 여러분의 정신과 노력이 결집된 빛나는 보석이 여러분을 기다릴 것이다.

4. 인용 방법

표절(plagiarism)은 다른 저자의 아이디어, 생각, 개념, 내용 등을 출처 표시 없이 사용하는 것이다. 인용 부호 없이 다른 저자의 문장을 연속으로 세 단어 이상을 가져오면 출처 표시를 했더라도 표절이다. 다른 저자가 쓴 표현을 세 단어 이상 인용하려면 "큰따옴표"를 표시하고 직접 인용한다. 또한 원저자의 표현과 다르게 인용하였다면 이것도 표절이다. 표절을 방지하려면 다른 사람의 단어나 아이디어를 인용, 의역 또는 요약하고, 문장 및 참고문헌 목록에 인용을 포함하여 원본 출처를 제시한다. 따라서 무엇보다도 표절에 해당하지 않는 올바르게 인용 표기법을 익히는 것이 중요하다.

인용 표기법은 APA, MLA 또는 Chicago에 근거한다. APA 스타일은 출처를 인용하는 가장 일반적인 형식이다. APA 인용 스타일은 2020년에 발간된 미국심리학회 출판 매뉴얼 제7판을 기반으로 한다. 출판 매뉴얼은 일반적으로 사회 과학 분야의 학술 작문에 사용된다. 본서는 APA 인용 표기법을 따른다. 인용(citation)은 원본의 출처를 표시하여 다른 연구자의 내용을 합법

적으로 자신의 저작물에 이용하는 것을 의미한다. 인용에는 직접 인용, 간접 인용과 재인용이 있다.

1) 인용 표기법

① 단문 직접 인용: 대표적으로 가장 많이 사용되는 단문 직접 인용은 다른 연구자의 내용의 원문을 그대로 자신의 논문에 이용하는 것이다. 인용문에 큰 따옴표(" ")를 하고 출처를 표시한다. 표시형식은 "인용문 XX"(저자, 출판연도, 페이지)이다.

단문 직접 인용 예

"자율주행차에 익숙한 사람들은 수용에 긍정적인 태도를 보인다" (Dixon, 2020, p.20).

② 장문 직접 인용: 3줄 이상의 장문을 인용할 경우에는 독립된 문단으로 구성하고, 인용 단락 전체를 본론보다 안으로 들여 쓰고, 그리고 글자는 본론보다 작게 써야 한다.

장문 직접 인용 예

Yilang Peng (2020)은 사회적 인식에 대해 다음과 같이 주장한다.

> 이러한 기술 중 상당수는 정치 이념과 관련된 다양한 가치와 세계관에 공감하는 영향을 미칠 것이다. 예를 들어, 직업의 자동화와 의사 결정에 알고리즘의 적용은 소외 계층에 더 불리하고 경제적 자유주의에 반하는 불평등을 악화시킬 수 있다. 개인 공간에 대한 침해와 정부 통제의 권한 부여는 개인주의적 가치에 어긋난다.

출처: Peng, Y. (2020). The ideological divide in public perceptions of self-driving cars. *Public understanding of science*, 29(4), 436-451.

③ 간접 인용: 간접 인용은 연구자가 원문을 자신의 말로 환언하여 이용하는 것이다. 간접 인용은 "~에 따르면", "~에 의하면", "~이라고 말한다", "~주장한다"와 같이 적절한 연결어를 사용하여 원저자의 내용을 명확하게 드러나도록 출처를 표시한다. 표시형식은 "저자(출판연도, 페이지)"이다.

간접 인용 예

Malka와 Soto (2019, p.95)는 사회 보수주의는 종종 안전, 질서 및 확실성의 필요성과 관련이 있다고 주장하였다.

출처: Malka A, Lelkes Y and Soto CJ (2019). Are cultural and economic conservatism positively correlated? A large-scale cross-national test. *British Journal of Political Science* 49(3): 1045–1069.

④ 재인용: 재인용은 다른 연구자의 저작물에 이미 인용된 것을 그대로 인용하는 것이다. 재인용은 가급적 피하는 것이 좋다. 표시형식은 "(저자, 출판연도, 페이지; 재인용 저자, 출판연도, 페이지, 재인용)"이다.

재인용 예

"고등 교육 및 소득을 가진 사람들은 효과가 일관되지 않았지만 더 많은 수용력을 보이는 경향이 있다" (Becker and Axhausen, 2017; Yilang Peng, 2020, 재인용).

출처: Becker F and Axhausen KW (2017). Literature review on surveys investigating the acceptance of automated vehicles. *Transportation* 44(6): 1293–1306.

출처: Peng, Y. (2020). The ideological divide in public perceptions of self-driving cars. *Public understanding of science*, 29(4), 436-451.

2) 내주 작성법

① 1인 저서: 자료 전체 인용은 연도만 기재하고 부분 인용은 면수까지 기재한다.

1인 저서

- 유순근(2024)이 개발한 방향성의 원리에 따르면 ← 자료 전체 인용
- Canhoto (2020, p.7)는 ... ← 문장 앞 부분 인용
- ... for customer service (Canhoto, 2020, p.12) ... ← 문장 끝 부분 인용

출처: 유순근 (2024). *논리와 오류: 비판적 사고와 논증 (개정3판)*. 박영사.

출처: Canhoto, A. I., & Clear, F. (2020). Artificial intelligence and machine learning as business tools: A framework for diagnosing value destruction potential. *Business Horizons*, 63(2), 183-193.

② 한 저자의 저작 두 개 이상 인용: 동일연도의 자료는 연도에 a. b로 구분

한 저자의 두 개 이상의 저작 인용

- 지각된 사용성과 지각된 성능은 더 높게 나타났다 (유순근, 2012a, p. 62).
- ... 실제적 자아일치성과 이상적 자아일치성이 (유순근, 2012b, p. 297).

③ 2인 공저서

2인 공저서

- 진은영과 김경희 (2019)에 의하면 ... ← 2인 공저자 인용
- Bartunek와 Ragins (2015, p. 23)는 .... ← 서양 인명의 공저자 인용
- T. A. John과 K. John (1993)은 ... ← 동성 인명은 이름까지 기재

출처: 진은영과 김경희 (2019). 한 시인의 문학상담 교수 경험을 통한 문학 관념의 변화. *교육인류학연구*, 22(3), 75-107.

출처: Bartunek, J. M., & Ragins, B. R. (2015). Extending a provocative tradition: Book reviews and beyond at AMR.

출처: John, T. A., & John, K. (1993). Top-management compensation and capital structure. *The Journal of Finance*, 48(3), 949-974.

④ 3~5인 공저서

3~5인 공저서

- 이호갑, 박성환과 여은미 (2011, p. 38)의 연구에 의해서도 .... ← 첫 번째 인용
- 이호갑 등 (2011)의 주장은 ... ← 두 번째 이하의 인용
- Haefner, Wincent, Parida, & Gassmann (2021) suggested .... ← 첫 번째 인용
- Haefner et al. (2018) found ... ← 두 번째 이하의 인용

출처: 이호갑, 박성환과 여은미 (2011). 윤리경영과 기업의 재무적 성과. *국제회계연구*, 38, 267-292.

출처: Haefner, N., Wincent, J., Parida, V., & Gassmann, O. (2021). Artificial intelligence and innovation management: A review, framework, and research agenda. *Technological Forecasting and Social Change*, 162, 120392.

⑤ 저자가 조직: 저자가 기업, 협회, 정부 기관 등인 경우 조직을 표시한다. 저자 역할을 하는 집단(기업, 협회, 정부 기관 및 연구 집단)의 이름은 일반적으로 문장 인용에 나타날 때마다 철자가 표시된다. 그러나 독자에게 혼동을 일으키지 않는 경우 조직 이름은 그 후에 축약될 수 있다.

저자가 조직

- **첫 인용:** ... 나타났다 (National Institute of Mental Health [NIMH], 2021).
- **후속 인용:** ... 나타났다 (NIMH, 2021).

3) 참고문헌

참고문헌은 논문의 결론 다음에 배열되는데 본론에 인용된 논문의 출처를 기재한다. 논문에 인용문으로 사용되었다면 반드시 참고문헌에 출처 정보가 기재되어야 하고, 반대로 참고문헌에 출처 정보가 기재되어 있으면 논문에 반드시 인용문으로 사용되어야 한다. 인용문의 출처 정보와 참고문헌의 출처 정보는 일대일 대응 법칙이 준수되어야 한다. 따라서 논문이 완성된 후 반드시 본론과 참고문헌의 인용 표시를 확인한다.

① 참고문헌 배열 순서

- 동양서는 자모순, 서양서는 알파벳순
- 동일 저자의 2개 이상의 저작일 경우 연대순, 자자명순
- 동일명으로 시작되는 저자명은 단일 저자, 공저서순
- 서명의 관사(A, An, The)를 제외하고 다음 단어의 문자순

② 참고문헌 기재 요소

- 단행본: 저자. (발행년도). 서명. (판). 발행지: 발행사.
- 단행본: Author A & Author B. (Year of publication). *Title of work.* Location: Publisher.
- 학술지: 저자. (발행년도). 논문명. *저널 명*, 권(호), 수록 면수.
- 학위논문: 저자. (수여년도). 논문명(학위명). 수여기관 명, 소재지.
- 컨퍼런스 발표 자료: 저자. (년, 월). 논문 제목. *컨퍼런스 명*, 소재지.
- DOI가 없는 전자 기사

  Author. (Date of publication). Title of article. Title of Online Periodical, volume number, pp-pp. Retrieved from http://www.someaddress.com/full/url/
- DOI가 있는 전자 기사

  Author. (Date of publication). *Title of article. Title of Journal, volume number*, pp-pp. doi:0000000/000000000000

※ DOI(Digital Object Identifier): 디지털 콘텐츠 식별자로 모든 책에 부여되는 ISBN 번호 체계처럼 인터넷으로 유통되는 모든 디지털 콘텐츠에 부여되는 일종의 바코드

- Website: 저자명. (발행년도). 전자문서 명. 전자메일주소
- Website: Author A. (Date of publication). *Title of website.* Retrieved from http://www.someaddress.com/full/url/
- 학위 논문: 연구자. (수여년도). 논문명. 학위명, 수여기관명, 소재지.
- 학위 논문: Author. (Year of publication). Title of thesis (Type of thesis). Institution, Location.

찾아보기

ㅇ

ㅈ

저자 소개

유순근(柳舜根)

- 전 숭실대학교 초빙교수
- 전 한림대학교 교수
- 고려대학교 경영대학 졸업
- 숭실대학교 대학원(경영학 박사)
- 법무부장관상 수상(2013)

[주요 저서]

- 강화학파: 산수의 기쁨을 마음에 담아(퍼플)
- The Art of Timing: The Second Part of the I Ching(Amazon)
- The Art of Timing: The First Part of I Ching(Amazon)
- A Bird that Flies Far Sees Far(Amazon)
- The Art of Living: Wisdom from the Sages(Amazon)
- The Book of Changes that Predicts Destiny for the Leader(퍼플)
- 때를 알고 준비하는 지혜 주역 상경(퍼플)
- 때를 알고 준비하는 지혜 주역 하경(퍼플)
- 과거제도와 장원급제 답안해설: 억위보장(퍼플)
- 험한 세상을 사는 처세술 주역 해설 상경(박문사)
- 험한 세상을 사는 처세술 주역 해설 하경(박문사)
- 평생 읽는 이야기 논어 해설 상편(박문사)
- 평생 읽는 이야기 논어 해설 하편(박문사)
- A^+ 논술과 논문 작성법 개정판(박영사)
- 지옥에서도 악마들끼리는 거짓말하지 않는다(박문사)
- 논리와 오류: 비판적 사고와 논증 개정3판(박영사)
- 벤처창업과 경영 4판(박영사)
- 부의 수직 상승: 아이디어에 길을 묻다(박문사)
- 행동변화 이론과 실제(박문사)
- A^+ 논문통계분석: SPSS와 AMOS의 분석 · 해석(유정제 공저, 진샘미디어)
- 창업을 디자인하라 2판(무역경영사)
- 석세스 시크릿(박문사)

- 신제품개발론(박영사)
- 글로벌 리더를 위한 전략경영(박영사)
- 센스 경영학(진샘미디어)
- 창업 온·오프 마케팅(박영사)
- 창의적 신제품개발 2판(진샘미디어)
- 서비스 마케팅(무역경영사)
- 센스 마케팅(무역경영사)
- 비즈니스 커뮤니케이션(무역경영사)
- 신상품 마케팅(무역경영사)
- 기업가 정신과 창업경영(비앤엠북스)

개정판
A⁺ 논술과 논문 작성법

초판발행 2025년 6월 5일

지은이 유순근
펴낸이 안종만·안상준

편 집 소다인
기획/마케팅 김민규
표지디자인 BEN STORY
제 작 고철민·김원표

펴낸곳 (주) 박영사
서울특별시 금천구 가산디지털2로 53, 210호(가산동, 한라시그마밸리)
등록 1959. 3. 11. 제300-1959-1호(倫)
전 화 02)733-6771
f a x 02)736-4818
e-mail pys@pybook.co.kr
homepage www.pybook.co.kr
ISBN 979-11-303-2288-9 93700

정 가 26,000원